中华人民共和国
机动车驾驶员
培训教材

道路客货运输驾驶员

从业资格培训教材

交通运输部道路运输司　审　定
交通运输部职业资格中心　组织编写

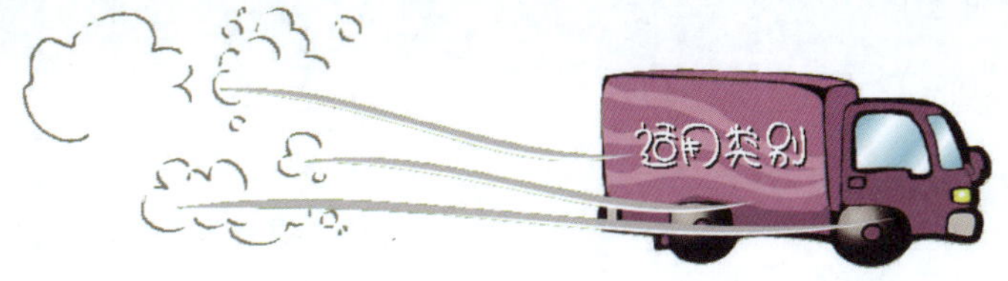

道路旅客运输驾驶员
道路货物运输驾驶员

人民交通出版社

内 容 提 要

本书内容包括道路运输驾驶员的社会责任、职业道德与职业心理，道路运输相关法律、法规，安全行车与避险驾驶，汽车使用技术等道路运输驾驶员通用基础知识，以及道路旅客运输知识、道路货物运输知识、应用能力考核内容。适用于道路旅客运输驾驶员和道路货物运输驾驶员从业资格培训使用。

图书在版编目(CIP)数据

道路客货运输驾驶员从业资格培训教材 / 交通运输部职业资格中心组织编写.—北京 ：人民交通出版社，2012.6

ISBN 978-7-114-09845-1

Ⅰ.①道… Ⅱ.①交… Ⅲ.①公路运输-客货运输-驾驶员-技术培训-教材 Ⅳ.①U471.3

中国版本图书馆CIP数据核字(2012)第122592号

声 明

书　　名：道路客货运输驾驶员从业资格培训教材
著 作 者：交通运输部职业资格中心组织编写
责任编辑：钟　伟　戴广超
插图绘制：周　亮　杨立涛
设计制作：文思莱
出版发行：人民交通出版社
地　　址：(100011) 北京市朝阳区安定门外外馆斜街3号
网　　址：http://www.ccpress.com.cn
销售电话：(010) 59757973
总 经 销：人民交通出版社发行部
经　　销：各地新华书店
印　　刷：中国电影出版社印刷厂
开　　本：787×980　1/16
印　　张：15.25
字　　数：395千
版　　次：2012年6月　第1版
印　　次：2020年10月　第35次印刷
书　　号：ISBN 978-7-114-09845-1
定　　价：40.00元
(有印刷、装订质量问题的图书由本社负责调换)

序

安全生产是道路运输永恒的主题，节能减排是道路运输重要的使命，服务人民是道路运输根本的宗旨，从业人员是道路运输的依靠力量。全国道路运输驾驶员（简称驾驶员）已超过1600万，形成了一支数量较为庞大、具有一定专业技能的驾驶员队伍。在“人、车、路、环境、管理”等道路运输安全诸要素中，驾驶员是核心因素。特别是我国目前仍处于道路交通事故多发期,切实加强对驾驶员的培训和从业资格管理，是实现道路运输安全源头管理的关键。

交通运输部十分重视对驾驶员的从业资格管理。1996年颁布的《中华人民共和国机动车驾驶员培训管理规定》，首次要求驾驶员须参加培训，并取得相应结业证书方能上岗。2006年根据《中华人民共和国道路运输条例》制定的《道路运输从业人员管理规定》和《关于加强道路运输职业资格工作的意见》，建立了以从业资格考试制度为核心的驾驶员从业资格管理制度。从科学培训、严格考试着手，严把驾驶员从业资格准入关，促进和保障道路运输安全发展。

根据道路运输行业发展面临的新形势和新要求，2011年交通运输部修订了2007年颁布实施的《道路客货运输驾驶员从业资格考试大纲》，对理论知识和应用能力相关要求作了更新，重点提高了对驾驶员安全驾驶知识和技能的要求，改进了考试方式。为贯彻落实新考试大纲的要求，引导从业资格培训从传统的应试培训向素质培训转变，交通运输部道路运输司、职业资格中心根据新考试大纲组织编写了这本《道路客货运输驾驶员从业资格培训教材》。教材以“安全驾驶、应急处置”为重点，引入危险源识别和防御性驾驶新理念和新知识，融合了最新的道路运输法规和汽车使用技术，注重法规知识与应用能力的双重普及，具有较强的科学性、先进性和完整性；表述形式通俗易懂，图文并茂，重点章节辅以典型案例，具有较强的可读性、针对性和实用性。相信这本书不仅能为驾驶员从业资格考试培训提供帮助，而且可作为驾驶员日常工具书。希望广大驾驶员积极参加教育培训，学好用好这本教材。

交通运输部副部长 冯正霖

《道路客货运输驾驶员从业资格培训教材》
审定委员会

主　任： 王水平

副主任： 俞卫江

委　员：（按姓氏笔画排序）

王庆和　王阳红　王志甫　王建华
王晓辉　韦　勇　孙宝忠　许　榕
吴忠勋　吴爱平　李宏刚　李　鋐
李献勇　杨坚波　谷文立　闵春杰
陈志顺　范　炜　武新起　赵铁成
徐　勇　徐彩琴　柴晓军　桂平安
殷国祥　陶文宪　曹海燕　隋中田
黄新宇　蔡凤田

《道路客货运输驾驶员从业资格培训教材》

编写委员会

道路运输安全是社会安全的一个重要组成部分，也是道路交通安全的重点。安全意识是道路运输驾驶员社会责任的核心，也是职业道德的具体体现。确保旅客生命财产安全，保证货物完好无损，是道路运输驾驶员最基本的要求。

“安全第一，预防为主”是道路运输驾驶员的工作方针。
“安全运输，优质服务”是道路运输驾驶员的价值准则。
“诚实守信，恪尽职守”是道路运输驾驶员的道德标准。
“依法经营，公平竞争”是道路运输驾驶员的从业原则。
“预见危险，避免事故”是道路运输驾驶员的处置能力。
“节能减排，保护环境”是道路运输驾驶员的绿色责任。

道路运输驾驶员要牢固树立“安全生产责任重于泰山”的意识，不断强化服务意识，自觉加强职业道德修养，做到遵章守法，规范操作，安全驾驶，依法经营，公平竞争，诚实守信，优质服务。

本教材使用说明

本教材适用于道路旅客运输驾驶员和道路货物运输驾驶员从业资格培训使用，共分为七章。其中第一章至第四章为道路客货运输驾驶员通用学习内容，第五章为道路旅客运输驾驶员学习内容，第六章为道路货物运输驾驶员学习内容，第七章为道路客货运输驾驶员应用能力考核内容。

请在使用之前详细阅读下面的说明，让这本教材在您的学习中发挥应有作用。

● 插图的说明

本教材使用了大量的插图，目的是让学员能够用最直接的方式去理解各种知识。为了帮助您更好地理解插图所表达的意思，特作如下说明。

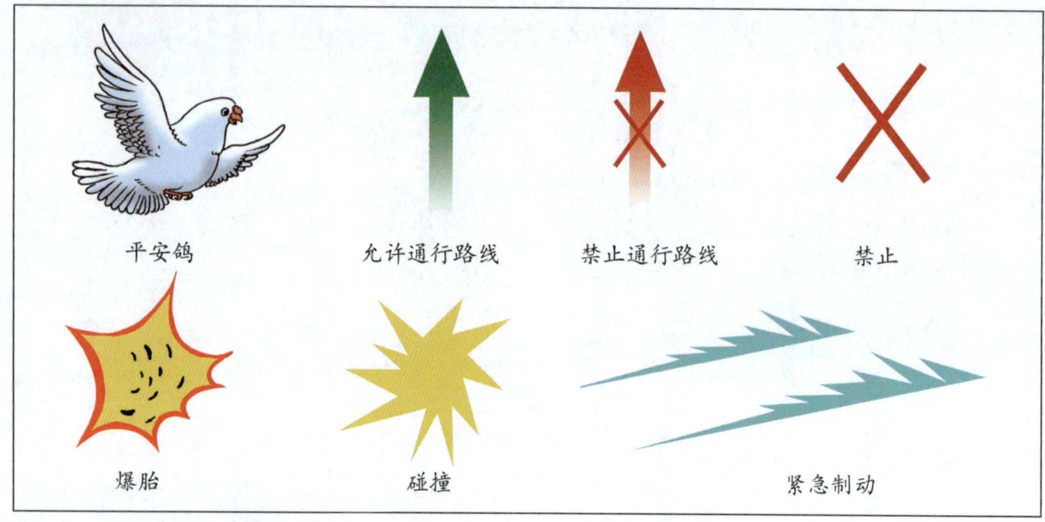

● 名词术语的解释说明

为了贯彻国家对语言文字规范的要求，本教材中的名词和计量单位都使用了规范术语。为了方便学员学习与理解，下面列出各种常见规范术语与通俗叫法的对照关系。

规范术语及单位	通俗叫法	规范术语及单位	通俗叫法
转向盘	方向盘	km	公里　千米
制动	刹车	cm	厘米
制动踏板	刹车踏板	mm	毫米
加速踏板	油门	r/min	转/分钟
驻车制动器	手制动器　手刹	h	小时
前照灯	大灯　前大灯	min	分钟
kg	公斤　千克	s	秒
t	吨	kPa	千帕
m	米	L	升

CONTENTS

C O N T E N T S

目录

第一章

道路运输驾驶员的社会责任、职业道德与职业心理

道路运输驾驶员与普通驾驶员相比，属于高危职业，专业性强，要求更高，不仅要有娴熟的驾驶技术、一定的专业知识和丰富的行车经验，而且还要具备更强的安全意识、职业道德、服务意识、服务技能和法律道义责任。

道路运输驾驶员的社会责任、职业道德与职业心理，直接关系到道路运输安全与服务品质的优劣。由于道路运输驾驶员具有点多、线长、操作独立性强、活动自由度大等职业特点，自身的社会责任、职业道德、职业心理及从业理念显得尤为重要。道路运输驾驶员应树立牢固的社会责任感，养成良好的职业道德，具有健康的职业心理，对道路运输行业的健康、有序、和谐发展十分重要。

第一节　道路运输驾驶员的社会责任与职业道德

道路运输驾驶员的社会责任和职业道德是一个不可忽视的社会问题，直接影响到道路运输行业的兴衰和发展。在道路运输活动中，道路运输驾驶员作为一种社会职业，不仅是单纯地担任客、货运输任务，更重要的是他们所从事的职业，关系到社会以及他人生命财产的安全。

保障道路运输安全，提高公共服务水平，转变行业经济增长方式，节约能源，减少环境污染，提高运输效率和效益，规范市场竞争秩序，需要高素质的道路运输驾驶员。提高道路运输驾驶员的整体素质，关键是要培养其社会责任和良好的职业道德。

一、道路运输驾驶员的社会责任

道路运输车辆作为社会生产的组成部分，为社会创造财富，承担社会义务，具有社会性。道路运输驾驶员的社会责任就是在道路运输活动中对社会应负的责任，这个责任包括承担高于自己目标的社会义务、法律义务和经济义务等。道路运输安全是社会安全的一个重要组成部分，道路运输秩序关系到市场经济的稳定和发展，道路运输驾驶员的安全意识是社会责任的核心。道路运输驾驶员要以一种有利于社会的方式进行道路运输和经营，承担相应的法律和经济义务，安全驾驶、文明行车、规范经营、优质服务、

节能环保、诚实守信，对社会整体承担责任，为社会创造价值。

因此，道路运输驾驶员要树立牢固的社会责任感，从国家发展和社会进步的长远利益着想，服从我国道路运输行业实际和发展需要，深层次理解驾驶员社会责任的内涵，明确驾驶员的责任和义务，树立安全第一、珍爱生命的理念，在注重社会效益的前提下，不断创造经济效益。为社会提供优质、安全的运输服务，从真正意义上理解怎么做才能承担起社会整体责任，真正体现出个人的社会价值。

1 道路运输驾驶员的社会责任感

道路运输驾驶员的社会责任感，就是在参与道路运输生产过程中，自觉遵守法律法规，维护交通秩序，对社会负责、对企业负责、对乘客和托运人负责、对其他车辆和行人负责，确保行车和运输安全。道路运输驾驶员要时刻不忘自己的社会责任和群众的利益，自觉地规范从业行为，在为社会公众提供安全优质服务的同时，为运输企业和个人创造更好的社会声誉和经济效益。

事故案例

2011年7月22日，一辆载客47人（核载35人）的双层卧铺客车，非法装载易燃化工产品从山东威海开往湖南长沙途中，沿途站外随意揽客、严重超员。凌晨4时许，客车行驶到京珠高速公路938千米+200米处，由于客车车厢内易燃化工产品爆燃，客车瞬间起火燃烧，造成41人死亡、6人受伤。

道路运输驾驶员的社会责任感关系到运输安全，没有社会责任感的道路运输驾驶员，必然会安全意识薄弱，不遵守法律、法规及规章制度，为了获利，无视群众的生命财产安全，导致道路交通运输事故发生，造成人民生命财产的巨大损失，给自己和他人带来伤害和痛苦。

有社会责任感的道路运输驾驶员，必然会严格遵守法律法规和各项规章制度，遵守社会公德，讲究职业道德，爱岗敬业，忠于职守，牢固树立“安全第一”的思想，积极为乘客和托运人服务，安全文明从事道路运输。

2 道路运输驾驶员的责任和义务

道路运输驾驶员所从事的是为社会提供

服务、为企业和个人创造效益的专业运输。坚持以人为本、安全第一，高度关注人的生命、健康，保护旅客和托运人的合法权益，满足旅客和托运人的正常需求，为人们出行和物流提供最大便利，是道路运输最基础的要求。遵章守法、安全行车、保障运营、及时到达，是道路运输驾驶员的责任。

道路运输驾驶员要严格遵守企业的安全生产制度和安全操作规程，主动接受安全生产教育和培训。在从事道路运输经营过程中，遵循安全诚信和公平、公正、公开、便民的原则，不断提高服务质量，遵照市场规律，严格执行价格规定，最大限度地满足乘客和托运人的需求，保护乘客和承运人的合法利益及安全。

道路运输驾驶员要认真履行义务，做到依法经营、诚实守信、公平竞争、优质服务。运输途中严禁超限超载、违规载客、违法运输货物，避免货损、货差，杜绝违法驾驶行为；不得擅自变更运输工具、降低服务标准。行车过程中，自觉维护交通秩序，不仅要对乘客和托运人负责，还要对其他途遇车辆驾驶员和行人负责。

二、道路运输驾驶员的职业道德

道路运输驾驶员从事的是一种服务性的工作，道路运输驾驶员的职业道德是道路运输驾驶员在特定的职业活动中应遵守的行为规范和准则的总和，是社会责任感的具体体现。概括起来说，就是道路运输驾驶员要有职业责任和职业荣誉感，树立职业信誉以及为民服务、遵纪守法观念。职业道德总的要求是“爱岗敬业、诚实守信、办事公道、服务群众、奉献社会”。

道路运输驾驶员的职业道德与行车安全关系密切。良好的职业道德，必然会给社会和企业带来较高的效益。安全、平顺地驾驶运输车辆，确保乘客的生命财产和货物安全，优质、及时地完成运输任务，是道路运输驾驶员的责任。

驾驶道路运输车辆时，要时时处处无条件地遵守道路交通安全法律、法规，自觉遵守行为规范和准则，时刻想着乘客和货物的安全，视乘客的生命安全和托运人的利益高于一切，树立牢固的法纪观念，不断提高道德修养。做到依法行车、安全礼让、平稳驾驶、有序通行。为了行车安全，道路运输驾驶员要经常保持冷静的心态，做到宽容、大度、忍让，“宁可有理让无理，不可无理对无理”。

道路运输驾驶员的职业责任感就是既要圆满完成运输任务，又要确保行车安全，对自己、乘客、货物、社会负责任。职业荣誉感就是要认识到道路运输驾驶员是社会分工不可缺少的组成部分，是社会公认的光荣职业，要珍惜这份荣誉，热爱本职工作，维护职业尊严，抵御社会上只讲金钱不讲人格的不良思想的诱惑，保持驾驶员队伍的纯洁性。

道路运输驾驶员在客货运输过程中，必须树立信誉至上的观念，信守合同条款，保证按质、按量、按时完成任务；保持热情的服务意识、认真的服务态度以及良好的服务作风，尊客爱货，方便群众，确保安全，真正做到服务于国家，服务于社会，服务于人民；坚持以遵章守法为荣，视道德败坏为耻，严格遵守交通法规，自觉交纳各种规费，文明礼貌驾驶，确保乘客和货物的安全。

道路运输驾驶员的职业行为要求包括遵章守法、依法营运、诚实守信、公平竞争、优质服务、规范操作。

1 遵章守法

在道路运输活动中，遵章守法是驾驶员职业道德的重要内容。它是由道路运输驾驶员的职业特点决定的，是道路运输基本规律的反映，也是道路运输职业活动能够正常进行的基本保证。

遵章守法，就是要遵守国家的相关法律、法规和规章，任何行为不得超出法律、法规和规章允许的范围。在运输过程中，保障乘客安全、货物完好无损地到达目的地，并确保自身和车辆安全。

事故案例

2010年4月6日16时34分，一辆大型普通客车，乘载36人（核载38人），沿汕头市濠江区南滨路由东向西行驶至游泳跳水馆路段处，因超速行驶、违法超车，先后与一辆轿车和一辆货车相撞，造成10人死亡、28人受伤。

与社会上其他职业相比，道路运输驾驶员的特殊性在于从事的活动与国家和人民生命财产安全息息相关。如果驾驶员缺乏工作责任心，造成旅客伤亡、货物破损和缺少，或发生其他意外伤害事故，不仅会给受害人的家庭带来痛苦，造成经济损失，而且会产生很坏的社会影响和其他负面效应。因此，道路运输驾驶员应将遵章守法放在首位，加强法制观念，确保行车安全，避免各类事故的发生。

遵章守法要做到以下几点：

（1）认真学习国家的有关法律、法规和政策，熟知道路交通安全和道路运输方面的法律、法规，自觉遵守各项规章制度和安全操作规程，充分认识遵章守法的重要性。做到学法、知法、守法、用法。

（2）牢固树立法律意识，在严格守法的同时，能够用法律、法规来保障自己的合法权益，解决纠纷。

（3）始终把人民群众的生命财产安全放

在首位，树立“安全就是效益”的思想，不断提高安全驾驶操作技能，努力探索安全行车规律。

(4) 培养良好的驾驶作风和职业习惯，加强自身修养和良好个性心理的养成，不开“违章车”、“英雄车”、“斗气车”；为维护公共交通秩序，保障道路安全畅通，文明行车。

2 依法营运

道路运输经营者取得经营许可后，要严格按照法定的条件和经营行为规范开展经营活动。做到保证乘客、货主的人身、财产安全，维护公共利益。

依法营运，首先是要依法取得道路运输经营资格，即经营主体合法。其次是按照法律、法规、规章和规范依法从事道路运输经营活动，即经营行为合法。

依法营运是道路运输经营者的基本权利和基本义务。道路运输经营者只有做到依法营运、管理，才能成为真正的道路运输市场的主体，才能建立规范有序的道路运输市场秩序。

3 诚实守信

诚实守信是从事道路运输活动中最可贵的理念，只有诚实守信，才能赢得乘客和托运客户的信任和社会的认可。

诚实守信要做到以下几点：

(1) 树立信誉第一的意识，努力提高服务品质，时刻为满足乘客、货主的需求着想，按承诺的要求进行道路运输。

(2) 运输过程中，必须履行岗位职责，认真遵守客、货运输的各项规定，确保乘客和货物安全、及时运达目的地。

(3) 绝不允许投机取巧、弄虚作假、欺骗客户、变相索贿，侵害客户的正当权益，做到自重、自省、自励。

4 公平竞争

公平竞争就是要依照统一规则从事道路运输活动，通过提升自己的服务水平和管理理念等手段参与竞争。

公平竞争应做到以下几点：

（1）通过改善服务方式，提高服务水平，文明、公平、公正、公开地参与市场竞争，确保运输市场的规范和健康发展。

（2）要在合法合理的前提下增强竞争意识，在运输活动中要敢为人先，努力提高运输效率，优化服务品质，增强竞争力。

（3）要有正确的价值观念，主动适应市场、占有市场，做到“童叟无欺，一视同仁，文明经营，优质服务”。

（4）不唯利是图，不欺行霸市，不刁难乘客和货主，不垄断、不封锁道路运输市场，不搞地方保护主义。

5 优质服务

优质服务就是遵循工作准则，根据乘客、货主的实际需求提供规范、安全、优质、及时的运输服务，满足广大乘客、货主日益增长、不断变化的运输需求，促进社会进步。

优质服务要做到以下几点：

（1）质量第一、顾客至上，努力提高服务品质，为乘客、货主的利益着想，服务热情、周到，真诚待人。

（2）运输过程中，履行岗位职责，认真遵守客、货运输的各项规定，确保乘客和货物安全、及时运达目的地。

（3）按照社会责任和从事营运方式的不同要求，规范服务标准。保持车容整洁、车况良好，服务设施要齐全、有效。

（4）树立“讲文明、树新风”的思想，客运驾驶员要使用规范语言，礼貌待客，货运驾驶员要爱护货物，出租车驾驶员要做到“微笑服务”、“拾金不昧”。

(5) 急他人所急，想他人所想，具有强烈的职业责任感和事业心，虚心向先进人物学习，把优质服务落实在行动上，出色地完成运输生产任务。

⑥ 规范操作

道路运输驾驶员要确保行车安全，提高运输效率和经济效益，必须掌握过硬的安全驾驶技能和丰富的专业知识，严格遵守安全操作规程。

规范操作的要求是：

(1) 认真遵守道路安全法律、法规的有关规定和道路运输驾驶员安全操作规范，不断提高自身的安全意识和行为。

(2) 切实做好出车前、行车中、收车后的日常维护和车辆检查，提前发现隐患，防患于未然，避免行车中发生事故。

(3) 行车中牢记谨慎驾驶的三条黄金原则：集中注意力、仔细观察和提前预防。

(4) 按照不同的交通环境、气象条件、车辆机械状况来选择行驶方式，不断地调整行车路线和行驶速度，以预防因他人的不法行为或驾驶错误而导致交通事故。

第二节　道路运输驾驶员的职业心理

道路运输驾驶员的心理活动与安全行车有密切的关系，道路上的各种刺激会使驾驶员的态度、情绪等不断发生变化，最终会影响行车安全。道路运输驾驶员了解心理状况的变化对安全驾驶的影响，及时自我调节，纠正不良的驾驶心态，保持良好心理素质，是预防交通事故、保持身心健康的重要前提。

一、心理学相关知识

人的心理就是人脑的机能，是人脑对客观现实的反映。心理学家研究表明：人的大脑两半球是人的心理器官，人的大脑受到损伤，其心理活动就会产生一定的障碍。人的心理是大脑产生的，无头脑的思维是不存在的。

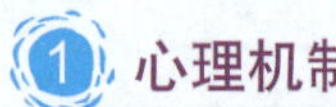

① 心理机制

心理机制是指人的整个神经系统。其中神经系统的高级中枢是大脑，是心理现象产生和发展的主要物质基础。中枢神经和周围神经活动的基本过程分为兴奋过程和抑制过程。所谓兴奋过程，就是神经细胞处于活跃状态，例如人在思考时；所谓抑制过程，就是神经细胞处于安静状态，例如人在睡眠时。

② 心理特征

心理特征也就是人的心理活动。包括：需要、感知、记忆、注意、情感、思维、想象、性格、气质和意志等，而情感、思维、想象、性格、气质、意志是个性心理特征。这些都随着人的心理素质、社会经历和实践活动的不同而有所差异。

③ 心理素质

心理素质是人的整体素质的组成部分，是先天因素与后天因素的“合金”。简单地说，心理素质是以生理素质为基础，在实践活动中通过主体与客体的相互作用，而逐步发展和形成的心理潜能、能量、特点、品质与行为的综合。从心理学角度讲，心理素质包括情感、信心、意志力和韧性等。

一个人的心理素质是在先天素质的基础上，经过后天的环境与教育的影响而逐步形成的。心理素质包括人的认识能力、情绪、情感品质、意志品质、气质和性格等个性品质诸方面。心理是人的生理结构，特别是大脑结构的特殊机能，是对客观现实的反映。心理素质具有人类素质的一般特点，但也有自己的特殊性。

二、常见道路运输驾驶员心理

道路运输驾驶员的心理状态是影响安全驾驶的重要因素之一。易发生事故的驾驶员往往具有潜在的、特定的心理特征，比一般驾驶员更易发生事故。行车中，驾驶员的心理发生变化时，要尽早地意识到危险，及时进行心理调节，加强自我认知和情绪控制力，确保行车安全。

① 急躁心理

道路运输驾驶员在遇到行驶缓慢、交通拥堵、一路遇红灯等交通状况时，性急，不冷静，不能控制情绪，超速行驶，频繁变更车道，路口抢行，强行超车、并道。这种不健康的心理，极易导致交通事故。

切记，“十次肇事九次快，心情急躁事故来”。驾驶员在行车过程中要克服急躁心理，经常告诫自己不冲动，不急躁，保持稳定的情绪，按照交通法规通行。

② 自满心理

道路运输驾驶员在经过一段时间的专业

运输后，自我感觉驾驶技术已熟练，满足于已有的所谓成绩而沾沾自喜。产生这种心理后，缺少继续学习专业知识或提高驾驶技术的动力，变得骄傲自大，满不在乎，不思进取，听不进提醒和忠告。行车中，满不在乎，我行我素，驾驶车辆时接打手机、吸烟，甚至形成长期的违法驾驶习惯。往往在发生事故后，驾驶员才能清醒地认识到这种不健康心理的危害，但为时已晚。

切记，“骄傲自大存后患，自满心理害自己”。道路运输驾驶员责任重大，任何时候都不应该有骄傲自满心理，而应常怀自省之心，不断提高安全驾驶技能，强化安全驾驶意识。

事故案例

2010年7月31日15时35分，一辆乘载22人的大型客车行至宣南公路0千米+460米下坡右转弯路段时，因驾驶员接连拨打和接听移动电话，客车失控，碰撞波形防护栏后翻入路基下，造成13人死亡、9人受伤。

③ 好胜心理

要强，喜欢胜过别人。自我感觉驾驶技术比谁都强，在道路上行车，不考虑法律法规和道路通行条件，没有目标地盲目争强好胜，与其他车辆比车速、比性能。由于这种心理的支配，驾驶车辆时，驾驶员容易出现超速抢行、强行超车、开“英雄车”等冒险行为，一旦遇到紧急情况，应急措施跟不上，很容易因操作不当而引发事故。

事故案例

2010年4月1日14时37分，一辆大型客车，载客41人（核载42人），行至326国道1177千米+700米弯道上坡处，因超速行驶、违法超车，驶入对向车道，与正常行驶的一辆大型普通客车（核载20人，载客19人）正面相撞，造成9人当场死亡，1人经医院抢救无效后死亡，12人受伤。

切记，“争强好胜最危险，冒险行车事故多”。争强好胜是心理不成熟的表现之一，道路运输驾驶员第一要务是确保车上乘客和货物的安全。在行车时，应谨防好胜心理，不抢行、不冒险，小心谨慎，安全行车。

④ 赌气心理

道路运输驾驶员遇到前车长时间跨车道线行驶，对方车辆占道行驶，强行加塞，超车时前车故意不让行，夜间会车不关闭远光灯等现象时，立即气从心来，火冒三丈，任性行动，产生不满意或愤怒情绪。在这种心理的支配下，驾驶员会把注意力集中在报复上，采取强行超车、丝毫不让对方、挤加塞车辆、开远光灯对射等危险措施，忽视了对周边交通情况的判断与处理，往往会引发事故。

切记，“驾车心态放平缓，易怒症害人害己”。道路运输驾驶员遇到惹怒自己的不愉快情况时，要善于克制自己的情绪，站在安全行车的角度多想想，原谅他人的错误，消除怒火，心平气和地谦让其他交通参与者。

5 麻痹心理

驾驶员在熟悉的道路、路况好的路段、良好的交通环境条件下行车，容易掉以轻心、漫不经心、粗心大意、放松警惕。在处理道路情况时，心不在焉，自以为是，安全敏感性降低，容易疏忽最关键的安全细节，对道路上的突发事件失去警惕性。一旦遇到突发情况，往往会手忙脚乱，措施不当，操作失误，造成事故。

事故案例

2010年9月3日13时30分，一辆严重超载的重型自卸货车，沿鹤大公路佳木斯辅路由北向南行驶，当行驶至郊区西格木乡平安村北侧200米处时，麻痹大意，与对向一辆超员（核定载客人数为7人，实际载客人数为10人）、超速、逆向行驶的小型普通客车正面相撞，造成小型普通客车驾驶员及车内乘客共10人死亡的交通事故。

切记，“全神贯注驾驶，沉着冷静避险”，在日常驾车中，要牢记安全驾车细节，克服麻痹大意心理，保持谨慎心态小心驾驶。

6 侥幸心理

侥幸心理是一种潜在的心理状态，不易被察觉，其后果具有突发性。道路运输驾驶员的很多违法行为都是心存侥幸而产生的，往往自恃经验丰富、技术过硬，驾驶故障车上路，在交叉路口闯红灯，携带危险品货物，酒后驾驶，危险路段侥幸通过等，认为“事故不可能发生在我身上，也不可能因我而起”，这种侥幸心理是运输安全生产的极大隐患。

事故案例

2009年11月29日14时45分，一辆大型普通客车，载客33人（核载22人），由连平县驶往和平县，行至和平县青州镇山塘村境内163县道7千米+300米处，由于驾驶员酒后侥幸驾驶，操作不当，车辆失控驶出右侧路面，坠入约50米深的山沟，造成10人死亡、21人受伤。

切记，“经验技术不自恃，侥幸心理要克服”，要认识到交通事故与侥幸心理的必然联系，在任何时候、任何地方、任何情况下都应该严格遵守交通法规，严格遵守操作规程，规范驾驶行为。

7 随众心理

随众心理主要表现为心理上对他人行为的追随和迎合，对自己的宽慰和谅解。道路运输驾驶员在拥堵路口、路段、事故现场，看到一些驾驶员不按规定有序排队，抢行、加塞、占用应急车道等违法行为，明知是违法行为，为了能够满足自己一时的欲望，认为“法不责众”，放松对自己的要求，紧跟其后模仿通行。其不知这种随众心理一旦演变成习惯，会严重影响通行秩序，甚至引发事故。切记，“驾车行驶要守法，随众心理后患大”，要加强交通道德修养，摒弃随众违规的驾驶陋习，自觉遵守交通法规，文明驾驶。

8 寄托心理

寄托心理是指一个人将自己的理想、情感寄托于某人或某事物上。表现在道路运输驾驶员身上，就是把自己的安全和顺利通行寄托在对方驾驶员身上，当自己占道行驶、抢行通过、越线会车等违法行驶时，寄希望于对方驾驶员能遵章守法，文明礼让，先慢、先让、先停。一旦对方驾驶员采取措施不当或没有避让意识，后果会十分严重。

事故案例

2010年5月24日1时许，一辆大型普通客车，载客55人（核载55人），行至广西壮族自治区河池市金城江区河池镇境内050国道3009千米处，因违法占道行驶，与一辆大型卧铺客车（乘载28人，核载37人）正面相撞，导致卧铺客车侧翻，造成12人死亡、22人受伤。

切记，“寄托心理不可取，文明礼让最安全”，时刻自我警醒，切勿将自己、车上乘客和货物的安全寄托于他人，而应主动避险，谨慎驾驶。

9 负重心理

道路运输驾驶员在工作、家庭、生活、婚姻等方面出现问题或者不如意时，会引起思想负担过重、精神压力大、情绪低沉、思维迟钝的负重心理。这种心理状态，往往造成精力分散，注意力不集中，思想开小差，有时会处于苦思冥想的状态。在负重心理状态下驾驶车辆，遇到紧急情况时惊慌失措、手忙脚乱，极易发生交通事故。切记，“负担过重心情烦，精力分散易失措”，要主动调控好自己的心理状态，解除思想压力，卸下包袱，集中精力，安全驾驶。

三、道路运输驾驶员的心理调节方法

道路运输驾驶员的心理因素与行车安全之间存在着千丝万缕的关系，调节好驾驶员的心理，保持良好的精神状态和稳定的心理素质，有利于驾驶员的身心健康和行车安全。

1 情绪心理稳定的调节

道路运输驾驶员要学会保持心理的相对稳定，行车中要消除紧张、急躁、侥幸、好胜的情绪，积极坦然地对待道路上的各种违法现象和不良行为。遇到道路拥堵或者其他驾驶员违法行车时，及时调整心态，注意保持心理平衡，避免过激的心理活动。发现自己情绪不稳定时，要进行自我调解和疏导，用各种方法缓解消极情感，尽量减少对行车安全的影响，提高在各种复杂情况下的反应能力、精神承受力和自我控制调节的应急能力。既要宽容、豁达待人；又要善于自我劝慰，尽可能地迅速摆脱不利的心态，以保持心理上的相对稳定，只有这样才能将全部精力集中于安全行车上。

2 注意心理的自我调节

注意力是合格驾驶员最基本的心理品质，也是防止交通事故最基本的条件，道路运输驾驶员要经常用警示语进行自我提醒，如“驾驶汽车从事道路运输是一种危险的工作”，“稍有疏忽就会伤害无辜”，“事故发生就在一瞬间”，“安全第一，珍爱生命”等。感觉自己情绪波动很大时，要及时控制情绪，调整好自己的心态，以平常心对待，可以选择安全地点停车，下车散散步，做一些运动和深呼吸来缓解紧张波动情绪，以保证正常的驾驶不受影响。

时间驾车而产生的压力，有效地消除精神和体力上的疲劳，减轻心理压力。

④ 保持良好的心理状态

人的心理特征变化是受人的心情、环境影响所表现出的不同的心理反应，对道路运输驾驶员来说保持良好的心理状态极其重要。良好的心理状态要靠自身去调节，要努力学习技术，逐步树立良好的职业道德，下决心增强自身的责任感，让安全扎根于自己的心灵深处，这样才能保证行车安全。

③ 心理压力的调节

道路运输驾驶员本身要注意调节心理压力，加强自我修养和自身的涵养，扩大心理容量，提高心理承受力和应激力。平时要善于营造良好的生活氛围，注意丰富自己的文化生活，不断增加生活的情趣，多从事一些有益的业余文体活动，较快地减轻心理上的压力。行车中要文明礼让，宽厚待人，关心他人，善于合作，减轻心理压力。驾驶员要保证充足的睡眠，保持心情愉快，精力充沛，努力杜绝不良生活习惯，可以转移因长

⑤ 坚持学习、扩充知识

道路运输驾驶员要坚持学习，不断扩充自己的知识，提高文化水平。经常参加交通法律法规的学习和培训，解剖和分析典型的交通事故案例，以提高自我防范意识，增强遵守交通法规的自觉性。尤其是学习掌握道路运输风险防范知识，提高应急反应和处置能力，在遇到险情时沉着果断，处变不惊，采取相应的对策化险为夷，转危为安。

本章学习要点

1. 道路运输驾驶员的社会责任。
2. 道路运输驾驶员的职业道德。
3. 道路运输驾驶员的行为要求。
4. 道路运输驾驶员的心理健康。
5. 道路运输驾驶员的自我心理调节。

第二章

道路运输相关法律、法规

道路运输从业人员必须遵守道路运输法律法规，道路运输驾驶员只有掌握相关的道路运输法律法规的相关规定，严格按照有关规定依法从事道路运输，才能真正做到知法、懂法、守法，依法经营和做好本职工作。

道路运输相关法律法规包括《中华人民共和国安全生产法》(以下简称《安全生产法》)、《中华人民共和国道路交通安全法》(以下简称《道路交通安全法》)及实施条例、《中华人民共和国道路运输条例》(以下简称《道路运输条例》)、《公路安全保护条例》(第六章讲述)、《道路运输从业人员管理规定》(以下简称《从业人员管理规定》)、《道路旅客运输及客运站管理规定》(第五章讲述)、《道路货物运输及站场管理规定》(第六章讲述)等一系列法律、法规和规定。

第一节 道路安全运输相关法规

道路安全运输相关法律法规包括《安全生产法》、《道路交通安全法》及实施条例，这些法律法规规定了道路运输从业人员的权利与义务、客货运输驾驶员、客货运输车辆通行及法律责任。

一、从业人员的权利和义务

为了加强安全生产监督管理，防止和减少生产安全事故，保障人民群众生命和财产安全，促进经济发展，《安全生产法》明确了从业人员享有的权利、应尽的义务及所应承担的法律责任。确定了安全生产管理坚持“安全第一、预防为主”的方针。

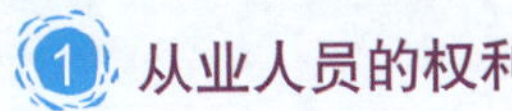

1 从业人员的权利

生产经营单位与从业人员订立的劳动合同，应当载明有关保障从业人员劳动安全、

防止职业危害的事项，以及依法为从业人员办理工伤社会保险的事项。生产经营单位不得以任何形式与从业人员订立协议，免除或者减轻其对从业人员因生产安全事故伤亡依法应承担的责任。

从业人员有权了解其作业场所和工作岗位存在的危险因素、防范措施及事故应急措施；有权对本单位的安全生产工作提出建议；有权批评、检举、控告本单位安全生产工作中存在的问题；有权拒绝违章指挥和强令冒险作业。生产经营单位不得因从业人员对本单位安全生产工作提出批评、检举、控告或者拒绝违章指挥、强令冒险作业而降低其工资、福利等待遇或者解除与其订立的劳动合同。

从业人员发现直接危及人身安全的紧急情况时，有权停止作业或者在采取可能的应急措施后撤离作业场所。生产经营单位不得因从业人员在前款紧急情况下停止作业或者采取紧急撤离措施而降低其工资、福利等待遇或者解除与其订立的劳动合同。

因生产安全事故受到损害的从业人员，除依法享有工伤社会保险外，依照有关民事法律尚有获得赔偿权利的，有权向本单位提出赔偿要求。

② 从业人员的义务

从业人员要接受安全生产教育和培训，掌握本职工作所需的安全生产知识，提高安全生产技能，增强事故预防和应急处理能力。

从业人员在作业过程中，要严格遵守本单位的安全生产规章制度和操作规程，服从管理，正确佩戴和使用劳动防护用品。

从业人员发现事故隐患或者其他不安全因素，必须立即向现场安全生产管理人员或者本单位负责人报告，接到报告的人员要及时予以处理。

生产经营单位发生安全生产事故后，事故现场有关人员要立即报告本单位负责人。单位负责人接到事故报告后，要迅速采取有效措施，组织抢救，防止事故扩大，减少人员伤亡和财产损失，并按照国家有关规定立即如实报告当地负有安全生产监督管理职责的部门，不得隐瞒不报、谎报或者拖延不报，不得故意破坏事故现场、毁灭有关证据。

③ 处罚

生产经营单位与从业人员订立协议，免除或者减轻其对从业人员因生产安全事故伤亡依法应承担的责任的，该协议无效；对生产经营单位的主要负责人、个人经营的投资人处2万元以上10万元以下的罚款。

生产经营单位的从业人员不服从管理，违反安全生产规章制度或者操作规程的，由生产经营单位给予批评教育，依照有关规章制度给予处分；造成重大事故，构成犯罪的，依照刑法有关规定追究刑事责任。

生产安全事故的责任人未依法承担赔偿责任，经人民法院依法采取执行措施后，仍不能对受害人给予足额赔偿的，必须继续履行赔偿义务；受害人发现责任人有其他财产的，可以随时请求人民法院执行。

二、运输车辆和客货运输驾驶员

为维护道路交通秩序，预防和减少交通事故，保护人身安全，保护公民、法人和其他组织的财产安全及其他合法权益，提高通行效率，《安全生产法》、《道路交通安全法》及实施条例明确了客货运输车辆、客货运输驾驶员、车辆通行的相关规定及驾驶员违法行为所应承担的法律责任。

① 运输车辆

（1）对登记后上道路行驶的机动车，要依照法律、行政法规的规定，根据车辆用途、载客载货数量、使用年限等不同情况，定期进行安全技术检验。对提供机动车行驶证和机动车第三者责任强制保险单的，机动车安全技术检验机构应当予以检验，任何单位不得附加其他条件。对符合机动车国家安全技术标准的，公安机关交通管理部门应当发给检验合格标志。

（2）国家实行机动车强制报废制度，根据机动车的安全技术状况和不同用途，规定不同的报废标准。报废的机动车必须及时办理注销登记，不得继续上道路行驶。报废的大型客、货车及其他营运车辆应当在公安机关交通管理部门的监督下解体。

（3）机动车号牌必须悬挂在车前、车后指定位置，保持清晰、完整。重型、中型载货汽车及其挂车的车身或者车厢后部要喷涂放大的车牌号，字样应当端正并保持清晰。

（4）用于公路营运的载客汽车、重型载货汽车、半挂牵引车应当安装、使用符合国

家标准的行驶记录仪。交通警察可以对机动车行驶速度、连续驾驶时间以及其他行驶状态信息进行检查。

（5）对登记后上道路行驶的机动车，要依照法律、行政法规的规定，根据车辆用途、载客载货数量、使用年限等不同情况，定期进行安全技术检验。营运载客汽车5年以内每年检验1次；超过5年的，每6个月检验1次。载货汽车和大型、中型非营运载客汽车10年以内每年检验1次；超过10年的，每6个月检验1次。

② 客货运输驾驶员

（1）驾驶机动车，必须依法取得机动车驾驶证。申请机动车驾驶证，要符合国务院公安部门规定的驾驶许可条件；经考试合格后，由公安机关交通管理部门发给相应类别的机动车驾驶证。驾驶员必须按照驾驶证载明的准驾车型驾驶机动车；驾驶机动车时，要随身携带机动车驾驶证。

（2）机动车驾驶员在实习期内不得驾驶公共汽车、营运客车或者执行任务的警车、消防车、救护车、工程救险车以及载有爆炸物品、易燃易爆化学物品、剧毒或者放射性等危险物品的机动车；驾驶的机动车不得牵引挂车。

③ 车辆通行

（1）机动车载物要符合核定的载质量，严禁超载；载物的长、宽、高不得违反装载要求，不得遗洒、飘散载运物。

（2）机动车运载超限的不可解体的物品，影响交通安全的，要按照公安机关交通管理部门指定的时间、路线、速度行驶，悬挂明显标志。在公路上运载超限的不可解体的物品，并依照公路法的规定执行。

（3）机动车载运爆炸物品、易燃易爆化学物品以及剧毒、放射性等危险物品，经公安机关批准后，按指定的时间、路线、速度行驶，悬挂警示标志并采取必要的安全措施。

(4) 机动车载人不得超过核定的人数，客运机动车不得违反规定载货，禁止货运机动车载客。货运机动车需要附载作业人员的，必须设置保护作业人员的安全措施。

(5) 重型、中型载货汽车，半挂车载物，高度从地面起不得超过4米，载运集装箱的车辆不得超过4.2米；其他载货的机动车载物，高度从地面起不得超过2.5米；载货汽车车厢不得载客。在城市道路上，货运机动车在留有安全位置的情况下，车厢内可以附载临时作业人员1～5人；载物高度超过车厢栏板时，货物上不得载人。

(6) 载客汽车除车身外部的行李架和内置的行李厢外，不得载货。载客汽车行李架载货，从车顶起高度不得超过0.5米，从地面起高度不得超过4米。公路载客汽车不得超过核定的载客人数，但按照规定免票的儿童除外，在载客人数已满的情况下，按照规定免票的儿童不得超过核定载客人数的10%。大型、中型载客汽车，不得牵引挂车。

(7) 载货汽车、半挂牵引车只允许牵引1辆挂车。挂车的灯光信号、制动、连接、安全防护等装置应当符合国家标准；小型载客汽车只允许牵引旅居挂车或者总质量700千克以下的挂车，挂车不得载人。载货汽车所牵引挂车的载质量不得超过载货汽车本身的载质量。

(8) 机动车载运超限物品行经铁路道口时，要按照当地铁路部门指定的铁路道口、时间通过。行经渡口，要服从渡口管理人员指挥，按照指定地点依次待渡。上下渡船时，要低速慢行。

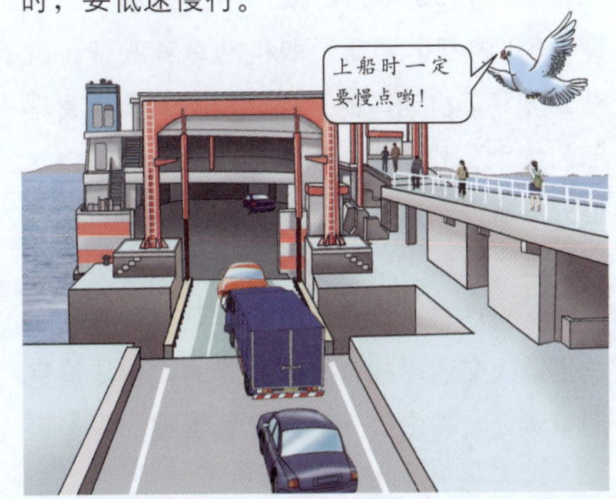

4 处罚

(1) 违反交通运输管理法规，因而发生重大事故，致人重伤、死亡或者使公私财产遭受重大损失的，处3年以下有期徒刑或者拘役；交通运输肇事后逃逸或者有其他特别恶劣情节的，处3年以上7年以下有期徒

刑；因逃逸致人死亡的，处7年以上有期徒刑。在道路上驾驶机动车追逐竞驶，情节恶劣的，处拘役，并处罚金。有前款行为，同时构成其他犯罪的，依照处罚较重的规定定罪处罚。

（2）饮酒后驾驶营运机动车的，处15日拘留，并处5000元罚款，吊销机动车驾驶证，5年内不得重新考取机动车驾驶证。醉酒驾驶营运机动车的，由公安机关交通管理部门约束至酒醒，吊销机动车驾驶证，依法追究刑事责任；10年内不得重新考取机动车驾驶证，重新考取机动车驾驶证后，不得驾驶营运机动车。饮酒后或者醉酒驾驶机动车发生重大交通事故，构成犯罪的，依法追究刑事责任，并由公安机关交通管理部门吊销机动车驾驶证，终生不得重新考取机动车驾驶证。

（3）公路客运车辆载客超过额定乘员的，处200元以上500元以下罚款；超过额定乘员20%或者违反规定载货的，处500元以上2000元以下罚款。货运机动车超过核定载质量的，处200元以上500元以下罚款；超过核定载质量30%或者违反规定载客的，处500元以上2000元以下罚款。

（4）公路客运载客汽车超过核定乘员、载货汽车超过核定载质量的，公安机关交通管理部门依法扣留机动车后，驾驶员要将超载的乘车人转运、将超载的货物卸载，费用由超载机动车的驾驶员或者所有人承担。

第二节　道路运输相关规定

为了规范道路运输活动，维护道路运输市场秩序，保障道路运输安全，保护道路运输各方面当事人的合法权益，促进道路运输业的健康发展，国务院颁布的《道路运输条例》中明确了道路运输经营和相关业务的范围，国内、外经营管理规定和法律责任。

一、道路运输管理

1 道路运输经营及相关业务

道路运输经营包括道路旅客运输经营（以下简称客运经营）和道路货物运输经营（以下简称货运经营）；道路运输相关业务包括站(场)经营、机动车维修经营、机动车驾驶员培训。

道路旅客运输

道路货物运输

道路旅客站（场）经营

机动车驾驶员培训

② 道路运输经营管理的原则

从事道路运输经营以及道路运输相关业务，要坚持依法经营、诚实守信、公平竞争的原则。道路运输管理，要坚持公平、公正、公开和便民的原则。

国家鼓励发展乡村道路运输，并采取必要的措施提高乡镇和行政村的通班车率，满足广大农民的生活和生产需要；鼓励道路运输企业实行规模化、集约化经营。任何单位和个人不得封锁或者垄断道路运输市场。

③ 道路运输的管理主体

国务院交通运输主管部门主管全国道路运输管理工作；县级以上地方人民政府交通主管部门负责组织领导本行政区域的道路运输管理工作；县级以上道路运输管理机构负责具体实施道路运输管理工作。

二、道路运输经营

① 审批权的划分

交通运输主管部门客货运审批权划分

交通运输部	跨省的客运，与运输线路目的地、省级管理机构协商不成的
	国际道路运输的备案
	外国国际道路运输经营者在中国境内设立常驻代表机构

道路运输管理机构客货运的审批权划分

县　级	地级市	省　级
县级区域客运	地级区域客运	省内跨地市（县）客运
普通货运	客运职业资格考试	跨省的客运
	货运职业资格考试	国际道路运输

② 经营行为规定

（1）道路客、货运经营者要加强对从业人员的安全教育、职业道德教育，确保道路运输安全。道路运输从业人员要遵守道路运输操作规程，不得违章作业。

（2）生产（改装）客运车辆、货运车辆的企业要按照国家规定，标定车辆的核定人数或者载质量，严禁多标或者少标车辆的核定人数或者载质量。道路客、货运经营者必须使用符合国家规定标准的车辆从事道路运输经营。

（3）道路客、货运经营者要加强对车辆的维护和检测，确保车辆符合国家规定的技术标准；不得使用报废的、擅自改装的和其他不符合国家规定的车辆从事道路运输经营。

（4）道路客、货运经营者要制订有关交通事故、自然灾害以及其他突发事件的道路运输应急预案。应急预案包括报告程序、应急指挥、应急车辆和设备的储备以及处置措施等内容。

（5）发生交通事故、自然灾害以及其他突发事件，道路客、货运经营者要服从县级以上人民政府或者有关部门的统一调度、指挥。

（6）道路运输车辆要随车携带车辆营运证，车辆营运证不得转让、出租。

（7）道路客运经营者必须为旅客投保承运人责任险。

（8）道路客、货运经营者违反下列规定的，由公安机关交通管理部门依照《中华人民共和国道路交通安全法》的有关规定进行处罚：

●道路运输车辆运输旅客的，超过核定的人数，或违反规定载货的；

●运输货物的车辆运输旅客，运输的货物不符合核定的载质量，超载的；

●载物的长、宽、高违反装载要求的。

三、国际道路运输

 国际道路运输的许可条件

（1）依照规定取得国内客、货道路运输经营许可证的企业法人。

（2）在国内从事道路运输经营满3年，且未发生重大以上道路交通责任事故。

2 国际道路运输经营许可程序

(1) 申请从事国际道路运输的，向省、自治区、直辖市道路运输管理机构提出申请并提交符合许可规定条件的相关材料。

(2) 省、自治区、直辖市道路运输管理机构自受理申请之日起20日内审查完毕，作出批准或者不予批准的决定。

(3) 予以批准的，向国务院交通主管部门备案；不予批准的，向当事人说明理由。

(4) 国际道路运输经营者持批准文件依法向有关部门办理相关手续。

3 经营行为规定

(1) 中国国际道路运输经营者在其投入运输车辆的显著位置，标明中国国籍识别标志。

(2) 外国国际道路运输经营者的车辆在中国境内运输，要标明本国国籍识别标志，并按照规定的运输线路行驶；不得擅自改变运输线路，不得从事起止地都在中国境内的道路运输经营。

(3) 外国国际道路运输经营者经国务院交通运输主管部门批准，可以依法在中国境内设立常驻代表机构；常驻代表机构不得从事经营活动。

四、处罚

(1) 有违反《道路运输条例》行为的，由县级以上道路运输管理机构责令停止经营或改正，按有关规定进行处罚。处罚的方式有没收违法所得、罚款、警告、吊销许可证、没收非法财物。

常见违法行为
未取得道路运输经营许可，擅自从事道路运输经营
道路客、货运经营者非法转让、出租道路运输许可证件
不符合规定条件的人员驾驶道路运输经营车辆
道路客运经营者未按规定投保承运人责任险
道路客、货运经营者不按照规定携带车辆营运证
不按批准的客运站点停靠或者不按规定的线路、公布的班次行驶

续上表

常见违法行为
强行招揽旅客、货物
在旅客运输途中擅自变更运输车辆或者将旅客移交他人运输
未报告原许可机关，擅自终止客运经营
没有采取必要措施防止货物脱落、扬撒
道路运输经营者不按规定维护和检测运输车辆
道路运输经营者擅自改装已取得车辆营运证的车辆

（2）外国国际道路运输经营者未按照规定的线路运输，擅自从事中国境内道路运输或者未标明国籍识别标志的，由省、自治区、直辖市道路运输管理机构责令停止运输。

第三节　道路运输驾驶员从业相关规定

为了加强道路运输从业人员管理，提高道路运输从业人员综合素质，交通运输部根据《道路运输条例》以及相关法律、行政法规，制定了《道路运输从业人员管理规定》（以下简称《从业人员管理规定》）。

一、客货运输驾驶员从业管理

交通运输部主管全国道路运输从业人员管理工作。县级以上地方人民政府交通主管部门负责组织领导本行政区域的道路运输从业人员的管理工作；县级以上道路运输管理机构具体负责本行政区域内经营性道路运输从业人员的管理工作。

道路运输从业人员要坚持守法经营、诚实守信、行为规范、文明从业的原则。道路运输从业人员管理工作坚持公平、公正、公开和便民的原则。

1 从业资格考试和认定

国家对道路运输从业人员实行从业资格考试制度，经营性道路客货运输驾驶员必须取得相应从业资格，方可从事相应的道路运输活动。道路运输从业人员从业资格考试按照交通运输部编制的考试大纲、考试题库、考核标准、考试工作规范和程序组织实施。经营性道路客货运输驾驶员从业资格考试由设区的市级道路运输管理机构组织实施，每月组织一次考试。

1）考试申请

申请参加经营性道路客货运输驾驶员从业资格考试的人员，向户籍地或者暂住地设区的市级道路运输管理机构提出申请。

填写《经营性道路客货运输驾驶员从业资格考试申请表》，并提供以下材料：

- 身份证明及复印件；
- 机动车驾驶证及复印件；
- 申请道路旅客运输驾驶员从业资格考试的，还需提供道路交通安全主管部门出具的3年内无重大以上交通责任事故记录证明。

2）考试发证

（1）交通运输主管部门和道路运输管理机构对符合申请条件的申请人，安排考试。

（2）交通运输主管部门和道路运输管理机构在考试结束10日内公布考试成绩。对考试合格人员，自公布考试成绩之日起10日内颁发相应的道路运输从业人员从业资格证件。

（3）经营性道路客货运输驾驶员从业资格考试成绩有效期为1年，考试成绩过期作废。

（4）申请人在从业资格考试中有舞弊行为的，取消当次考试资格。

2 从业资格管理

1）从业资格证管理

（1）经营性道路客货运输驾驶员从业资格证件全国通用，由交通运输部统一式样印制并编号。

（2）经营性道路客货运输驾驶员从业资格证件由设区的市级道路运输管理机构发放和管理。

（3）已获得从业资格证件的人员需要增加其他从业资格类别的，向原发证机关提出申请并按照规定参加相应培训和考试。

（4）经营性道路客货运输从业资格证件使用全国统一的管理软件。

2）从业资格证换证、补证和变更

（1）道路运输从业人员的从业资格证件有效期为6年。道路运输从业人员在从业资格证件有效期届满30日前到原发证机关办理换证手续。

（2）道路运输从业人员从业资格证件遗失、毁损的，向原发证机关办理证件补发手续。道路运输从业人员服务单位变更的，到交通主管部门或者道路运输管理机构办理从业资格证件变更手续。

（3）道路运输从业人员从业资格档案由原发证机关在变更手续办结后30日内移交户籍迁入地或者现居住地的交通主管部门或者道路运输管理机构。

（4）道路运输从业人员办理换证、补证和变更手续，填写《道路运输从业人员从业资格证件换发、补发、变更登记表》。

（5）交通主管部门和道路运输管理机构对符合要求的从业资格证件换发、补发、变更申请予以办理。

（6）换证申请人违反相关从业资格管理规定且尚未接受处罚的，受理机关在其接受处罚后换发、补发、变更相应的从业资格证件。

（7）经营性道路客货运输驾驶员在发证机关所在地以外就业，且就业时间超过3个月的，到服务地管理部门备案。

3）违章处理

经营性道路客货运输驾驶员有违章行为的，交通主管部门和道路运输管理机构将其违章行为记录在《中华人民共和国道路运输从业人员从业资格证》的违章记录栏内，并通报发证机关。发证机关将该记录作为道路运输从业人员诚信考核和计分考核依据，并存入管理档案。

4）从业资格注销

经营性道路客货运输驾驶员有下列情形之一的，由发证机关注销其从业资格证件：

（1）持证人死亡的；

（2）持证人申请注销的；

（3）年龄超过60周岁的；

（4）机动车驾驶证被注销或者被吊销的；

（5）超过从业资格证件有效期180日未换证的。

凡被注销的从业资格证件，应由发证机关予以回收，公告作废并登记归档。无法收回的，从业资格证件自行作废。

3 从业行为规定

（1）经营性道路客货运输驾驶员在从业资格证件许可的范围内从事道路运输活动。

（2）道路运输从业人员在从事道路运输活动时，携带相应的从业资格证件，并遵守国家相关法规和道路运输安全操作规程，不得违法经营、违章作业。

（3）经营性道路客货运输驾驶员不得超限、超载运输，连续驾驶时间不得超过4小时。

（4）经营性道路旅客运输驾驶员按照规定填写行车日志。行车日志式样由省级道路运输管理机构统一制定。

（5）道路运输从业人员按照规定参加国家相关法规、职业道德及业务知识培训。

（6）经营性道路旅客运输驾驶员要采取必要措施保证旅客的人身和财产安全，发生紧急情况时，积极进行救护。经营性道路货物运输驾驶员要采取必要措施防止货物脱落、扬撒等。严禁驾驶道路货物运输车辆从事经营性道路旅客运输活动。

4 处罚

（1）经营性道路客货运输驾驶员有下列行为之一的，由县级以上道路运输管理机构责令改正，处200元以上2000元以下的罚款；构成犯罪的，依法追究刑事责任：

- 未取得从业资格证件，驾驶道路客货运输车辆的；
- 使用失效、伪造、变造的从业资格证件，驾驶道路客货运输车辆的；
- 超越从业资格证件核定的范围，驾驶道路客货运输车辆的。

（2）经营性道路客货运输驾驶员、道路危险货物运输驾驶员不具备安全条件，有下列情形之一的，由发证机关吊销其从业资格证件，被吊销的从业资格证件应当由发证机关公告作废并登记归档：

- 身体健康状况不符合有关机动车驾驶和相关从业要求且没有主动申请注销从业资格的；
- 发生重大以上交通事故，且负主要责任的；
- 发现重大事故隐患，不立即采取消除措施，继续作业的。

二、道路运输驾驶员诚信考核

依法经营、诚实守信是道路运输驾驶员的为人之本、从业之要，是职业道德的核心内容。贯彻诚信理念，是道路运输驾驶员提高经营水平和服务质量的动力源泉。质量信誉对于道路运输驾驶员就是生命，在运输经营活动中是否能做到诚信，关系到企业盈利、生存、发展和生死存亡。只有遵守诚信，才会有信誉口碑和可靠的市场，失去了诚信就等于失去了生存的基础。道路运输驾驶员要自觉遵守国家相关法律、行政法规及规章，诚实守信，文明从业，履行社会责任，为社会提供安全、优质的运输服务。

诚信考核，是为加强道路运输驾驶员动态管理，推进道路运输驾驶员诚信体系建设，对道路运输驾驶员在道路运输活动中的安全生产、遵守法规和服务质量等情况进行的综合评价，引导道路运输驾驶员依法经营，诚实守信，提高道路运输驾驶员发展核心竞争力，确保道路运输市场健康、有序发展。

1 诚信考核等级与计分

道路运输驾驶员诚信考核等级分为优良、合格、基本合格和不合格，分别用AAA级、AA级、A级和B级表示。

1）诚信考核内容

（1）安全生产情况：安全生产责任事故情况；

（2）遵守法规情况：违反道路运输相关法律、行政法规、规章的有关情况；

（3）服务质量情况：服务质量事件和有责投诉的有关情况。

2）诚信考核计分

（1）诚信考核实行计分制，考核周期为12个月，满分为20分，从道路运输驾驶员初次领取从业资格证件之日起计算。一个考核周期届满，经签注诚信考核等级后，该考核周期内的计分予以清除，不转入下一个考核周期。

（2）根据驾驶员违反诚信考核指标的情况，一次考核计分的分值分别为：20分、10分、5分、3分、1分共5种。

2 诚信考核等级评定标准

1）AAA级标准

（1）上一考核周期的诚信考核等级为AA级及以上；

（2）考核周期内累计计分分值为0分。

2）AA级标准

（1）未达到AAA级的考核条件；

（2）上一考核周期的诚信考核等级为A级及以上；

（3）考核周期内累计计分分值未达到10分。

3）A级标准

（1）未达到AA级的考核条件；

（2）考核周期内累计计分分值未达到20分。

4）B级标准

考核周期内累计计分有20分及以上记录的。

3 诚信考核计分分值

道路运输驾驶员诚信考核计分分值标准

1. 道路运输驾驶员有下列情形之一的，一次计20分
(1) 从事道路运输经营活动，发生重大以上道路交通事故，且负同等责任的；

续上表

(2) 转让、出租从业资格证件的； (3) 超越从业资格证件核定范围，从事道路运输活动的； (4) 驾驶未取得《道路运输证》的危险货物运输车辆，从事道路危险货物运输的； (5) 本次诚信考核过程中或者上一次诚信考核等级签注后，发现其有弄虚作假、隐瞒相关诚信考核情况，且情节严重的
2．道路运输驾驶员有下列情形之一的，一次计10分
(1) 从事道路运输经营活动，发生重大以上道路交通事故，且负次要责任的； (2) 驾驶无《道路运输证》的车辆，从事道路旅客或者货物运输经营活动的； (3) 驾驶无包车客运标志牌、包车票、包车合同的车辆，从事客运包车经营的； (4) 驾驶未取得《超限运输车辆通行证》的车辆，从事超限运输经营活动的； (5) 擅自涂改、伪造、变造从业资格证件上相关记录的； (6) 有受到省级及以上交通运输主管部门或者道路运输管理机构通报批评的服务质量记录的
3．道路运输驾驶员有下列情形之一的，一次计5分
(1) 驾驶无道路客运班线经营许可的车辆，从事班车客运经营的； (2) 超越《道路运输证》上注明的经营类别或者经营范围，从事道路运输经营活动的； (3) 驾驶擅自改装的车辆，从事道路运输经营活动的； (4) 驾驶客运班车不按批准的客运站点停靠或者不按规定的线路、班次行驶的； (5) 驾驶客运包车未按照约定的时间、起始地、目的地和线路行驶的； (6) 未配合汽车客运站执行车辆安全例行检查以及出站检查制度，擅自驾驶客车出站的； (7) 在旅客运输途中擅自变更运输车辆或者将旅客移交他人运输的； (8) 驾驶的危险货物运输车辆未按照危险化学品的特性采取必要安全防护措施的； (9) 有受到设区的市级交通运输主管部门或者道路运输管理机构通报批评的服务质量记录的
4．道路运输驾驶员有下列情形之一的，一次计3分
(1) 没有采取必要措施防止货物脱落、扬撒的； (2) 驾驶未按规定维护、检测的车辆，从事道路运输经营活动的； (3) 驾驶未按规定投保承运人责任险的车辆，从事道路旅客或者危险货物运输经营活动的； (4) 无正当理由超过规定时间30日以上未签注诚信考核等级的； (5) 超过规定时间30日以上未参加继续教育培训的； (6) 有受到县级交通运输主管部门或者道路运输管理机构通报批评的服务质量记录的
5．道路运输驾驶员有下列情形之一的，一次计1分
(1) 未按规定携带《道路运输证》、《道路运输从业人员从业资格证》，从事道路运输经营活动的； (2) 未按规定随车携带《道路客运班线经营许可证明》，从事班线客运经营的； (3) 未在规定位置放置客运标志牌，从事道路旅客运输经营活动的； (4) 服务单位变更，未申请办理从业资格证件变更手续的； (5) 道路危险货物运输和经营性道路旅客运输驾驶员未按规定填写行车日志的； (6) 超过规定时间，未签注诚信考核等级，且未达30日的； (7) 超过规定时间，未参加继续教育培训，且未达30日的

三、道路运输驾驶员继续教育

道路运输驾驶员继续教育是指为不断提高道路运输驾驶员的职业技能和职业道德水平，使其知识和技能得到更新的多种形式的教育。接受继续教育是道路运输驾驶员的义务。道路运输驾驶员要按照规定接受相应的继续教育。为不断提高道路运输驾驶员职业素质，促进道路运输驾驶员继续教育科学化、制度化和规范化，交通运输部制定了《道路运输驾驶员继续教育办法》和《中华人民共和国道路客货运输驾驶员继续教育大纲》。

接受继续教育是道路运输驾驶员的义务，道路运输驾驶员应当按照规定，每2年主动接受1次，时间累计不少于24学时相应的继续教育。道路运输企业及个体运输经营者应当督促其所聘用的道路运输驾驶员参加继续教育。道路运输驾驶员在诚信考核周期内累计计分达到20分应接受诚信考核教育的，不参加诚信教育的驾驶员将会被考核累计加分。

1 继续教育的内容和形式

道路运输驾驶员继续教育周期为2年。道路运输驾驶员在每个周期接受继续教育的时间累计应不少于24学时。

继续教育的内容有道路运输法规、政策，社会责任与职业道德，职业心理和生理健康、道路客货运输车辆知识，行车危险源辨识，防御性驾驶方法及不安全驾驶习惯纠正，紧急情况及应急处置，道路客货运输知识，节能减排相关知识。

继续教育坚持以具有一定规模的道路运输企业实施为主的原则。道路运输驾驶员继续教育以接受道路运输企业组织并经县级以上道路运输管理机构备案的培训为主。不具备条件的运输企业和个体运输驾驶员的继续教育工作，由其他继续教育机构承担。继续教育还包括以下形式：

(1) 经许可的道路运输驾驶员从业资格培训机构组织的继续教育；

(2) 交通运输部或省级交通运输主管部门备案的网络远程继续教育；

(3) 经省级道路运输管理机构认定的其他继续教育形式。

2 继续教育的组织和实施

道路运输企业要组织和督促本单位的道路运输驾驶员参加继续教育，并保证道路运输驾驶员参加继续教育的时间，提供必要的学习条件。

道路运输驾驶员完成继续教育并经相应道路运输管理机构确认后，道路运输管理机构应当及时在其从业资格证件和从业资格管理档案内予以记载。继续教育的确认可采取考核或学时认定等方式，具体由省级道路运输管理机构确定。

3 继续教育的监督检查

道路运输管理机构要加强道路运输驾驶员继续教育情况的检查，并将驾驶员参加继续教育的情况纳入诚信考核的内容。

继续教育机构建立学员培训档案，将继续教育培训计划、继续教育师资情况、参培学员登记表等纳入档案管理，并接受道路运输管理机构的监督检查。

道路运输驾驶员在其从业资格证件有效期内，未按规定完成继续教育的，补充完成继续教育后办理换证手续。

道路运输驾驶员在诚信考核周期内累计计分达到20分者，应接受诚信考核教育。

本章学习要点

1. 从业人员的权利和义务。
2. 运输车辆和客货运输驾驶员。
3. 道路运输管理。
4. 道路运输经营。
5. 国际道路运输。
6. 客货运输驾驶员从业管理。
7. 道路运输驾驶员诚信考核。
8. 道路运输驾驶员继续教育。

第三章 安全行车与避险驾驶

安全行车是道路运输驾驶员终生的追求，遵章守法是道路运输驾驶员安全驾驶的前提，预见性驾驶是道路运输驾驶员驾驶技能的核心，临危处置是道路运输驾驶员规避险情和减少损失的关键技术。道路运输途中随时都会出现险情，道路上的交通事故也是不可避免的，如果道路运输驾驶员时刻牢记集中注意力、仔细观察和提前预防三条黄金原则，运用好预见性驾驶方法，提高辨识和规避行车中危险的能力，正确应对突如其来的危险情况，就会减少交通事故，也就等于节约了时间和金钱，为社会和企业创造了最大的价值。

第一节 安全驾驶

安全驾驶、文明行车，是安全意识的具体体现。驾驶员的心理和生理因素、反应时间及对行车过程中风险的自我认知，直接关系到行车安全。道路运输驾驶员要牢固树立安全意识，自觉遵守交通信号，安全、文明的驾驶车辆，一生避免发生责任事故。

一、安全、文明行车

安全、文明行车是保证安全运输的前提。行车中，道路运输驾驶员要时刻牢记集中注意力、仔细观察、提前预防的三条黄金原则，严格遵守交通安全法律、法规，安全驾驶，文明礼让，确保运输安全。

1 预见性驾驶

（1）根据道路、交通和天气情况适时调整行车速度，严格遵守限速标志、标线标明的速度；转弯或有急弯时，提前合理地控制行驶速度，仔细观察道路情况，做好应对突然事件的准备。

（2）一般道路行车中，遇前方有同向行驶车辆时，合理控制速度，保持安全距离，跟车行驶，尽量不超车或避免超车。

（3）超车要严格遵守有关规定，在确认能安全超越的情况下，从前车的左侧超越，驶回原车道时与被超车保持必要的安全距离，千万不能强行超车。

（4）车辆转弯要沿道路右侧行驶，做到“左转转大弯，右转转小弯”。在急转弯处，要低速并靠右侧行驶，通过连续弯道尽量靠弯道的内侧行驶。山区道路弯道行驶，要“减速、鸣号、靠右行”，不得侵占对方的车道行驶，防止与越过弯道中心线的对向车辆相撞。

（5）夜间行车前检查所有的车灯和后视镜，确保车灯正常和镜面整洁。行车中，车速超过30公里/小时使用远光灯；车速在30公里/小时以内，使用近光灯。

（6）夜间会车前，在较远处配合对方车辆变换远、近光灯观察前方情况；当距对向来车150米以外时，及时改用近光灯；不要直视迎面来车发出的强光。

（7）通过桥梁前，及时降低行驶速度，注意桥头附近的交通标志或提示，严格遵守通行规定。尽量避免在窄桥上换挡、制动、会车和停车。

（8）进入隧道、涵洞前，应注意交通标志和用文字说明的规定，重点确认车辆高度是否在规定的范围之内；进出隧道、涵洞时，注意明、暗适应的变化，不要加速行驶；隧道、涵

洞内严禁停车。

(9) 上坡行驶，要提前观察路况、坡道长度，及时减挡使车辆保持充足的动力。上陡坡可在坡底提前减挡，加速冲坡。下坡行驶，要适当控制车速，充分利用发动机进行制动，不得空挡滑行。下长坡控制车速最有效的方法是利用发动机低转速牵阻作用制动。

(10) 山区道路驾驶随时注意制动器的工作效能，气压制动的车辆要经常观察气压表读数；液压制动的车辆要防止制动系统产生

“气阻”，感到制动踏板“软弱”时，及时停车检查。

(11) 冰雪道路行车，有条件的一定要安装防滑链，严格遵守行车速度规定，选择安全的行驶路线，尽量利用发动机的制动作用控制车速或减速，需要用行车制动器减速时，采用间歇制动。

(12) 在冰雪路上会车，必须选择安全的地方低速交会，必要时可在较宽的地段停车让行后再继续行驶。

(13) 严寒天气长时间停放车辆，选择无冰雪的路面或清除车轮下的冰雪，以免轮胎与地面冻结在一起，影响安全起步。

(14) 炎热天气行车要注意防止发动机冷却液过热，随时注意水温表读数，一般不超过95℃，如温度过高，及时选择阴凉处停车降温，可掀起发动机罩通风散热。

（15）冷却液因发动机温度过高或缺少时会沸腾，不可马上打开散热器盖，待温度降低后，再用棉纱或手套垫着打开散热器盖，防止冷却水喷出烫伤手和脸。

（16）通过漫水桥前，停车观察，确认安全后，组织乘员下车步行过桥，车辆在引导下低速通过；如果洪水或河水漫过桥面情况严重时，及时向企业报告，绕道行驶，不得冒险通过。

（17）行经险桥、危险地段，提前停车，查明道路情况，确认安全后，先组织乘员下车步行通过，车辆再低速通过，不能通过时及时向企业报告，绕道行驶。

（18）车辆行经渡口前，先组织乘员下车，按渡口管理人员的指挥，进入行人通道上船；车辆按照渡口的要求驶入指定的位置等待过渡，上船时服从管理人员的指挥，依次平稳上船。

（19）途中加油，要严格遵守加油站的规定，严禁烟火和使用手机通话，避免意外产生火花而引发火灾。

② 文明行车

道路运输驾驶员在行车中，必须严格遵守法律、法规和规章，始终坚持文明驾驶、礼让行车，做到不开英雄车、冒险车、赌气车和带病车。

（1）超越速度较慢的车辆，先开启左转

向灯，在不妨碍其他车道车辆行驶的情况下，向左变更车道超越。超越有困难时，要减速慢行，保持安全距离尾随其后。

（2）车辆行驶中，发现有后车示意超车，只要条件允许及时减速靠边让行，并让出足够的超车空间。

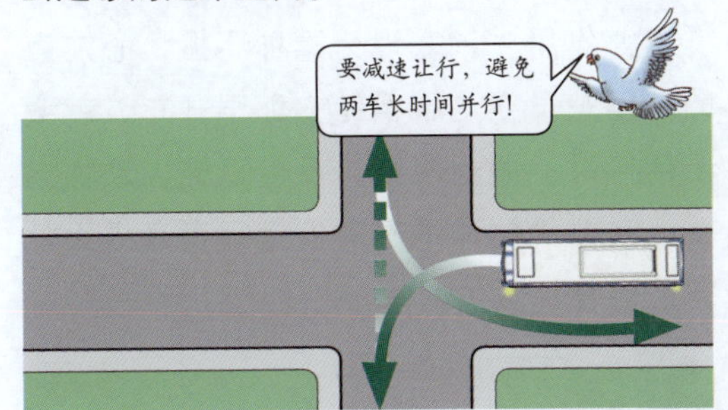

（3）超车时，前方车辆不减速，要果断停止超车，与前方车辆保持安全距离，跟车行驶。

（4）超车时，发现前方车辆正在超车，应减速慢行，让前方车辆先超车。

（5）经过积水路面时，特别注意减速慢行，以免泥水飞溅到道路两侧行人身上。

（6）经过不允许鸣喇叭的路段，减速行驶，注意安全，禁鸣喇叭以免影响其他人的正常工作；行经没有禁止鸣喇叭的路段时，尽可能的少鸣喇叭。

（7）在有老人或儿童通过的路段，及时减速慢行，确认安全后再通过，以免老人和儿童受到惊吓，发生意外。

（8）夏天驾驶车辆时，不准穿拖鞋，穿拖鞋既不礼貌，也不安全。

（9）当与其他人员发生矛盾时，不要赌气驾驶，待情绪平静后再行车。

3 大型客车与小型客车安全性对比

大型客车与小型客车的安全性差别很大，小型客车的主、被动安全装置要比大型客车齐全。小型客车除了防抱死制动系统(ABS)、安全带、安全气囊、安全保护头枕外，大多数车还配置了电子制动力分配装置(EBD)、牵引力控制系统(TCS)、制动力辅助系统(BAS)、牵引力控制系统(ASR)、车身主动控制系统(ABC)、电动助力转向系统(EPS)等，使小型客车的安全性能大大提高。另外，大型客车质量大、载客人数多、重心高，稳定性相对小型客车差，一旦发生倾翻或者碰撞事故，对乘员的伤害远远大于小型客车。

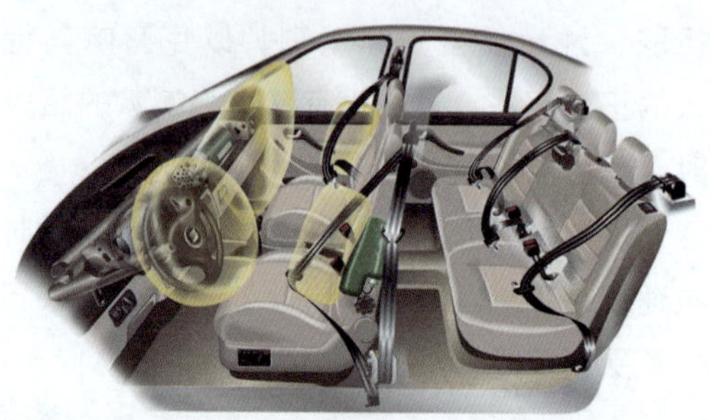

二、道路运输驾驶员心理对安全驾驶的影响

道路运输驾驶员的事故风险呈动态变化且有规律性。驾驶员的动机、态度、情绪、生理状态等发生变化时，其事故风险也随之发生变化。了解驾驶员生理和心理状况的变化对安全驾驶的影响，加强自我认知和情绪控制能力，能够有效提高行车安全。

1 情绪和情感对安全行车的影响

情绪是人对客观事物是否符合自身需要而产生的态度体验，情绪是极其复杂的心理现象。情绪和情感对道路运输驾驶员影响很大，与行车安全有密切关系。情绪和情感表现为积极和消极的两极性。积极的情绪和情感可以明显提高驾驶员的活动能力，起到增力作用。愉快的情绪和情感使人精神焕发，带着积极情绪和情感驾驶汽车，就会勤于观察，仔细思考，准确判断，反应迅速，动作敏捷等。消极的情绪和情感会削弱驾驶员的活动能力，起到“减力作用”，表现为精神不振，心灰意懒。驾驶员在这种情绪支配下开车，就会无精打采，懒于观察，反应迟钝，动作迟缓，减力情绪和情感对安全行车有极大危害，很容易发生事故。

2 道路运输驾驶员的性格与安全驾驶的关系

性格是指一个人对现实的稳固态度和习惯化了的行为方式所表现出来的个性心理特征。性格是人的个性心理特征，是区别人与人之间的差异的主要标志之一。人的性格各异，不同性格的人，处理问题的方式和效果不同。

性格与安全行车有着极为密切的关系，道路运输驾驶员的优良性格是安全行车的重要条件，每一个驾驶员，只要加强学习，注意思想修养，在实践中善于总结经验，不断锻炼和提高自己的安全意识和职业道德行为，都可以养成优良的性格。

性格不同的人对行车安全有着直接的影响。多事故驾驶员一般是：事业心不强，安全意识差，工作不负责任，不关心他人，易冲动蛮干，性格粗暴或优柔寡断，情绪不定等。

道路运输驾驶员优良性格的主要表现：

（1）遵章守法，热爱本职工作，安全意识强，有高度的社会责任感；

（2）始终牢记谨慎驾驶的三条黄金原则：集中注意力、仔细观察和提前预防；

（3）自觉遵守道路交通法律法规，文明行车、安全礼让、平安出行；

（4）爱护车辆，钻研技术，规范操作，注意节约，做好车辆检查、维护，保持车辆技术状况良好，性能可靠，不驾驶带病车上路；

（5）行车中情绪稳定，遇事冷静，自制力强，不冲动，不急躁，不开“斗气车”、“英雄车”。

3 道路运输驾驶员的气质与安全驾驶的关系

气质是一个人由先天性所决定的心理特征。它决定心理过程的速度、稳定和心理活动的强度、指向性。心理学家把气质分为多血质、胆汁质、黏液质和抑郁质四种类型。

气质类型	特　　点	驾驶车辆时的具体表现
多血质	活泼、好动、情感外倾	胆大心细、机动灵活，对道路条件适应快，应变能力强；但注意力容易转移，耐久力较差
胆汁质	精力充沛、行动敏捷，反应迅速，兴奋，直爽胆大，易激动、急躁、鲁莽、傲慢	胆大气粗，反应迅速敏捷，精力旺盛；但往往争强好胜，超速行车，强行超车，争道抢行等
黏液质	安静、稳重、情感深，反应缓慢而持久，动作迟缓而不灵活，沉默寡言、内向	四平八稳，遵章守纪，不急躁不冒火；但在突发情况面前应变能力差、反应迟钝
抑郁质	行动迟缓，情感深沉、孤僻，感情脆弱、内向，忧郁伤感，在困难的局面下优柔寡断	处理情况犹豫不决，遇到危险心慌失措，面临危险情况时感到极度恐惧；但细心、谨慎、尽职、遵章守纪，体验深刻，善于观察

人的气质由高级神经活动的类型所决定。由于高级神经活动类型是可变的，所以人的气质也是可变的。气质类型无好坏之分，任何一种气质都有积极一面和消极一面。了解驾驶员气质和驾驶能力之间的关系，可使驾驶员根据自己的气质特点有针对性地改造自己不利于安全驾驶的心理特征。

道路运输驾驶员经常在复杂的道路环境中行车，要自觉控制情绪，确保行车安全。概括地说，道路运输驾驶员具备的气质是：谨慎尽职，遵章守纪，精力充沛，情绪稳定，观察仔细，动作敏捷，反应迅速，胆大心细，沉着冷静；切忌激动、急躁、固执、鲁莽、傲慢。

4 道路运输驾驶员的意志与安全驾驶的关系

意志能自觉地确定目的，根据目的支配和调节自己的行动，从而实现预定目的的心理过程。例如，驾驶员为了达到安全行车的目的，充分发挥自己的智力和体力，克服车辆行驶中的各种困难，处理好复杂的道路环境情况，这些有目的克服困难的心理过程，就是意志的表现。

道路运输驾驶员的基本意志品质为：

(1) 自觉性。自觉性是指一个人在行动中具有明确的目的性，并充分认识行动的社会意义，使自己的行动服从于社会要求的品质。驾驶员明确自己行动的目的，充分认识这一行动的社会意义，就能意志坚决，坚持原则，自觉遵守法律法规，文明礼让，安全行车。与意志自觉性相反的品质是盲目性，有人常常把不惧生死、冒险蛮干与意志坚强混为一谈。其实，真正的意志坚强是根据事物的客观规律来确定自己的目的和行为。随心所欲，冒险蛮干，实质上却是意志薄弱的一种表现。

(2) 果断性。果断性是指一种明确是非，迅速而合理地采取行动并实现所作决定的品质。果断的驾驶员，能全面而深刻地考虑行动的目的以及达到目的的方法，懂得所作决定的重要性及可能产生的后果。在危急情况下摆脱任何杂念，坚决地采纳一个目的及一种实现目的的方法。在关键时刻和紧急关头，能果断地把方便和安全让给他人，把困难和危险留给自己。

(3) 自制性。自制性是指一个人在意志行动中，善于控制自己的情绪，约束自己的

言行方面的品质。自制力强的驾驶员行车中善于控制和约束自己，克服不良倾向，不急、不躁、不斗气，始终保持良好的心境，安全驾驶车辆。

(4) 坚持性。坚持性是指执行决定中长期保持充沛的精力，顽强地克服困难，坚持到底的品质。驾驶员必须以饱满的情绪、充沛的精力驾驶车辆，特别是长时间驾驶后或遇到气候变化、道路艰难、交通繁忙时，始终保持克服困难的毅力和信心，保证行车安全。

5 道路运输驾驶员的注意与安全驾驶的关系

注意是指心理活动对一定对象的指向和集中。车辆行驶中，驾驶员心理活动有选择地指向和保持集中于一定的道路交通信息，经过大脑识别、判断、抉择后采取正确的驾驶操作，保障行车安全，所以注意是行车安全的一个重要心理因素。

注意是驾驶员心理活动处于积极状态的表现。对驾驶员来说，重要的不是看见道路上的交通情况，而是要了解道路交通情况，提前做出判断。不注意的驾驶员，其特点是不关心道路和周围的情况，而牵挂于其他事物，可能看见危险情况，而不理解它的状态。不注意是采取错误决定的原因，也是导致交通事故的原因之一。

驾驶员有合理分配注意的能力，以便同时接受几个信息，同时完成几个动作。经验证明，同一视线可容纳4～6个目标，但驾驶员分配于各个目标上的注意量是不同的，它受外部的环境需要和内部的动机所影响，通常分配的注意量取决于道路环境。注意的灵活程度对驾驶员来说很重要，依靠注意的灵活性，驾驶员把注意从一个目标转移到另一个目标，从各种现象的总体中，分辨出最本质的、最首要的信息，交通安全取决于这种能力。

在道路上行车，驾驶员要注意与道路有关的因素，如道路的各组成部分（弯道、交叉口、标志）和路边环境；注意与交通有关的因素，如其他车辆、非机动车和行人等；不要去注意与交通无关的因素，如引人注目的建筑物、景观等。

三、道路运输驾驶员生理对安全驾驶的影响

1 视觉特性对安全驾驶的影响

一般来说，行车中90%左右的有效信息是靠视觉获得的，所以视觉特性对安全行车有重大影响。

(1) 在行车中，驾驶员的视力要比静止时差，而且随着车速的提高，驾驶员眼睛的

有效视野会越来越狭窄。

（2）在黄昏和夜间，物体明暗对比度低，驾驶员视力明显降低，对安全行车也有重要影响。

（3）驾驶车辆由明处驶入暗处或由暗处驶入明处，眼睛对光线的强弱变化都有一个适应过程。

（4）有眼疾或视力障碍时，观察范围会受到影响，甚至产生各种错觉，影响行车安全。

2 疲劳、饮酒、疾病、药物对安全驾驶的影响

当驾驶员长时间驾车或者从事其他劳动，体力消耗过大或睡眠不足，容易产生疲劳，以致行车中困倦瞌睡，注意力不集中，判断能力下降，易发生交通事故。

形成驾驶疲劳的原因

要素	形成驾驶疲劳的主要原因
睡眠质量	睡眠不足，睡眠效果不好，睡眠环境差等
生活环境	家务事多，夫妻不和睦，精神负担重等
车内环境	温度过高或过低，噪声过大，座椅不合适，振动剧烈等
车外环境	路面状况差，交通环境复杂，气候条件不良等
运行条件	长时间、长距离行车，车速过快或过慢，过于限制到达时间等
身体条件	体力、耐久力差，视听能力下降，患有某种慢性病等
驾驶经历	技术水平低、操作生疏，驾驶经验少，安全意识差等

驾驶员饮酒会影响中枢神经系统，导致注意力、记忆力、判断能力下降，容易发生交通事故。饮酒过量，会严重影响行车安全，极易发生交通事故。

驾驶员在病态下开车，注意力和反应能力会大大降低，动作不协调，准确性和速度也会下降，会增加发生交通事故的可能性。

服用对神经系统有影响的药物，如催眠药物、止痛药物、治疗高血压的药物后，会使驾驶员反应迟钝，注意力降低，容易发生交通事故。

饮酒、疾病、药物对驾驶员的影响

类别	影响
饮酒	当驾驶员血液中酒精含量≥0.1%时，会出现头脑昏沉、神志不清、眼花缭乱、感觉模糊和精神疲乏现象，导致判断失误、反应不当，甚至失去自控力。继续驾车时，识别道路标志的能力差，对速度、距离、信号灯和停车标志的判断以及感知能力下降，大脑反应迟钝，对安全行车是非常有害的，容易发生交通事故，特别是饮酒过量，后果是极其危险的
疾病	驾驶员在病态下开车，注意力和反应能力会大大降低，慢性疾病同样会增加发生交通事故的可能性
药物	驾驶员服用对神经系统有影响的药物，如催眠药物、使人恶心和产生变态反应的药物、止痛药物、兴奋剂、治疗癫痫的药物、治疗高血压的药物后，反应迟钝，注意力减退，工作能力下降，驾车时极易发生交通事故

常见驾车禁服药物

驾车时切记：药物作用要清楚，盲目服药危险大。服用治疗感冒和各种炎症的解热、镇痛、消炎止咳药，如阿司匹林、扑热息痛、非那西汀、安乃静、可达因和各种抗菌素后，人的视力、听力、注意力减退；反应能力、动作协调能力下降；使人疲倦、瞌睡或头晕等。服用抗过敏药物，如扑尔敏、苯海拉明等，对中枢神经系统抑制作用显著，可引起嗜睡、头晕、头痛、口干、恶心、呕吐及上腹部不适等不良反应。

四、道路运输驾驶员的反应对安全驾驶的影响

驾驶员驾驶车辆时，先通过视觉、听觉、触觉从交通环境中获得信息，经过大脑处理，作出判断，再支配手、脚操纵汽车，使汽车按驾驶员的意志在道路上驾驶。

1 反应时间

驾驶员从发现险情到采取制动操作，需要一定的时间，称为驾驶员的反应时间。人的反应时间一般是零点几秒（0.3～0.5秒）驾驶员在正常情况下行车，发现前方危险情况时，从视觉感知到踩踏制动踏板的反应时间一般为0.75秒。反应时间的长短取决于驾驶员的技术水平、驾驶经验、年龄、性别、环境、情绪及驾车时注意力集中情况。行车过程中遇到紧急情况时，反应快的驾驶员可以及时做出准确判断，正确处置；而反应慢的驾驶员则往往会感到措手不及。

2 反应能力

驾驶员的反应能力对确保行车安全显得

非常重要。驾驶员的反应能力与年龄、驾驶技能和驾驶经验有关。随着年龄的增长，驾驶员的反应能力会变慢；而驾驶技能越熟练、经验越丰富，则驾驶员的反应能力会越高。

③ 干扰反应的因素

驾驶员的反应与情绪、疲劳程度、行驶速度、是否饮酒、注意力集中程度等因素有关。车速越快，驾驶员需要的反应时间越长；当出现情绪波动、疲劳驾驶、饮酒后驾驶以及注意力分散时，驾驶员的反应能力会下降。因此，在行车中要尽量排除这些因素的干扰。

驾驶员对干扰的反应过程

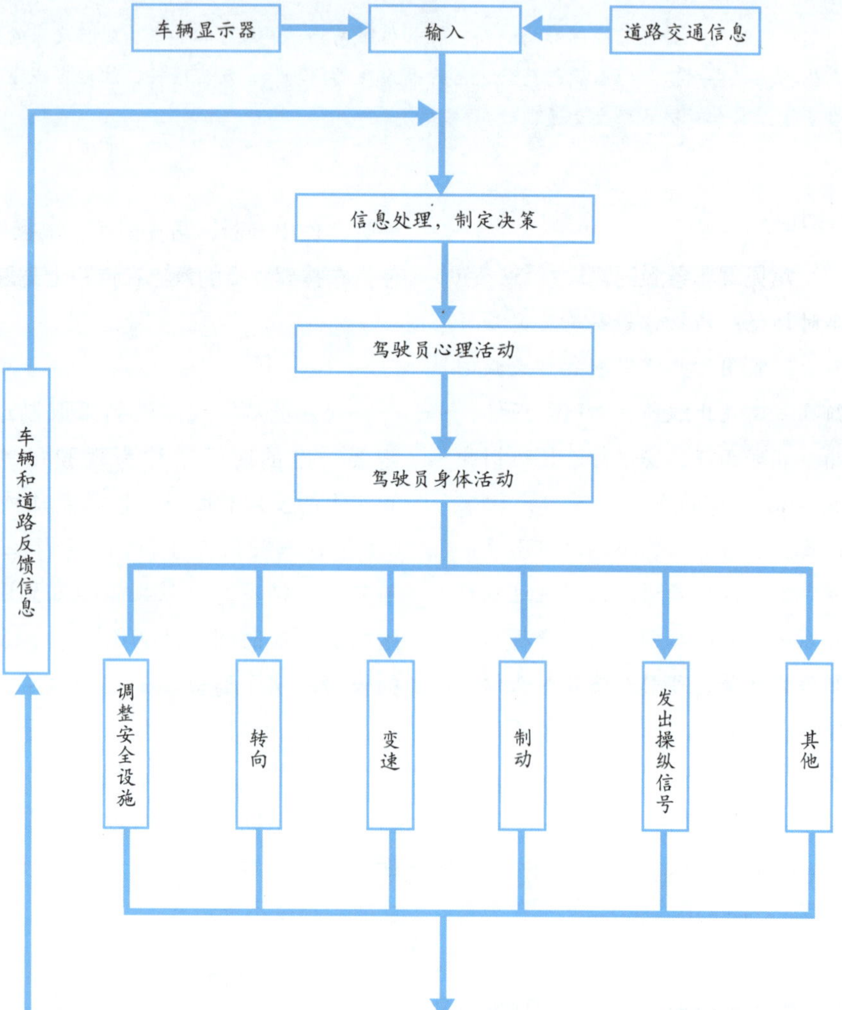

车辆显示器 → 输入 ← 道路交通信息

输入 → 信息处理，制定决策 → 驾驶员心理活动 → 驾驶员身体活动

驾驶员身体活动 → 调整安全设施 / 转向 / 变速 / 制动 / 发出操纵信号 / 其他 → 输出

输出 → 车辆和道路反馈信息 → 输入

五、道路运输驾驶员因素导致的交通风险及其变化规律

行车中，驾驶员因内在或外界因素的干扰，觉醒水平、动机、情绪等不断发生变化，其交通风险也随之时刻发生变化。

1 运输过程的交通风险变化

驾驶员运输过程中的交通风险变化大致可分为3个阶段。

第一阶段，谨慎行车阶段。驾驶员刚取得从业资格证件，具备了驾驶相应车型从事道路运输的资格。这一阶段，驾驶员能够认真遵守道路运输法律法规和运输企业的各项规章制度，小心谨慎驾驶，此时相对较为安全。

第二阶段，冒险行车阶段。驾驶员随着驾驶技术的进一步提高和经验的不断积累，尤其是逐渐熟悉了运行线路的交通特点后，往往变得过分自信。为了追求更大的经济效益，驾驶员开始采取一些自认为可控的冒险驾驶行为，尤其是每次采取超速、超载、抢行、占道行驶或疲劳驾驶等违法行为没有被警察发现或者引发交通事故时，更助长了驾驶员的侥幸心理，从而变得越来越危险。

事故案例

2010年3月13日13时19分，一辆大型普通客车，乘载67人（含2名儿童，核载55人），行至惠州市惠城区金龙大道九龙村路段处，因客车严重超载、超速行驶、违法占据对方车道超车，遇险采取措施不当，车辆失控碰撞道路右侧护栏后侧翻，造成15人死亡、8人受伤。

第三阶段，文明行车阶段。驾驶员随着从业经历不断丰富和家庭责任感增强，有些甚至是经历过多次交通事故的教训后，心理开始趋于平稳，内心对生命的意义有了更多的领悟，更加珍爱生命，珍惜家庭的幸福，不盲目追求经济效益，从而为行车安全提供了更好的保障。

2 驾驶员的自我认知

客观的自我认知能够帮助驾驶员改进态度、情绪和行为方式，适用于其对自身驾驶方式、从业能力等的评价。一方面，驾驶员过高的自我评价会导致交通风险增加；另一方面，驾驶员过低的自我评价会形成胆怯、

犹豫不决的驾驶方式，造成交通堵塞，激怒其他交通参与者，诱使他们采取危险的驾驶行为。

人们驾车时常常会犯错误，只要能够诚实地认识自己的错误，就能不断提高安全驾驶技能。最可怕的是习惯地认为自己驾驶技术过硬，违反交通法规导致事故，却将全部或主要责任推给对方，或认为自己倒霉。这种盲目自信不断膨胀，会使驾驶员逐渐陷入危险的深渊。

驾驶动机车的方法不正确，会直接影响行车安全。驾驶员为了经济效益赶时间，出现超速、闯红灯等违法冒险行为，忽略了运输安全。只有建立在安全之上的运输效率，才是企业和承运人所需要的效益。

驾驶员要经常性地进行自我反思，客观地评价自己，有自我批评的勇气。经常带着自我批评的态度去观察和反思自己的驾驶行为。尝试了解自己在驾驶过程中的情绪、驾驶动机车以及自己对其他道路交通参与者的态度。想一想其他交通参与者会如何看待和评价自己的行为。

第二节　危险源辨识与防御性驾驶

道路运输驾驶员在行车过程中，对道路状况、交通情况和周围环境进行主动观察，预见性地进行分析和判断，对前方潜在的各种交通风险作出预先估计，并及时采取相应的预防措施，能有效规避危险，避免交通事故的发生。驾驶员掌握危险源辨识和防御性驾驶方法，能在行车过程中预先增加一道安全保障。

一、危险源与防御性驾驶的内涵

危险源

根据《职业健康安全管理体系规范》（GB/T 28001）标准的定义，“危险源”是指可能导致伤害或疾病、财产损失、工作环境破坏或这些情况组合的根源或状态。危险源可分为根源危险源和状态危险源两类。

根源危险源，是直接引起人员伤害、财产损失或环境破坏的根本原因，是导致事故发生的主体，并决定事故后果的严重程度，例如：行驶的汽车所具有的动能，而且行驶速度越快，根源性危险也相应越大。

状态危险源，是可能导致能量、危险物质约束条件或限制措施破坏或失效的因素，主要包括3个方面的因素。一是人的不安全行为，如驾驶员冒险驾驶、违法驾驶或操作失误等。二是车辆的不安全状态，如车辆突然发生故障或突然失去控制等。三是环境的不安全因素，如驾驶员前方视线受阻、前方突然有动物横穿道路等。

在车辆运行过程中，驾驶员不能忽略或低估各种不安全因素的潜在风险。要根据环境和道路条件控制好车速，尽量降低根源危险源的影响。牢记“集中注意力、仔细观察和提前预防”3条安全行车黄金原则，排查各种险情，防止各种类型、状态危险源的影响。

2 防御性驾驶

防御性驾驶是指驾驶员在行车过程中，全面地观察驾驶环境，随时针对路况、车辆状况、行人及环境等与交通有关的迹象进行分析、判断，准确地预测不确定的、潜在的危险因素并作出预先估计，及时地采取避让、减速或停车等预防措施，避免发生交通事故。

防御性驾驶，一方面，要求驾驶员在驾驶时规范操作，尽量不犯错误，确保车辆不会主动引发交通事故；另一方面，在别人犯错误时，驾驶员要及时发现并宽容对待，提前采取措施进行规避，确保不出现被动性的交通事故。

二、各种行驶状态下危险源辨识与防御性驾驶

跟车行驶

车辆追尾事故是发生较多的交通事故类型之一，主要原因就是前后车辆之间的距离太近，后车行驶速度过快。跟车行驶中，前车对于后车就是一个危险源，前车的行驶速度、行驶方向随时都会发生变化，驾驶员要预见到前车随时都会减速、制动或者紧急制动。如果跟车距离过近、车速过快或者前车制动灯亮时后车来不及采取应急措施，必然会发生追尾事故。

驾驶员在跟车过程中，要注意观察前车速度和制动灯的变化，控制行驶速度，与前车保持当前行驶速度对应的距离（当前车速为50公里/小时时，安全距离至少保持为50米）或者至少保持3秒制动时间的安全制动距离。在雨天、雾天和雪天等恶劣天气条件下，与前车保持更大的安全距离。小型车辆的制动效能高，停车距离可相对短一些；而大型车辆的惯性大，需要的停车距离长。如

果前方是小型车辆，后方是大型车辆，后方驾驶员要注意适当加大跟车距离。

小知识

国外某研究机构对跟车距离的研究

车辆在一般道路行进时，小车的跟车距离（米）=车速（公里/小时）÷2，大型车的跟车距离（米）=车速（公里/小时）－20。行进过程中如走走停停，则以看见前车的后轮为最佳跟车距离。雨雾天或特殊的路况下需预留更长的跟车距离。

② 后方尾随的车辆

大型车辆和汽车列车的盲区较大，在盲区里如果有车辆紧紧跟随，驾驶员可能无法观察到。对于行驶中的前车，后方跟随的车辆就是前车的一个危险源，尤其是跟行在大型车后方的小型车辆，更不容易被发现，危险性更大。遇车流行驶缓慢、天气或路况较差，特别是在低能见度或前方路面很难判断时，后车一般会紧紧跟随前方车辆行驶。

驾驶员在行车中，为了预防后方有跟随的车辆，要经常观察后视镜，尽可能发现后方跟随的车辆。如果后侧有车辆紧紧跟随，注意观察其动态，及时利用灯光信号或手势向后车传递行驶意图。转向时提前开启信号灯，缓慢转向，避免急转向。

减速要提前，给后车留出足够的反应时间和减速空间，不要制动过急，可先轻踏制动踏板用制动灯提示后车，尽量避免紧急制动。发现后车长时间跟随行驶，可减速靠右让行或者打手势，示意后方跟随的车辆先行，不要企图采取加速甩开后车的方式，后车可能有很好的动力性且会加速跟行，使风险增大。

③ 会车

车辆交会过程中，道路交通情况随时都会发生变化。对向车辆的车型、车速、装载和行驶状况，会车地点的障碍物，对向车辆后方的行人、车辆、牲畜，窄桥、坡道、隧道、涵洞、急转弯及路面情况，都会对会车构成危险。一些不正确选择行车路线，违法占据对向车道行驶的现象，侵占对向车辆行驶路线，使会车横向距离变小，容易发生刮

碰事故，是造成道路拥堵的一个重要原因。不注意观察对向车的动态，对车后的情况没有预防，或在不具备会车条件的路段强行交会，会引发交通事故发生。

驾驶客货运输车辆在道路上会车时，根据双方车辆及道路上的交通情况，适当降低行驶速度，选择正确的交会地点，靠道路右侧通行。在有中心线的道路上会车，注意观察道路两侧交通情况，若条件允许，路面较宽时，可不降速直接交会。弯道上会车，以道路中心线为界，没有划中心线的，以目标的几何中心线为界，保持一定的横向间距，紧靠道路右侧低速行驶。会车地点有障碍物时，要注意合理控制车速，尽量避开障碍物会车。会车中要注意对向车辆后方的行人、车辆、牲畜，以防突然横穿。在窄桥、坡道、隧道、涵洞、急转弯处会车，要低速慢行，有条件的一方让对方先行。会车前选择的交会位置不理想时，及时减速，低速会车或停车让行，不得向左占道或开启前照灯让对方减速让行。

④ 超车

超车是一种危险的驾驶行为，每超越一辆正常行驶的机动车，就会增加一次发生交通事故的危险。被超越的车辆和将要

进入超车道的车辆都存在着危险隐患。超车过程中，被超车辆突然变道、超车使用的车道有障碍、对面有车辆对向驶来，都会非常危险，甚至引发交通事故。每多超一次车，就会多面临一次危险。

超车需要娴熟的驾驶技术和长期的驾驶经验，需要驾驶员对道路和交通情况瞬间做出正确判断，并根据汽车性能和速度合理超车。驾驶车辆超越前方同方向行驶的车辆前，必须认真观察道路前方情况，尤其是被超车前方的情况，正确判断是否有影响超车的因素，合理预测超车所需的时间和距离，确保超车安全顺利进行。

超车要选择道路宽直、视线良好、对面无来车且道路两侧均无影响超车障碍物的路段进行。准备超车时，与前车要保持一定的安全距离，提前开启左转向灯、鸣喇叭，夜间还需变换使用远、近光灯示意；确认前车让超并有充足的安全距离后，从前车的左侧超越。超越过程中随时注意被超车动态，尤其是前车的转向灯、制动灯的变化；在与被

超车注意事项

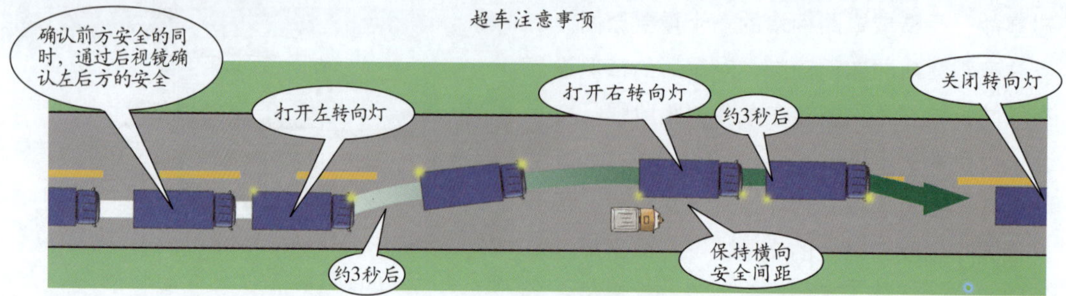

超车辆拉开一定的安全距离后，开启右转向灯，驶回原车道。

以下情况禁止超车：

（1）前方有平面交叉路口、人行横道、铁路道口时，路况较为复杂，驾驶员无法持续加速行驶。

（2）行经窄桥或前方车辆不让行时，无法保证超车时有足够的横向间距。

（3）行径弯道或者陡坡时，驾驶视线受阻，驾驶员无法预见到弯道或陡坡后侧的情况。

（4）前方车辆正在左转弯、掉头、超车，或者与对向来车有会车可能时，无法提供足够的超车距离。

5 变更车道

驾驶车辆超车、通过路口、绕过障碍、转弯、靠路边停车等情况下，都需要变更车道。行驶的车辆、路口、障碍、弯道、行车道上的突然情况等对于车辆变更车道都是一种危险源，不同的情况所面临的危险源不同。变更车道时，不观察车辆两侧和后方道路交通情况，不开启转向灯，随意频繁变更车道或强行突然变道，连续侵占正常通行车辆的行驶路线，会形成来自各方向的危险，严重扰乱道路通行秩序，是导致道路拥堵和刮碰、碰撞事故的主要原因。

车辆变更车道前，要通过后视镜观察道路两侧和后方道路交通情况，分析道路交通流的状态，充分考虑各种危险因素，选择好变道时机。确认可以安全变道后，至少提前3秒钟开

启转向灯，向右变道开启右转向灯，向左变道开启左转向灯，提醒后方来车注意。同时，注意观察要变入车道内的车辆通行情况，在确保安全的情况下，保持安全距离变更车道，不可迅速转向驶入相应的行车道。在交叉路口前变更车道时，在虚线区按导向箭头指示驶入要变更的车道。进入路口实线区内不得变更车道。车辆变更到所需车道后，要关闭转向灯，以免给其他车辆造成错觉。

⑥ 转弯

车辆转弯时，弯道、路面障碍、车辆、行人、路边树木等都会对行车构成危险。大型车辆和汽车列车的车身较长，转弯时往往会占用较大的空间，如果转弯前不提前降低车速，选择好行驶路线，仔细观察道路及周边的情况，就有可能撞到其他车辆、行人或者刮擦路侧的树木、电线杆等。转弯行驶车速太高，轮胎失去附着力，车辆会发生侧滑，直接滑出路面。重心高的车辆，轮胎虽然有附着力，也会因离心力的作用发生侧翻。

驾驶运输车辆转弯，要提前降低车速。弯道半径较小，大型车辆或汽车列车通过较困难时，开启危险报警闪光灯，并在随行人员的指挥下通过。

右转弯时，开启右转向灯，视线以右侧路肩为参照，靠近道路的右侧转小弯行驶，同时密切注意右侧的交通情况，防止后侧跟行的车辆盲目地从右侧超越，引发刮擦事故。不要试图先向左侧宽阔的地方转向，再进行右转弯操作，避免跟行车辆的驾驶员误以为你要左转弯，从而加速从右侧超越。必须借助对向车道来完成右转弯操作时，要密切注意对向车道内的来车，及时示意行驶方向，待对方车辆通过或者停车让行时再右转弯。

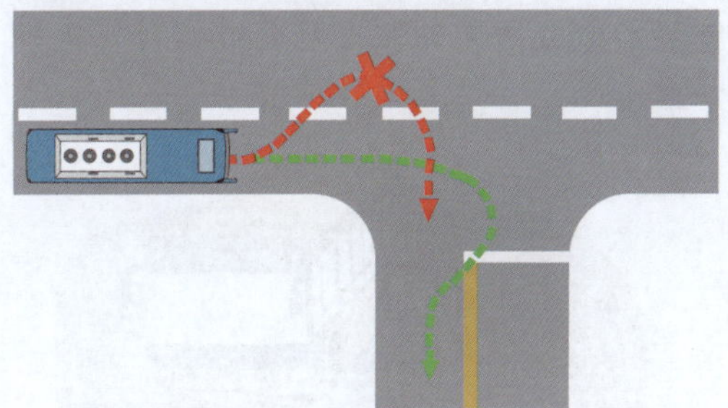

左转弯时，开启左转向灯，驾驶员视线以道路中心线为参照，靠近道路的右侧行驶，以增强视线范围，转大弯通过弯道。同

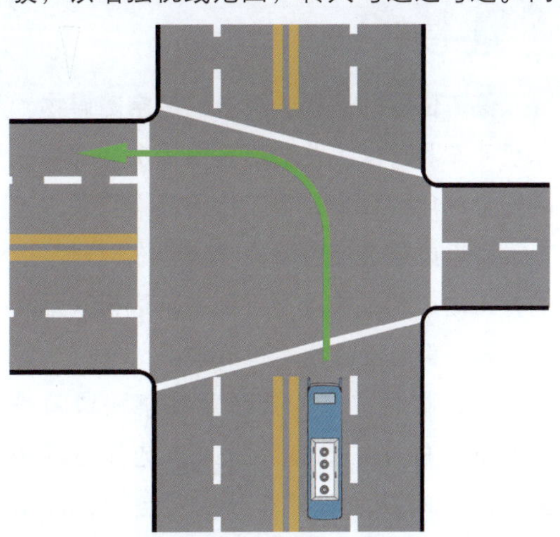

时，密切注意对向车道内直行或右转弯的车辆，注意避让。在交叉路口左转弯，要行驶到左转弯道的中心向左转方向。如果交叉路口处有两条左转弯车道，要选择靠右侧的左转弯车道进行左转弯操作，以增大转弯半径，使转弯过程顺利进行。转向过早，车辆可能无法顺利地完成转弯操作。

车辆转弯时，后轮并不是沿着前轮的轨迹行驶。前内轮转弯半径与后内轮转弯半径之间形成的偏差就叫内轮差。车身越长，内轮差就越大。大型车转弯时，如果只注意前轮通过，而忽视给后轮留有足够的余量，就可能造成后内轮驶出路面或撞擦行人和车辆。

7 停车

停车位置的选择、路边的低空障碍物、非机动车和行人、路边路基的情况，都是影响安全的危险因素。停车位置选择错误，停车没有考虑路边低空障碍物，停车时对路边的行人动态判断失误，雨天在路边松软路基上停车，都会发生危险和事故。

路边临时停车，要注意观察路边障碍物和通行的非机动车和行人，选择路基坚实、不影响其他车辆和行人安全通行的路边停车。停车后拉紧驻车制动器操纵杆，开启危险报警闪光灯、示廓灯等。因故障或事故停车，要按规定放置危险警告标志，在坡道、弯道等有障碍物阻挡视线的路段，要将危险警告标志摆放在车前侧或后侧适当位置。

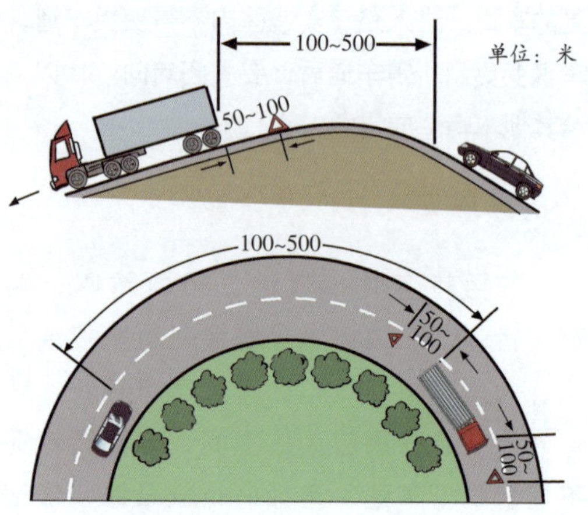

8 驾车打手机

道路运输驾驶员行车中接打手机的现象极为普遍，驾驶车辆直接用手拿着手机放在耳边接听，会妨碍驾驶，单手操纵转向盘，不能很好地控制车辆的左右和前后距离，容易发生事故。开车接打手机时，驾驶员一心二用，分散注意力，一旦遇到突发事件，往往反应不及，引发车辆追尾、剐蹭、闯红灯等事故。同时，驾车接打手机还会引起交通拥堵，遇到中度或高度拥堵路况，驾驶员通话时变道次数会降低20%，驾驶速度也会降低；在非常拥堵路段，打手机的驾驶员比正常行驶要多耗费3%的时间；在中等流量路段，打手机的驾驶员需要多耗费2%的时间。

为了行车安全，驾驶员在驾车中不要用任何方式接打手机。驾车时使用蓝牙、耳机或者车载电话接打电话，虽然解放了双手，但没有解放大脑，通话仍会分散注意力，存在安全隐患。在路口等红灯时，也不能接打电话，等红灯只是车辆行驶过程中的短暂等候，不是停车，要随时根据路况起步，车辆仍处于行驶状态。如果遇到紧急情况确实需要打电话，要找一个能够停车的地点，把车停好后再拨打电话，养成安全行车的好习惯，确保行车安全。

小知识

驾车接打手机的副作用

据研究表明，驾车打手机比酒后驾驶危险性更大，驾车使用手机，大脑的反应速度比酒后驾车时慢30%。驾车打手机发生车祸的风险比正常驾驶时高4倍以上。有70%的致命交通事故是驾驶员注意力不集中造成的，而接打手机又是造成注意力不集中的罪魁祸首。驾车打手机导致驾驶员注意力下降20%，如果通话内容重要，驾驶员的注意力甚至下降37%。同时，拨打手机的驾驶员行车速度比正常状态慢9%，制动的反应速度也要慢19%，拨打手机还将导致行车过程中的路线扭曲。研究还发现，驾车时接打手机会使驾驶员的视野变得狭窄，降低外围视觉的感知能力。一个分心接打手机的驾驶员比一个专心驾驶的驾驶员所记得的信息少50%，形成“不注意视盲现象”。接打手机的驾驶员更可能错过交通信号，经常看不到公告栏和其他标志。

9 超限超载

道路运输车辆超限超载后，载质量增大，惯性加大，制动距离加长，危险性增大。由于超载超限车辆的荷载远远超过了公路和桥梁的设计载荷，致使路面损坏、桥梁断裂，使用年限大大缩短，严重破坏了公路基础设施。驾驶超限超载的车辆，驾驶员的心理负担和思想压力往往会增加，容易出现操作错误，影响行车安全，造成交通事故。

道路运输车辆超载后，会影响车辆的转向性能，易因转向失控而导致事故。尤其是车辆严重超载时，轮胎负荷过重、变形过

大，是引发爆胎、突然偏驶、制动失灵、翻车等事故的主要起因。车辆超限后，遮挡两侧后视镜，驾驶员无法观察到车辆后方的情况，增加了视线盲区，是造成刮碰、追尾、倾翻等事故的危险因素。

小知识

视线盲区

驾驶员在驾驶室内，除了直接观察和通过后视镜观察能看到的地方外，还有很多车辆周围看不到的地方，这些驾驶员视线达不到的地方称作盲区。驾驶车辆起步、变换车道或在交叉路口转弯的时候，盲区内可能潜藏着危险，一定要注意转头直接观察，避免发生事故。另外，要了解其他车辆盲区的位置，尽量不要在其他车辆的盲区内行驶。

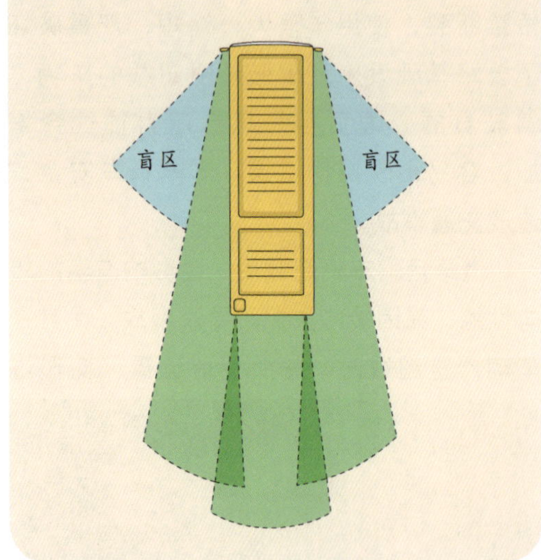

道路运输驾驶员在驾驶运输车辆载运乘客或货物时，不能只顾经济利益而不顾交通安全，要时刻将自身、乘客与他人的安全摆在首位，一定要严格遵守法律、法规中的装载规定，按照核定载质量和限宽规定承载，不得超限、超载，以免因超限超载造成事故。

事故案例

2011年11月16日9时40分，大雾天气，一辆经私自改装的小型客车严重超载700%以上（核载9人，实载64人），以80公里/小时的速度在道路左侧逆向行驶，与一辆对向行驶向左躲避的自卸运煤货车迎面相撞，造成21人死亡，其中幼儿19人、幼儿教师1人、校车驾驶员1人。另有11名幼儿重伤、32名幼儿轻伤。

⑩ 倒车

倒车与前进相比，看不见的部分（死角）非常多，操作难度大。车辆周围的情况在驾驶室内无法看到，车后的情况随时都会变化，车辆死角里停放的车辆，伏在车底下的动物，在车周围通行的行人，尤其是玩耍的儿童，都会让驾驶员防不胜防，如果观察不到，就会面临危险。倒车过程中车辆周围同样也会面临着情况的变化，突然进入驾驶员死角的机动车、非机动车和行人，都是对倒车安全构成威胁。

在任何时候倒车前都要在车下检查车辆的实现死角部分，认真地进行安全确认，要提防不安全因素。倒车时要通过后视镜仔细观察车后方及两侧的情况，随时发现和规避危险。倒车过程中要保持较低的速度，利用后视找好参照物，低速行驶，以远处物体作参考目标，尽量看比较远的地方。发现影响倒车的动态或者障碍物，要及时避让或停车观察，确保倒车安全。

11 掉头

驾驶车辆掉头有多种情况，每次掉头多会面临各种不安全的因素。在交叉路口、各种道路或遇到前方道路堵塞、管制等情况，都会有由于某种原因需要掉头行驶。在掉头过程中，路口交叉通行的车辆和行人，道路上的各种车辆、行人和障碍，拥堵路段相继掉头的车辆等，都会对掉头带来危险。不观察道路情况，不注意避让其他车辆和行人，盲目掉头，都可能引发事故。

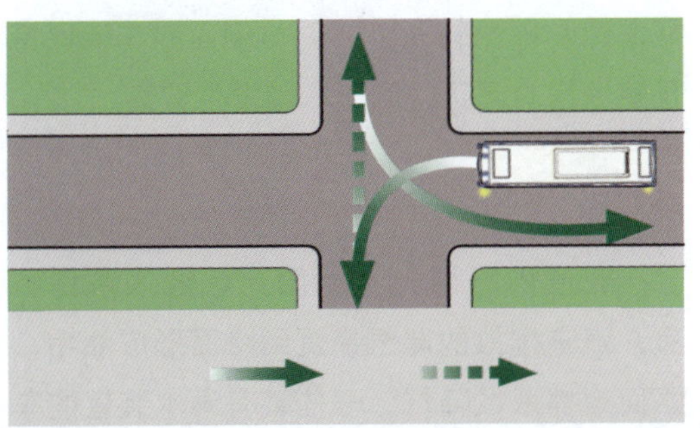

掉头要根据道路条件或交通情况，选择不妨碍正常通行的车辆和行人且允许掉头的安全路段进行。掉头地点尽量选择交通流量小、道路较宽能一次完成掉头的地段和路口进行。

在设有隔离设施允许掉头的路段或路口掉头，提前开启左转向灯，向左侧变更车道，按交通标志的指向完成掉头。在无隔离设施允许掉头的路段掉头，要仔细观察道路上的交通情况，必要时停车进行观察，确认待掉头路段前后无车辆或行人通过时，方可打开转向灯进行掉头。掉头时，严格控制车速，认真观察道路上交通动态，不得妨碍正常行驶的其他车辆和行人通行。掉头的每一

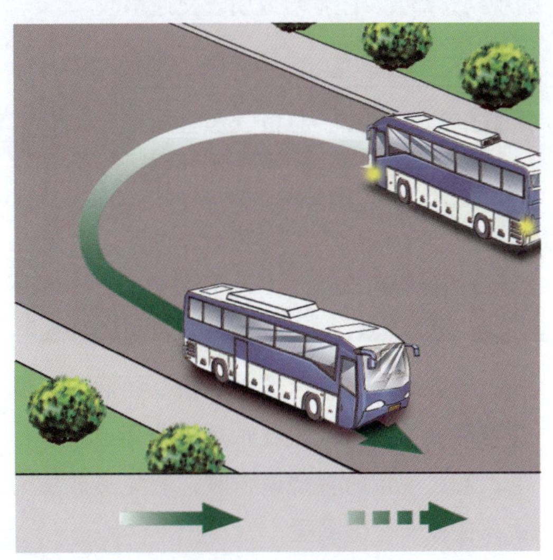

次前进或后倒过程中，都要认真观察车辆后侧及两侧道路的交通情况并确认安全，充分考虑车辆的前端和后端及距障碍物的距离，以防发生意外。严禁在人行横道线、铁路道口、窄路、弯道、桥梁、隧道、涵洞和有禁止掉头标志的路段掉头。

三、典型道路危险源辨识与防御性驾驶

1 通过立交桥、桥涵

立交桥或桥涵的最大承载能力、最大限制高度或宽度，跨江大桥上强烈的横向风，雨天桥涵里的积水，立交桥引桥的坡度，路线错综复杂的引桥等，都会对行车构成危险。不遵守限载、限高、限宽规定，通过跨江大桥不考虑横向风的影响，雨天不探明桥涵积水深度，雨雪天在立交桥引桥停车，在立交桥上注意力过分集中于“找路”而忽视了对交通情况的观察，都会发生危险或引发交通事故。

驾驶运输车辆通过立交桥、桥涵前，要注意限载总质量或限载轴重、限高或限宽标志，超过规定时要绕道行驶，避免造成撞垮桥体或被卡在桥涵里。

雪天、雨天等在立交桥引桥上行驶，要与前车保持足够的安全间距，临时停车时，拉紧驻车制动器操纵杆，防止溜车。雨季或大暴雨后，遇桥涵路面积水，要探明积水深度，必要时选择其他路线改道而行，避免盲目涉水行驶。

在跨度较大的高架桥或跨海大桥上行驶，会遇到强烈的横风影响。驾驶员要控制好车速和握稳转向盘，并与侧面的车辆保持足够的横向间距，防止车辆发生偏离。

2 通过隧道

隧道内路面见不到阳光，通风条件不良，汽车排放的尾气易沉到路面形成油垢，路面摩擦系数降低。一些装有淋水装置的车

辆，将车上的油污淋到隧道内的路面上，水和油污会造成道路湿滑。特别是雨天，隧道内路面水与油的混合物使路面更加湿滑，如果车辆行驶速度过快，则极易发生侧滑酿成事故。

驾驶车辆进入隧道和驶出隧道的瞬间，都有一个眼睛明适应和暗适应过程。当驾驶车辆运行在明暗急剧变化的隧道时，由于视觉感受性不能立即适应，容易发生视觉障碍，危及行车安全。

驾驶车辆进入隧道前应减速，开启前照灯，注意隧道前的交通信号。进入隧道后按车道行驶，适当增加安全间距，不要随意变更车道和超车。在双向行驶的隧道内会车，要将视线转移至右侧，避开对向来车的远光灯。遇隧道内因施工或发生交通事故临时管制时，要选择绿色箭头信号灯指示的车道行驶。

隧道内禁止停车、倒车和超车，车辆出现故障需要临时停车时，要将车辆移至专门的避险区域，并采取必要的安全措施。驶出隧道出口时，要适当控制车速，握稳转向盘，避免因隧道出口处强烈横风造成转向失控，引发车辆侧滑或侧翻。

小知识

眼睛的明适应和暗适应

从光亮处进入黑暗处，开始一切都看不见，经过一段时间才逐渐看清轮廓，这是暗适应现象。相反，从暗处进入亮处，也会出现什么也看不清的一瞬间，几秒到几十秒后才能看清物体，这是明适应现象。车辆进入隧道和驶出隧道，驾驶员都将经历明适应和暗适应过程。因此，进出隧道都要减速，待眼睛适应后再转入正常速度行驶。

③ 通过铁路道口

铁路道口是比较特殊的平面交叉路口，路面不平整，机动车、行人及非机动车等混行，构成了铁路道口的交通危险源。驾驶员在通过铁路道口时不注意观察，盲目抢越铁路线或与列车抢行，是造成铁路道口事故多发的重要因素。

通过无人看守的铁路道口，要做到“一停、二看、三通过”。通过道口前，停车观察道口内的情况，确认无列车通过后，用低速挡通过。通过中途不要换挡，以避免发动机熄火滞留在道口内。遇道口前方堵车时，应停在道口外等候，禁止在道口内停车。通过有人看守的铁路道口，要服从道口管理人员的指挥。栏杆开始下降时，禁止强行闯杆，与火车抢道。在铁路道口内发生故障或事故时，应及时撤离，并告知看守人员采取应急管控措施。

④ 山区道路行车

山区道路多依山体走势而建，道路等级相对较低，路面狭窄，坡路和弯道多，视线不开阔，路基不牢固。长坡和连续坡陡弯急、经常发生泥石流和山体滑坡，险象环生，对行车安全构成威胁。山区道路跟车行驶距离近，下坡、转弯、会车和通过下坡路段速度过快，都会引发车辆失控、追尾、碰撞、翻车、坠崖等事故。

重车下坡行驶，要使用行车制动器和缓速器或利用发动机进行制动控制，不得空挡滑行。下长坡时，车速会因为惯性而越来越快，连续使用行车制动器会因制动器温度升高而使制动效果急剧下降。下较陡的坡道，可选用低速挡。跟车行驶要与前车保持充足的安全距离，不得超车。一旦发现制动器温度过高时，要及时停车进行自然降温，此时千万不要进入冷水池强制降温。

山区道路驾驶，要根据道路条件控制好行驶速度，跟车行驶要保持较大的安全距离，狭窄路段会车不靠山体的一方先行，转弯要留有较大的空间，尽可能避免超车，雨季或暴雨后防止路基松塌，危险路段要提前停车观察，确认安全后低速通过，尽快通过经常发生塌方、泥石流的山区路段。

车辆通过弯道，要做到“减速、鸣号、靠右行”。在急转弯和连续转弯路段，提前降低车速，鸣喇叭提示，注意对面弯道情况，有条件时尽量让靠山体一侧的车辆行驶。在狭窄弯道通过有困难时，可在车下专人的指挥下通过。

重载车辆爬坡行驶，要根据路况和坡度及时减挡，使车辆保持足够的驱动力。

下长坡行驶，要充分利用发动机阻力制动、缓速器辅助制动和排气辅助制动，禁止空挡滑行和关闭发动机行驶。爬长坡时，要注意冷却液温度，出现冷却液温度过高、发动机动力不足等情况，立即选择安全的区域停车降温。

在山区道路（坡路）临时停车，要选择右侧靠山体的路段，停车后拉紧驻车制动器操纵杆，用掩木垫在轮胎下（上坡掩在轮胎后侧、下坡掩在轮胎前侧），挂好挡位（上坡挂低速挡、下坡挂倒挡），将转向盘向右侧转动一定角度，以防溜车造成危险。

5 城乡结合部行车

城市道路设计规范，路口设施齐全，车辆行人各行其道，虽然拥堵但通行相对安全。乡村道路大多数都是混合交通，在城乡道路接合处，道路条件和通行状况发生变化，引发道路交通事故的因素复杂。

在城乡结合部，道路多数由分道行驶变为混合交通，平面交叉路口多，交通信号及其他设施不完整，交通管理相对薄弱，不守规矩的车辆和行人经常你挤我抢、突然横穿道路，毫无秩序，危险因素增多，没有规律，属于事故多发地带。尤其是驾驶车辆从繁忙拥堵的城市路段进入城乡结合部的畅通道路，由于驾驶员心理疏忽，往往急于赶路，加速行驶，忽视对行人和非机动车的观察，一旦出现危险情况，往往会措手不及，对行车安全十分不利，事故发生的概率较高。

进入城乡结合部，要考虑到各种危险因

素，行车中注意观察路边的行人、非机动车、农用运输车、大型货车、路边的摊位等情况，控制车速，时刻提防各种动态的异常变化。通过路口时要减速礼让，提防危险情况，遇行人或者非机动车突然横穿道路，及时减速或停车避让。路边有放牧的牲畜时，要减速并随时准备停车。

6 乡村道路行车

乡村道路等级相对较低，养护条件差，道路交通情况复杂，道路交通参与者普遍缺乏安全意识和交通安全常识，占道摆摊、晒粮、放牧牲畜非常普通，尤其遇到农村集市，摊位占道，人员拥挤，交通环境恶劣，雨天容易出现泥泞坑洼、路基松软等情况，增加了行车风险。

乡村道路行车要注意观察道路上的各种动态，随时准备应对突然情况。在容易扬起沙尘的路段，保持低速行驶，必要时开启车灯和鸣喇叭示意。遇到行人、人力车、农用车和摩托车等不按规定或违法通行时，要调整好心态，保持低速慢行，主动让行或者耐心停车等待，尽量避免发生交通事故。

驾车行驶到路边有摊位的路段附近，要减速慢行，仔细观察围在摊位周边的人群，重点注意老年人和玩耍的儿童。发现摊位边有人回头或招手，要预防其突然转身横穿道路，同时还要注意道路对面情况，以防有人从路对面横穿道路。经过晒粮占道的路段，要尽量在没有粮食的路面行驶。对面有来车或者晒粮人留出的路面不足时，可骑轧粮食保持低速通过。一侧车轮碾压粮食行驶时，要握紧转向盘，避免制动过急，以防发生侧滑。另外，注意晒粮人为了保护粮食设置的障碍物，通过时要避让绕行。

大型货车转弯或雨后行车，尽量靠道路中间行驶，避免碾压松软路基造成塌陷。夜间行驶，开启远光灯，注意判断前方路况，保持合适的行驶车速。遇到畜力车或大群牛羊占道或在路边行走，保持一定距离或停车让行，不要采取鸣喇叭、加速等措施使动物受到惊吓。

四、恶劣气象条件下危险源辨识与防御性驾驶

1 雾天行车

雾天，能见度低，视野变窄，视线模

糊，不易发现对面来车和路面障碍，跟车行驶不能准确判断距离。浓雾天气会使驾驶员看到的物体变形，根本无法预见危险，雾天是行车最危险的恶劣气侯。雾天行车，驾驶员对车速和跟车距离的判断会出现偏差，容易发生追尾事故。另外，驾驶员看不清路面标线，骑轧道路中心线行驶，会与对面来车迎面相撞。

雾天行车，要开启防雾灯、近光灯、示廓灯、前后位灯、危险报警闪光灯，低速靠右侧行驶，随时注意行人与其他车辆的动态，多鸣喇叭以引起其他车辆和行人注意。听到对方车辆鸣喇叭，可鸣喇叭回应。跟车行驶要与前车之间保持更大的距离，以能看见前车后部的雾灯为宜，避免因前车紧急制动而发生多车追尾事故。遇有浓雾或特大雾天，能见度过低行车困难时，应选择安全地点停车等待雾散。

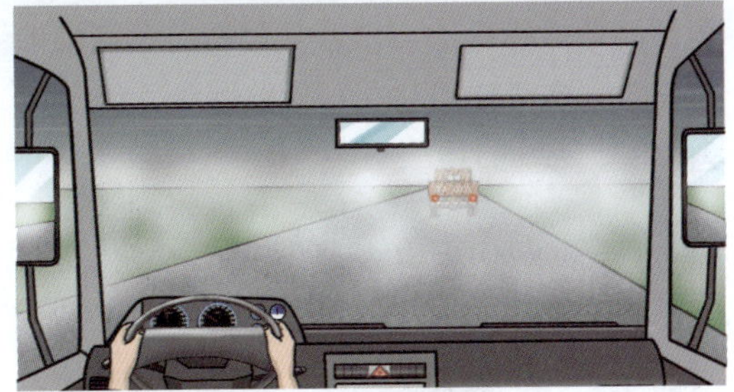

雾天行车，不要开启远光灯，远光灯照在雾中会引起折射，影响视线，使人炫目，看不清前方路面和交通情况。能见度低于200米，开启前雾灯；能见度低于50米，开启后雾灯。后雾灯光线极强，后面来车的跟车距离很近时，及时关闭后雾灯。

② 雨天行车

雨天路面湿滑，视线受阻，路面附着力减小，制动距离增大，高速行驶容易出现“水滑”现象，使用行车制动器紧急制动容易导致车辆失控，发生横滑或侧滑。雨天行车，风窗玻璃容易形成水雾影响视线，暴雨后，低洼区域或者道路排水系统不畅的路面容易形成积水，给车辆通行带来危险。连续降雨天气，可能会出现路肩疏软和堤坡坍塌现象，车辆在上面行驶会出现路面下沉的危险。雨天忙乱躲避的行人和骑车人，也是非常危险的因素。

雨天行车，要控制行驶速度，避免发生“水滑”而造成危险。跟车或会车尽量保持

较大间距，跟车行驶纵向距离保持干燥路面的1.5倍以上。连续降雨天气，选择道路中间坚实的路面，避免靠近路边行驶。减速时避免使用紧急制动，以防车辆发生侧滑。经过水淹路面注意探测水的深度，不要贸然涉水行驶，以免导致排气装置、发动机进水，严重损坏车辆。暴雨天气刮水器无法刮净雨水时，要立即减速靠边停驶。遇慌乱的行人或骑车人妨碍通行时，要减速慢行，多留余地，尽量避让，确保安全。

小知识

如何避免“水滑”现象？

雨天尤其是大雨天行车时，随着车速的增加，轮胎与路面之间易形成水膜，使轮胎悬浮，而发生“水滑”现象。雨天高速行车，为避免发生“水滑”现象而造成方向失控，应控制行驶速度，保持低速行驶。发生“水滑”现象时，不要急着踩制动踏板或转动转向盘，应握稳转向盘，逐渐松抬加速踏板，让车速逐渐减缓，即待“水滑”消失后，再缓缓前行。切记千万不要迅速转向或急踩制动踏板减速。

③ 雪天行车

雪天道路易结冰，路面溜滑，附着力大大降低，制动性能极差，制动距离延长，车辆的稳定性降低，方向易跑偏，积雪对光线的反射，易造成驾驶员炫目而产生错觉。加速过急，车轮易空转或溜滑。制动减速或转向过急，易侧滑、甩尾、转向失控。积雪覆盖的路面，道路的轮廓难以辨别，容易驶出路面发生危险。路上通行的行人和非机动车稳定性差，容易发生因失控而摔倒的危险。

雪天行车，有条件的要安装防滑链。行车中注意观察前方道路情况，用发动机的牵阻力控制车速，保持匀速慢行。超、会车选择比较安全的地段靠右侧慢行，加大两车间横向安全距离。减速、停车和处理紧急情况，利用发动机的制动作用降低车速，不得使用紧急制动和急转向的方法躲避，以免侧滑或转向失控。没有安装ABS装置的车辆，急减速可采用间歇缓踏制动踏板辅以拉起驻车制动器操纵杆的方法，切忌将行车制动器一脚踏到底或使用驻车制动器过急过猛。

小知识

防抱死制动系统（ABS）

防抱死制动系统（ABS）是自动防止车轮抱死的装置，最重要的作用是在紧急制动时，保证车辆方向仍能得到控制，保持车辆行驶方向的稳定性，有效防止车轮抱死，方向会失控或车辆甩尾。当防抱死制动系统起作用时，脚底会感觉到从下面传来的振动，此时不要紧张，应继续用力踩制动踏板。安装ABS防抱死系统的车辆，在各种道路条件下，不必担心制动过急时车辆发生侧滑和方向失控，但要注意制动距离不会缩短。

有车辙的路段应循车辙行驶，积雪覆盖道路轮廓难以辨别时，根据道路两旁的树木、电杆等参照物判断行驶路线，控制车速，低速行驶。遇前车正在爬坡时，要在坡底选择适当地点停车，等前车通过后再爬坡，一定要避免在坡道上停车。车辆发生侧滑时，立即缓慢、适当地向后轮侧滑的一方转动转向盘，可连续数次回转转向盘，以便调整车身。

4 高温天气行车

高温炎热天气，路面的沥青会软化，变得黏糊，附着力下降，有发生侧滑的危险。发动机温度上升或冷却液沸腾，胎温、胎压过高，会影响行车安全。电路、油路等出现线路软化、短路、漏油等情况，容易引起车辆自燃。另外，驾驶员在高温天气容易出现烦躁情绪，疲劳驾驶。清晨和傍晚外出散步和纳凉的行人，也是构成危险源的因素之一。

高温天气行车，驾驶员要充分休息，保证有充沛的精力。夏季午后天气炎热，行车中极易瞌睡，当感到视线逐渐变得模糊、反应迟钝时，要及时停车休息。行车中，发现冷却液温度上升或冷却液沸腾时，立即停车降温，待温度适当下降后再补充冷却液。

途中要注意检查胎温和胎压变化，发现胎温、胎压过高时，选择阴凉处停息，使胎温自然恢复正常，不可用放气或浇水的方法进行降温。通过市区、村镇或桥梁时，要减速慢行，注意道路或桥两侧的人群，清晨和傍晚密切关注外出散步和纳凉的行人，随时做好停车准备。

五、高速公路行车危险源辨识与防御性驾驶

1 高速公路行车的危险因素

在高速公路上驾驶车辆，每时每刻都面临着意想不到的危险，稍有疏忽就会出现失控导致交通事故，多车连续追尾和二次事故时有发生。常见的交通事故有追尾、翻车、爆胎、撞护栏、失火等。

高速公路上车辆行驶速度快、情况单一，交通干扰少，行车中的噪声和振动频率小，行车感到比较枯燥，容易使人松懈或困倦。车辆不能正确选择行车路线，频繁变更车道、违法占道行驶的现象较为普遍，是造成道路拥堵和交通事故的主要原因。闯入高速公路的动物、不守规矩的非机动车、遗洒到路面上的货物以及违规进入高速公路的行人，时刻威胁着高速公路的行车安全。

高速公路违法停车或上下乘客，往往会发生追尾或碰撞事故，特别在雨、雾、雪天气随意停车，发生事故的几率更高。雨天驾车在高速公路上高速行驶，一旦发生“水滑”现象，处理不当，会造成操作失控，发生侧滑或倾翻事故。

货车在高速公路载货超宽后，遮挡两侧后视镜，驾驶员看不到侧后方的道路交通情况，变道或减速时会威胁其他车辆正常通行，危险性大。

2 高速公路防御性驾驶

进入高速公路行驶前，驾驶员要做好充分的准备，例如检查车辆的燃油余量、机油量和轮胎气压等，了解天气状况、道路拥堵等信息，提前规划好行车路线，尤其是标记好沿途高速公路的出入口。

大型车辆的行驶速度相对较慢，要在右侧慢速车道内行驶，注意与其他车辆之间保持足够的安全间距，正常情况下，车速为100公里/小时时，纵向安全间距为100米以

上，车速为70公里/小时时，纵向安全间距为70米以上。遇大风、雨、雪、雾等天气条件时，应当减速行驶，纵向安全间距适当加大1～1.5倍。

驾驶车辆长时间高速行驶后，驾驶员对车速的感觉变得迟钝，常常会低估车速，要通过间断性地查看车速表来确认车速。车辆在高速公路上长时间高速行驶，轮胎因升温随之气压升高而发生爆胎。驾驶员每隔2小时或者每行驶150公里，要对车辆重点是轮胎进行安全检查。

事故案例

2009年8月2日晚上9点32分，一辆中型客车行至同三高速公路104千米处发生一起单车撞护栏事故后横在路中间，驾驶员未在车后设立警告标志牌，只是将车上乘客简单的转移高速护栏外事故现场附近。就在交通警察到达现场的同时，一辆半挂车发现事故车后采取制动措施，尾随的一辆集装箱货车在向右躲避时撞断护栏冲向在护栏外等待救援的乘客，造成6名乘客重伤，2名乘客轻伤。

行车中发现贸然闯入高速公路的行人、非机动车和其他动物时，要立即减速，切不可猛转转向盘躲避，避免发生车辆侧翻事故。

突然出现制动失效或车辆失控时，可利用路侧专门设置的紧急避险区来辅助减速停车。

高速公路雨中行车时，要降低车速，尽量避开易积水的凹地行驶，特别是在弯道和斜坡的地段要尽量减速，防止“水滑”现象的发生。一旦发生“水滑”现象时，不要慌张地转向、制动，两手应紧握转向盘，缓抬加速踏板，利用发动机制动，并冷静地等待减速，使轮胎与地面的摩擦作用恢复。

六、夜间行车危险源辨识与防御性驾驶

1 夜间行车的危险因素

夜间行车，潜在很多的危险因素。由于

夜间车灯的灯光照射范围和亮度有一定的限度，驾驶员的视线受到限制，夜间即使开着前照灯，可视距离也比白天短得多，遇到突然情况或危险时，反应和处置时间相对较短，危险性大。车辆行驶中，灯光随车晃动，驾驶员对地形、障碍等的判断更困难，易产生错觉，很难像白天一样快速地辨识危险，很多危险情况不能及时发现。

驾驶员长时间夜间驾驶车辆，注意力高度集中、瞳孔扩大、眨眼的频率降低，会出现头晕、视物模糊、双眼胀痛、注意力不集中及烦躁不安等症状，尤其是午夜后行车最容易疲劳，甚至瞌睡。另外，夜间行车由于看不见道路两旁的景观，对驾驶员兴奋性刺激小，容易引起驾驶疲劳，甚至导致交通事故。

夜间迎面来车的灯光，对驾驶员的视线影响很大。若对面车辆使用远光灯或者氙气灯，强烈刺眼的灯光，会让驾驶员突然失去视觉，看不清前方的道路情况，尤其在两车灯的交织处形成盲区，很容易发生交通事故。

2 夜间防御性驾驶

夜间行车要在灯光能显示出车的轮廓时就打开车灯，开灯不仅仅是为了照明，更重要的是为了提醒其他交通参与者。在照明条件好的市区或路段行车，使用近光灯，借助路灯尽量把视野扩大到前照灯光以外的区域。

照明不好的地方，尽量使用远光灯（例如，在开阔的乡村道路，或者黑暗没有路灯的城市街道）。对面有来车时，及时把灯光切换成近光，以免使对面的驾驶员目眩。行车时集中注意力，时刻观察前方灯光能照到的道路情况，谨慎驾驶，随时准备应对突发情况。

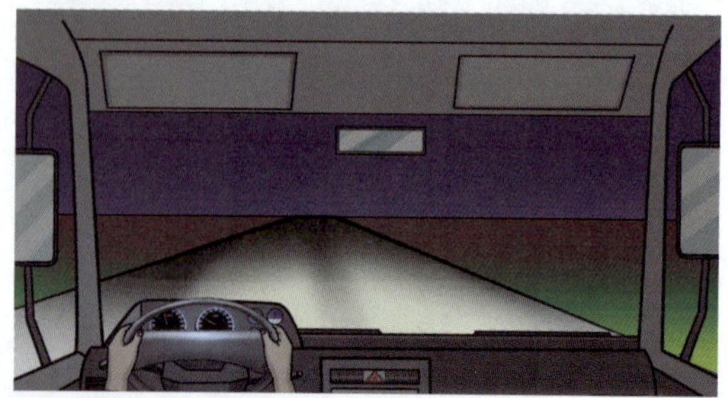

夜间行车车速要控制在当车辆制动时，制动距离在前照灯照射距离之内。跟车行驶要保持比白天更大的车距，夜间很难准确判断跟车距离，要保持较大的车距，距离150米以内使用近光灯，尽量不要超车。发现停靠的车辆、行人或自行车等，要注意观察动态变化，随时准备避让危险行为。遇到意外障碍物、施工地段、突然出现的急转弯或陡坡，要预防前方看不到的路面潜在的危险，做好应急准备。

驾驶员受到强烈的光线刺激，眼睛会出现短暂性失明，恢复正常视觉需要一段时间，非常危险，年龄大的驾驶员对刺眼的灯光特别敏感。夜间会车要按规定使用灯光，遇对面来车不切换为近光灯或使用氙气灯照射强烈时，不要直视对面车的灯光，要将视线转移到右侧路面，用眼睛的余光观察来车，必要时可停车让行。千万不要开远光灯"还击"，这样会使两个驾驶员都看不见会车情况，很容易发生事故。遇尾随车辆使用远光灯照射产生炫目时，及时调整后视镜的角度。

在夜间特别是在午夜以后或者长时间行车后，驾驶员往往容易疲劳且警觉敏锐性降低。如果驾驶员感到困倦，最安全的措施就是把车辆停靠在安全的地方，休息一会。

七、交通标志、标线的识别

道路标志标线一般都设在需要提醒驾驶员注意路段前适当位置，及时向驾驶员传递前方道路信息，提示驾驶员注意并采取正确的驾驶方法安全通过。正确地识别道路标志标线，能够帮助驾驶员更早地发现前方道路的危险源，提前采取防御性驾驶措施，避免危险和事故的发生。

道路交通标志是用图形符号、颜色和文字，向在道路上通行的车辆和行人传递法定信息，用于管理、警告及引导交通的安全设施。警告标志、指示标志、禁令标志、作业区标志的前方路段，都会存在着影响行车的危险源，威胁着安全行车。警告标志是警告注意危险地点，前方路段有妨碍正常行驶的危险地段和情况，要提前预防，谨慎通过。

禁令标志是禁止或限制交通行为，前方路段由于某种原因禁止通行，必须严格遵守，不得通行。指示标志是指示前方道路通行的区间和地点，根据需要按标志指示的路线、方向行驶或行进。作业区标志是告知前方道路正在施工或养护，道路阻断，通过时要按标志指示绕行通过。

道路交通标志标线是由施划或安装于道路上的各种线条、箭头、文字、图案及立面标记、实体标记、凸起路标和轮廓标等所构成的交通设施，向道路使用者传递有关道路交通的规则、警告、指引等信息，在施划警告标线、指示标线、禁止标线的道路上，如果违法行驶，都会影响行车安全，甚至导致事故。警告标线能促使车辆驾驶员及行人了解道路上的特殊情况，提高警觉，准备防范应变措施的标线。指示标线是指示车行道、行车方向、路面边缘、人行道、停车位、停靠站及减速丘等的标线，车辆和行人要按照标线的指示在道路上通行。禁止标线是告示道路的通行、禁止、限制等特殊规定，车辆和行人必须严格遵守的标线。

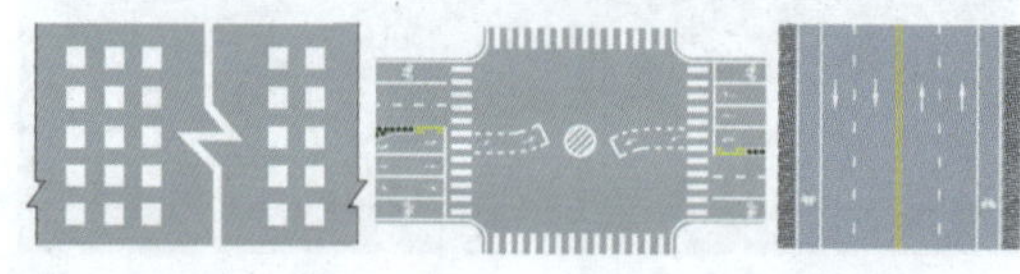

第三节　临危避险驾驶

道路上的情况瞬息万变，危险随时都会出现，事故瞬间可能发生，复杂的道路交通情况，对道路运输驾驶员是严峻的考验。只要技术过硬，应急措施到位，就会避免危险和事故的发生。因此，道路运输驾驶员应具有一定的临危处置经验和知识、掌握一些危险情况下处置的方法和措施，对于道路运输安全十分重要。危险情况处置的核心是应急措施及时、恰当、有效，能够最大限度地规避险情和避免事故发生，一旦发生事故，将损失减到最少。

常见的危险情况有：行驶途中发动机突然熄火、转向失控、制动失灵、车辆侧滑、爆胎、下长坡制动无效、撞车、倾翻、火灾等。

事故案例

2010年9月3日14时42分，一辆大型卧铺客车，载客51人（核载37人），行至吉林长平高速公路长春段163千米+800米处时，因超速行驶、左前轮胎爆胎，车辆失控冲过中央分隔带驶入对向车道，与一辆轿车和重型集装箱货车先后发生碰撞，致使大型卧铺客车和重型集装箱货车起火燃烧，造成17人死亡、37人受伤。

一、临危处置原则

在行车途中会遇到各种危险情况，处置得当，可以减轻或免除事故的危害；反之，则会加大事故损失。为了防止避险不当从而加重事故后果，在处置紧急情况时应遵循以下原则：

1 沉着、冷静、镇定，保持良好心态

（1）险情的出现一般都较为突然，此时，驾驶员能保持头脑清醒，情绪镇定，不惊慌，是做好避险的先决条件。

（2）行车中遇有紧急情况发生时，务必保持良好的心态，沉着冷静，利用最短的时间，及时准确地作出分析判断，并迅速果断采取正确避险措施，使事故损失减少到最小。千万不可惊慌失措或存有侥幸心理，以免酿成严重后果。

2 及时减速，有效控制行驶方向

（1）危险情况的发生往往时间非常短暂，特别是高速行驶时。规避和减轻交通事故的危害和损失，最有效的措施就是制动减速、停车、控制方向。

（2）在车速较低时发生紧急情况，要判断能否利用转向避开前方障碍物。若转向避开障碍物比停车有效得多时，在道路

交通条件允许的前提下，尽可能优先考虑通过转向避免撞车，同时采取必要的减速措施。

（3）车速较高时发生紧急情况，不要轻易急转向避让，高速时急转向，极易造成车辆侧滑相撞或在离心力作用下倾翻的事故。应采取制动减速，使车辆在碰撞前处于停止或低速行进状态，以减小碰撞损坏程度。

特别提示

只有在制动安全距离内导致不可避免的碰撞时，方可采取转动转向盘的避让措施，选择较轻的撞车形式；但当前轮抱死时，转动转向盘并不能改变车辆行进方向。

3 先人后物，就轻处理

（1）人是最宝贵的，遇紧急情况避险时，要先考虑人的安全，先人后物。在危急情况下，车辆要向远离人的一方避让，宁可财产遭受损失，也要确保人的安全；避让车辆与物体相撞时，尽最大努力做到人不被伤害。

（2）避重就轻就是避险时车辆应向损失较轻或危害较小的一方紧急避让，将车辆靠

向情况简单或人较少的一侧，尽量避开损失较重或危害较大的一方，以减轻事故的损失后果。

事故案例

2010年8月7日15时11分，一辆中型普通客车，载客16人（核载19人），行至四川省成都市洪雅县道洪吴公路47千米+200米处时，因长下坡频繁制动导致车辆制动热衰退，且驾驶员避险措施不当，车辆失控冲撞公路左侧土堆后，坠落100.5米悬崖下，造成15人死亡、1人受伤。

二、发动机突然熄火

车辆行驶途中，往往由于供油中断或电路断火，使发动机停止工作，一时无法再次起动。当发生这种情况时，若将车停在行车道上会发生撞车事故(高速公路上更危险)，应采取以下应急处置措施：

（1）连续踩踏2～3次加速踏板，转动点火开关，再次起动发动机；若起动成功，不要继续行驶，将车驶向路边停车检查，查明原因，排除隐患后再继续行驶。

（2）若再次起动失败，不要存侥幸心理，迅速打开右转向灯，利用惯性，将车缓慢驶向路边停车，开启危险报警闪光灯，检查熄火原因，及时排除故障。

特别提示

途中发现发动机突然熄火，在靠边之前不要随意制动，以免把可能利用的惯性动能浪费掉，不要错失靠边滑行、停车的时机。

三、转向失控

转向突然失去控制，致使驾驶员无法掌握方向，极其危险。此时，驾驶员要沉着冷静判明险情程度，采取应急措施，切不可惊慌失措，贻误时机，使险情加剧。

事故案例

2010年9月16日13时35分，一辆大型普通客车，载客17人（核载33人），行至新疆阿勒泰市喀纳斯景区232省道48千米+878米禾木乡岔道处，因车辆转向失控，驾驶员处置不当，驶出路面，垂直坠落路侧55米深悬崖后沿山坡翻滚100多米，造成11人死亡、6人受伤。

1 转向突然失控

（1）转向突然失控，要立即松抬加速踏板，减挡减速，若车辆和前方道路情况允许保持直线行驶时，不可使用紧急制动；高速行驶的车辆，在转向失控的情况下使用紧急制动，很容易造成翻车。可均匀而用力拉紧驻车制动器操纵杆进行辅助制动，当车速明显减弱时，轻踏制动踏板，使车辆缓慢平稳地停下。

（2）当无ABS装置的车辆已偏离直线行驶方向，事故已经无可避免时，果断地连续踏制动踏板，使车辆尽快减速停车，尽量缩短停车距离，减轻撞车力度。

（3）采取应急措施的同时，对道路上其他通行的车辆及行人发出示警信号，如开启危险报警闪光灯、开前照灯、鸣喇叭或打手势等。

2 转向阻力突然增大

（1）装有动力转向的车辆，突然发现转向困难，操作费力，是由于动力部件出现故障，要尽快减速，靠右行驶，选择安全地点停车，查明原因。

（2）如果车辆还可以实现转向时，在保证安全的前提下，谨慎驾驶，低速前进，将车开到附近修理厂修好后再行驶。

四、制动失效

车辆行驶中，往往由于制动管路破裂或制动液、气压力不足等原因，突然出现制动失灵、失效现象，对行车安全构成极大威胁。因此，驾驶员掌握制动失效的应急处置方法，可最大限度地减少和杜绝交通事故的发生。

事故案例

2010年8月2日8时30分，一辆中型厢式货车，载客5人，行至江西省赣州市陂头镇上汶线3千米+600米弯道路段时，因车辆通过弯道路段时速度过快、车辆右前轮制动不合格，导致制动过程中车辆向左跑偏，与一辆正三轮载货摩托车（违法载客19人）发生正面相撞，造成10人死亡、9人受伤。

① 制动突然失效

（1）制动失灵、失效时，要沉着冷静，握稳转向盘，立即松抬加速踏板，实施发动机制动，尽可能利用转向避让障碍物，同时利用驻车制动器或“抢挡”等方法，设法减速停车；若是液压制动车辆，可连续多次踩踏制动踏板，以期制动力的积聚而产生制动效果。

（2）使用驻车制动器不可将操纵杆一次拉紧，一次拉紧容易将驻车制动盘“抱死”，损坏传动机件，丧失制动力。转动转向盘避开危险目标的同时，可视情况进行“抢挡”操作，使车辆尽可能减速，尽快驶向路边停住。

（3）避让要做到“先避人，后避物”，提前选择好可供安全停车的位置，以免冲撞行人而扩大事故。

特别提示

出现制动失效后，操纵转向盘控制行驶方向，规避撞车是首要的应急措施，只有在道路交通情况暂时不会发生撞车事故时，方可腾出手来“抢挡”、拉驻车制动器操纵杆。

② 下坡路制动突然失效

（1）察看路边有无障碍物可助减速或宽阔地带可迂回减速、停车。最好是利用道路边专设的紧急停车道停车。如果能在紧急停车道停车后，立即拉紧驻车制动器操纵杆，防止溜动或发生二次险情(因为紧急停车道多修筑成大坡道)。

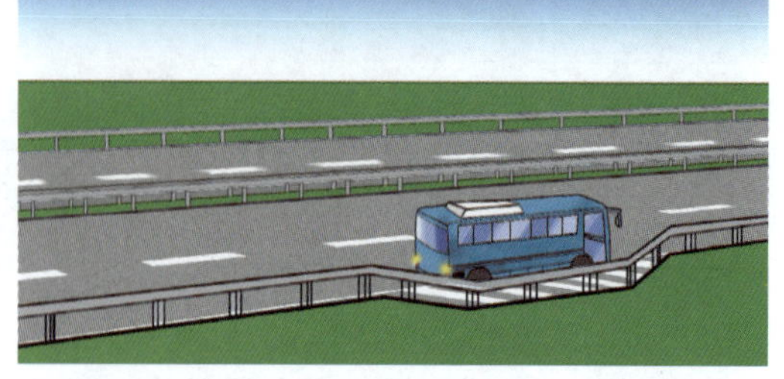

（2）观察一下路边有无可利用或备用坡道，若有可将车辆驶向坡道，以迫使车辆停车；没有可利用或备用坡道时，可果断地利用天然障碍物，给车辆造成行驶阻力，必要时可用车厢靠向路旁的岩石或树林碰擦；若

山坡无法与车碰擦，在迫不得已的情况下，可用前保险杠斜向撞击山坡，迫使车辆停住，以求减小损失。

（3）若无可利用的地形和时机，应迅速抬起加速踏板，从高速挡向低速挡“抢挡”，利用变速器变速比的突然增大和发动机制动作用遏制车速，以利于控制车速和操纵行驶方向；抢挡越一级为妥，如车速仍高，可再次减速或抢挡，若越二级抢挡，难度较大，一旦抢挡不成，危险性更大。

（4）当车速得到有效控制后，选择较平坦、宽阔的地段停车散热、检修(停车后应拉紧驻车制动器操纵杆，并在车轮前塞垫三角木或石块等物，防止车辆溜动)，必要时还应重新调整制动鼓和蹄片间隙。

五、轮胎漏气及爆破

轮胎突然爆破故障是安全行车的一大隐患，一般有轮胎漏气、爆胎等形式。驾驶员有必要掌握轮胎故障的应急措施，最大限度地减少轮胎故障的发生及其危害程度。

事故案例

2010年3月10日18时25分，一辆中型普通客车，载客19人（含1名幼儿，核载18人），行至贵阳市南明区境内机场路沙木林大桥桥头处，因骑压车道线超速行驶，碾压路中未完全盖合的检查井井盖，导致左后轮边胎破裂引起行驶路线发生偏移后，处置不当，车辆向右驶离公路，翻下右侧垂高37.13米的悬崖下，造成13人死亡、6人受伤。

① 轮胎漏气

（1）行驶中车辆一侧轮胎漏气，会感到车身倾斜，并随行驶时间的延长而加重，控制车辆不灵便。

（2）发现轮胎漏气时，要紧握转向盘，慢慢制动减速，将车辆尽快驶离行车道，停放在路边安全地点。

（3）在车辆驶离行车道时，不要紧急制动，以免造成翻车或使后车因制动不及时而发生追尾事故。

② 轮胎爆破

车辆行驶中(特别在高速公路上)发生爆胎时，往往伴有爆破声，车辆出现明显的振动，转向盘随之以极大的力量自动向爆胎一侧急转。

(1) 后轮胎爆破，车尾会摇摆不定，但方向一般不会失控，只要保持镇定，双手紧握转向盘，便可控制车辆保持直线行驶。

(2) 前轮胎爆破，危险较大，一旦爆胎，车辆方向会立刻向爆胎车轮一侧跑偏，直接影响驾驶员对转向盘的控制。

(3) 当意识到前轮爆胎时，双手要紧握转向盘，松抬加速踏板，极力控制车辆直线行驶。若已有转向，也不要过度矫正，要在控制住车辆行驶方向的情况下，轻踏制动踏板(禁止紧急制动)，使车辆缓慢减速，待车速降至适当时候，平稳地将车停住，尽量将车逐渐停靠在路边为妥。

特别提示

发生爆胎时，切忌慌乱中向相反方向急转转向盘或急踏制动踏板，尽量采用“抢挡”的方法，利用发动机制动使车辆减速；尚未控制住车速前，不要冒险使用行车制动器停车，以避免车辆横甩发生更大的险情。

六、车辆侧滑、侧翻

① 车辆侧滑

车辆在泥泞、溜滑路面上紧急制动或猛转转向盘时，由于车轮抱死或轮胎受力失衡，车辆失去横向摩擦阻力，易产生侧滑、行驶方向失控，极易导致向路边翻车、坠车或与其他车辆、行人相撞。

事故案例

2010年2月28日17时35分，一辆大型普通客车，载客22人（核载27人），行至河南省316省道侯寨大桥处，因在雨雪天气、湿滑路面超速行驶，车辆失控撞断右侧护栏，坠入桥下水库中，造成19人死亡、7人受伤。

制动、转向或擦撞引起车辆侧滑时，要立即松抬制动踏板，并迅速向侧滑的一方转动转向盘，并及时回转转向盘进行调整，修正方向后继续行驶；因转向或擦撞引起的侧滑，不可使用行车制动器制动。

特别提示

车轮往哪边侧滑，就往哪边转向，不可转错方向。否则，不但无助于制止侧滑，反而加剧侧滑。

② 车辆侧翻

车辆倾翻一般都有先兆预感，侧翻时，由于离心力的作用，驾驶员身体有向外飘起来的感觉；路肩外斜坡翻车时，车身先慢慢倾斜，然后才会完全翻车；纵向倾翻时，车辆先前倾或后倾，驾驶员会有车头下沉或车尾翘起的感觉，然后才会翻车。当感到不可避免地将要倾翻时，应果断采取应急处置措施。

（1）感到车辆不可避免地要倾翻，但倾翻力度不大，估计只是侧翻时，双手紧握转向盘，双脚钩住踏板，背部紧靠座椅靠背，尽力稳住身体，随车体一起侧翻。

（2）车辆倾翻力度较大或向深沟连续翻滚时，驾驶员应使身体迅速向座椅前下方躲缩，抓住转向盘管或踏板等将身体稳住，避免身体滚动受伤或甩出车外导致被车辆碾轧。

(3) 缓慢翻车有可能跳车逃生时，要向翻车相反方向跳车；切不可顺着翻车方向跳出，防止跳出车外却被翻滚的车辆碾压。落地前双手抱头，蜷缩双腿，顺势翻滚，自然停止，不要伸展手腿去强行阻止滚动，以免加剧损伤。

(4) 在车中感到不可避免地要被抛出车外时，应在被抛出车厢的瞬间，猛蹬双腿，增加向外抛出的力量，助势跳出车外；落地时，力争双手抱头顺势向惯性力的方向多滚动一段距离，以躲开车体，增大离开危险区的距离。

七、车辆起火

车辆行驶中，会因吸烟、电线短路、撞车、翻车等诸多因素诱发火灾，导致车辆受损和人员伤亡。车辆发生火灾时，立即停车，关闭车辆油路、电路，疏散乘客，采用灭火器熄灭火源，火势严重时，拨打“119”火警救援。发生爆炸时，及时疏散旅客，同时报警。切不可惊慌失措，应迅速了解失火部位及发生火灾的原因，冷静地采取果断措施，从而降低因火灾造成的人员伤亡和财产损失。

事故案例

2010年5月23日2时50分，一辆重型半挂牵引车，装载57.32吨钢材（核载33吨），在吉林省长深高速公路辽宁阜新段彰武服务区内掉头后，逆向驶入长深高速公路，在长深高速公路306千米+200米处，与正常行驶的一辆大型卧铺客车（载客54人，含1名婴儿，核载35人）正面相撞后起火燃烧，造成33人死亡、24人受伤。

1 防止火势蔓延

(1) 车辆着火后，应将车辆停在远离加油站、建筑物、高压电线、树木、灌木丛及车辆或其他易燃物品的空旷地带，设法救火，确保火势不再蔓延；当汽车着火危

及周围房屋、电线电缆以及易燃物品时，要隔离火场，并迅速采取措施以防火焰蔓延，减少损失。

(2) 高速公路行车发生火灾时，要将车辆停靠在路肩上并尽可能地远离高速公路的收费站、服务区、停车场等公共场所，以防引起更大的损失。

(3) 如果是发动机着火，要迅速关闭发动机，尽量不打开发动机罩，从车身通气孔、散热器及车底侧进行灭火。

(4) 货物，尤其是可燃性货物引起着火时，要将车辆迅速驶至远离闹市区的开阔地带，不得擅离职守。有条件时，可将着火的货物卸下，无法卸下时，则设法扑灭。

(5) 若篷式货车或厢式货车上的货物着火，尤其是当货物中包含有危险品时，不要打开货厢门，以免因氧气进入而导致火势迅速蔓延。

(6) 因翻车、撞车等车祸而引起火灾时，首先抢救伤员并对车辆采取有效的补救措施或用路边田地中的砂、土掩盖，或用棉被、衣服浸水扑盖，也可用篷布蒙盖，使其窒息。

2 正确的灭火方法

(1) 明确不同型号灭火器的性能，选择适用于具体着火物的灭火器灭火。水可以用于熄灭木材、纸张、布匹和轮胎引起的火灾，但不能用来熄灭电器、汽油着火。

(2) 燃油着火时，切不可用水去浇，要做好油箱的防爆工作，并切断油路，选择适用的灭火器灭火；若无灭火器，可用路边沙土或厚布、工作服等覆盖灭火以防加剧火势蔓延。

（3）救火时，要脱去所穿的化纤服装，注意保护暴露在外面的皮肤。不要撕扯已经粘在皮肤上的衣服，以免将表皮一起撕下，造成细菌侵入。不要张嘴呼吸或高声呐喊，以免烟火灼伤上呼吸道。

（4）使用灭火器时，人要站在上风处，尽量远离火源，灭火器要瞄准火源而不是火苗，借风势将灭火器泡沫吹向火源。如果不知道用什么方法灭火，尤其易燃危险品着火时，迅速求助于专业人员或等待消防队灭火，切不可盲目灭火。

3 逃离火灾

（1）逃离火灾前，关闭发动机点火开关、电源总开关和百叶窗，设法使乘客和驾驶员迅速撤离车辆或驾驶室；逃离时如果无法打开驾驶室门或车门时，用车上配备的安全锤或其他坚硬物体，敲碎风窗玻璃或安全出口玻璃脱离汽车，脱离驾驶室后不要忘记去关闭油箱开关。

（2）当火焰逼近，无法躲避时，可用身体猛压火焰，冲出一条生路。冲出时，及早脱去化纤类衣服，注意保护裸露的皮肤，不要张嘴呼吸或高声呼喊。

八、遇盗窃、劫持

1 乘客被盗窃

发生盗窃时，驾驶员要提醒旅客保持镇定，提示盗窃分子自觉交出被盗物品，如找不到失物可迅速报警或将车辆直接开到就近公安机关，并协助公安机关查找盗窃分子和失物。

② 乘客被抢劫

遭遇歹徒劫持时，要冷静应对，不得激怒犯罪分子，在确保乘客安全的前提下与歹徒巧妙周旋，发动乘客敢斗、巧斗，设法迅速报警，等待救援。

③ 被恐怖分子劫持或遇到枪击

被恐怖分子劫持后，要保持冷静，不反抗、不对视、不对话，趴在车上，动作要慢。尽可能保留和隐藏自己的通信工具，及时把手机改为静音，适时用短信等方式向警方求救，短信主要内容包括自己所在位置、人质人数、恐怖分子人数等。注意观察恐怖分子人数、头领，便于事后提供证言。在警方发起突击的瞬间，尽可能趴在车底板上，在警方掩护下脱离现场。

在客车上遇到恐怖分子枪击时，要迅速低头隐蔽于前排座椅后或蹲下、趴下，不要站立。及时拨打110报警，讲明具体位置，受到哪个方向的枪击，来自车外还是车内，是否有人受伤等。在情况不明时，不要下车；确定枪击方向后，下车沿着枪击相反方向，利用车体作掩护快速撤离。到达安全区域后，及时检查是否受伤，若发现受伤，及时实施自救互救。另外，还要积极向警方提供现场信息，协助警方控制局面。

第四节 事故现场应急处置与伤员救护

乘客发生意外事件时，驾驶员要承担应尽的义务，为乘客提供服务。遇交通事故乘客发生意外伤害后或突发疾病，驾驶员要及时进行应急处置，迅速将发病乘客送往就近医院，并及时向有关部门报告。

一、事故现场应急处置

① 现场处理

在道路上发生交通事故，驾驶员要保护现场，立即报警 ，同时向所在企业报告事故情况。在确保安全的原则下，立即组织车上人员疏散到路外安全地点，避免发生次生事故。事故现场有人员伤亡时，要采取一切措施抢救伤员，立即拨打“120”急救电话求援。

特别提示

报警时，需要说明的有关信息主要包括：

(1) 报警人的姓名、联系方式；

(2) 发生道路交通事故时间、地点；

(3) 人员伤亡情况；

(4) 车辆类型、车辆牌号，是否载有危险物品、危险物品的种类等；

(5) 涉嫌交通肇事逃逸的，还应当说明肇事车辆的车型、颜色、特征及其逃逸方向、逃逸驾驶员的体貌特征等有关情况。

2 事故现场的保护

(1) 用石灰、砂土、树枝、绳索等标围封闭现场，禁止车辆和行人进入，尽量做到不妨碍交通，并及时报警。

(2) 遇有雨、雪天或刮风等自然现象，对现场可能造成破坏时，在等待交通警察到来之前，可用席子、塑料布等将现场上的尸体、血迹、制动印痕和其他散落物等遮盖起来。

3 自救与互救原则

抢救伤员时，先救命，后治伤。遇重、特大事故有众多伤员需送往医院时，处于昏迷状态的伤员，首先送往医院，颈椎受伤的伤员应最后送往医院。受伤者在车内无法自行下车时，可设法将其从车内移出， 尽量避免二次受伤。遇伤者被压于车轮或货物下时，设法移动车辆或搬掉货物，根据伤势采取相应的救护方法，切忌拉拽伤者的肢体。

4 对伤员的处置

旅客运输车辆发生交通事故往往是多人受伤。抢救时应先抢救重伤员，再抢救轻伤员；先救命，后治伤。抢救过程要着重注意以下几点：

(1) 尽快把受伤者救离事故现场，尽量选择救护车能够接近的安全地点实施抢救。

(2) 受伤者在车内无法自行下车时，可设法将其从车内抱出，尽量避免二次受伤。

(3) 对伤员全身做一次检查，分清伤情；注意隐蔽性损伤，如脑出血、腹内脏器出血等。

(4) 不要急于将伤员送往医院，防止由于一些致命伤没有被发现，在搬运时加重伤势，运送途中死亡。

(5) 抢救人员要沉着，从车中移出伤员或搬运伤员时不要生拉硬扯，动作要轻柔。

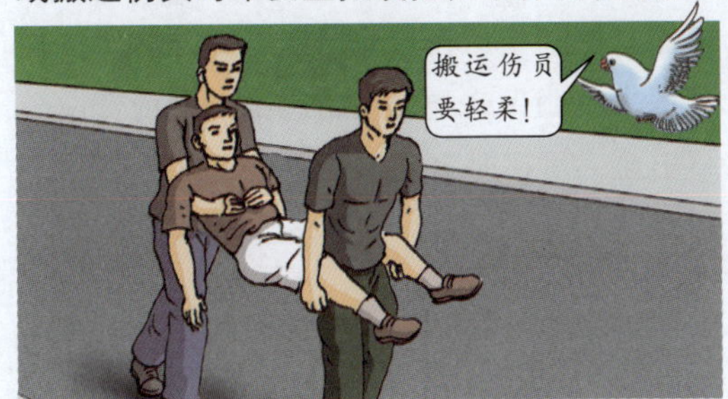

(6) 如发现伤员心脏停止跳动，立即实施人工呼吸和胸外心脏按压。

(7) 尽可能用救护车运送伤病员，可以使伤员平卧，减少运送途中的再次损伤。

二、伤员止血包扎急救方法

1 指压止血法

血液是维持人生命的重要物质，当人受外伤，引起大出血，其出血量超过全身血量的四分之一，生命就会发生危险。指压止血法是指较大的动脉出血后，用拇指压住出血的血管上方（近心端），使血管被压闭住，中断血液流出。

(1) 颞动脉压迫止血法：用于头顶及颞部动脉出血。用拇指或食指在耳前正对下颌关节处用力压迫。

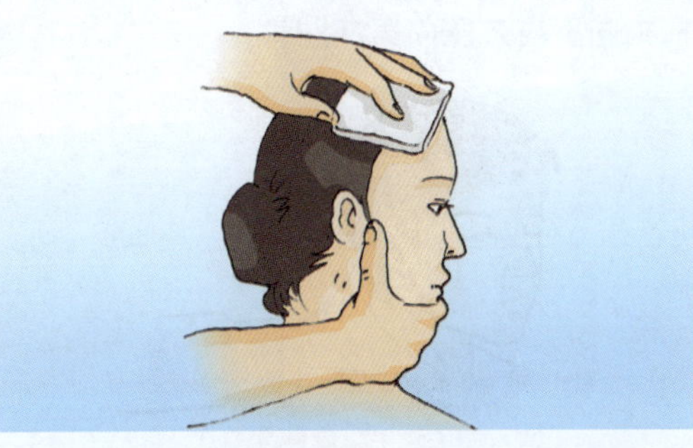

(2) 颌外动脉压迫止血法：用于肋部及颜面部的出血；用拇指或食指在下颌角前约半寸外，将动脉血管压于下颌骨上。

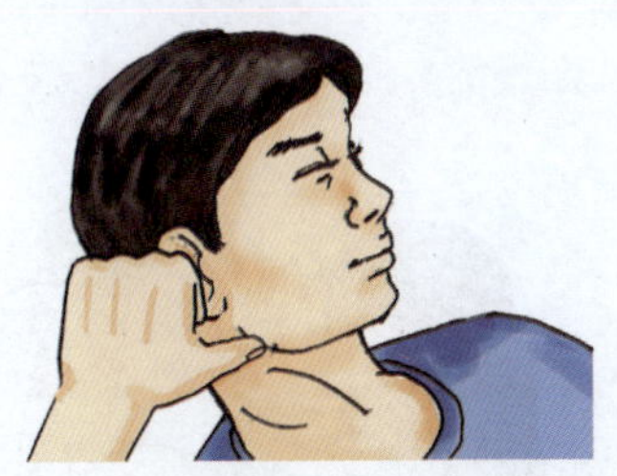

(3) 颈总动脉压迫止血法：常用在头、颈部大出血而采用其他止血方法无效时使用。方法是在气管外侧，胸锁乳深肌前缘，将伤侧颈动脉向后压于第五颈椎上，但禁止双侧同时压迫。

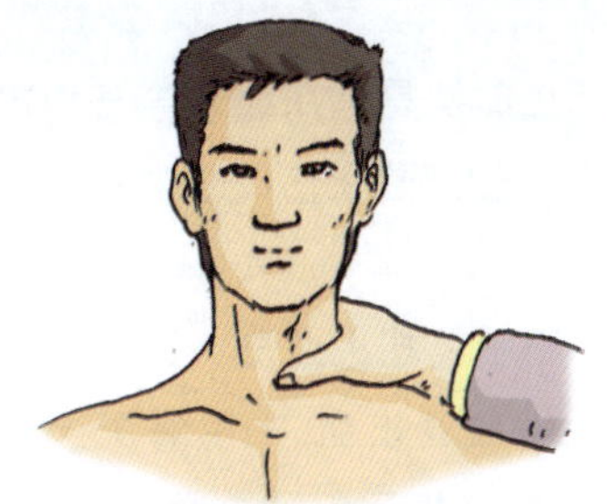

(4) 锁骨下动脉压迫止血法：用于腋窝、肩部及上肢出血。用拇指在锁骨上凹摸到动脉跳动处，其余四指放在病人颈后，以

拇指向下内方压向第一肋骨。

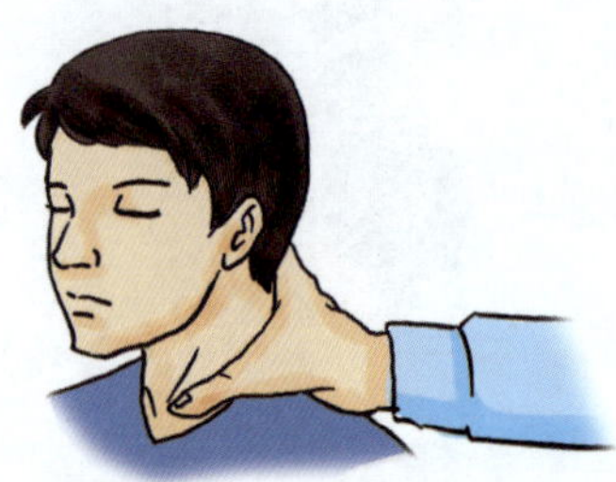

（5）肱动脉压迫止血法：用于手、前臂及上臂下部的出血。在病人上臂的前面或后面，用拇指或四指压迫上臂内侧动脉血管。

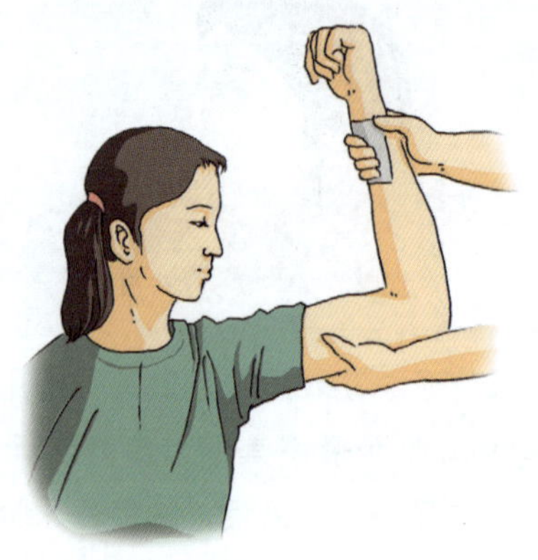

② 包扎止血法

包扎止血法是指用绷带、三角巾、止血带等物品，直接敷在伤口或结扎某一部位的处理措施。

（1）加压包扎止血法：适用于小动脉、静脉及毛细血管出血。 用消毒纱布垫敷于伤口后，再用棉团、纱布卷、毛巾等折成垫子，放在出血部位的敷料外面，然后用三角巾或绷带紧紧包扎起来，以达到止血目的。

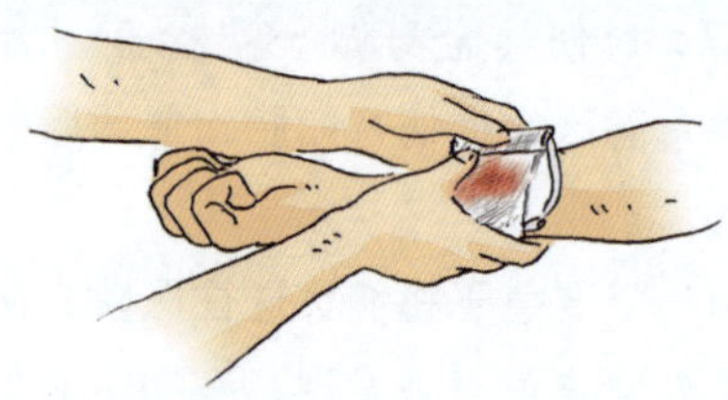

（2）加垫屈肢止血法：在上肢或小腿出血，且没有骨折和关节损伤时，可采用屈肢加垫止血。如上臂出血，可用一定硬度、大小适宜的垫子放在腋窝，上臂紧贴胸侧，用三角巾、绷带或腰带固定胸部；如前臂或小腿出血，可在肘窝或腘窝加垫屈肢固定。

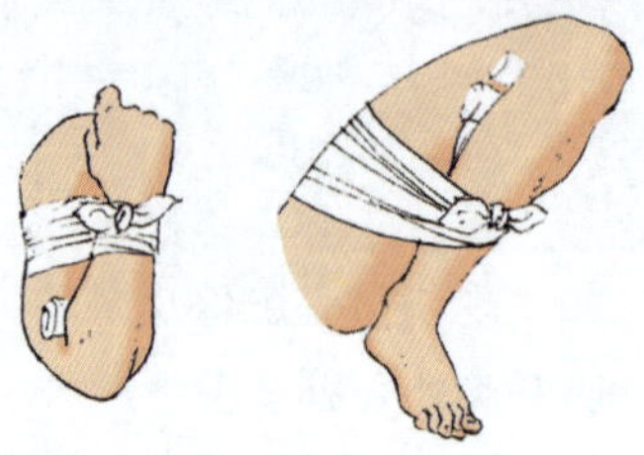

（3）止血带止血法：材料取弹性的橡皮管、橡皮带。上肢结扎于上臂上三分之一处，下肢结扎于大腿的中部。包扎时应先将伤肢抬高，底部垫上敷料或毛巾等软织物，将止血带适当拉长，绕肢体两周，在外侧打结固定。要标明扎止血带时间，每40分钟放松一次。

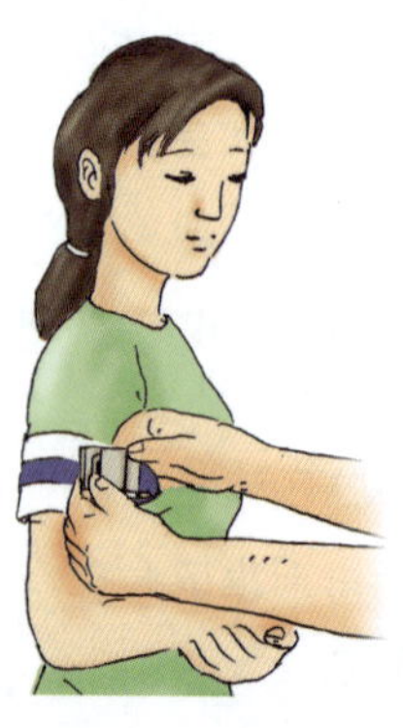

（4）一般小动脉和静脉出血可用加压包扎止血法；较大的动脉出血，应用止血带止血法；在紧急情况下，须先用压迫法止血，然后再根据出血情况改用其他止血法。

（5）如伤处有骨折时，须另加夹板固定；伤口内有碎骨或异物存在时，不得应用加压包扎止血法；用止血带止血，一定要扎紧，如果扎得不紧，深部动脉仍有血液流出。

③ 绷带包扎法

用绷带包扎伤口，目的是固定盖在伤口上的纱布，固定骨折或挫伤，并有压迫止血的作用，还可以保护患处。

（1）环形法：多用于手腕部，肢体粗细相等的部位。先将绷带作环形重叠缠绕，第一圈环绕稍作倾斜状，第二、三圈作环形，并将第一圈之斜出一角压于环形圈内，最后用胶布将带尾固定，也可将带尾剪成两个头，然后打结。

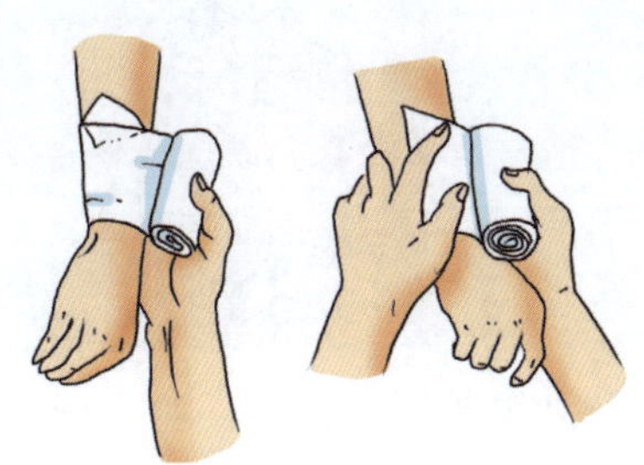

（2）蛇形法：多用于夹板的固定。先将绷带按环形法缠绕数圈，按绷带的宽度作间隔倾斜着上缠或下缠。

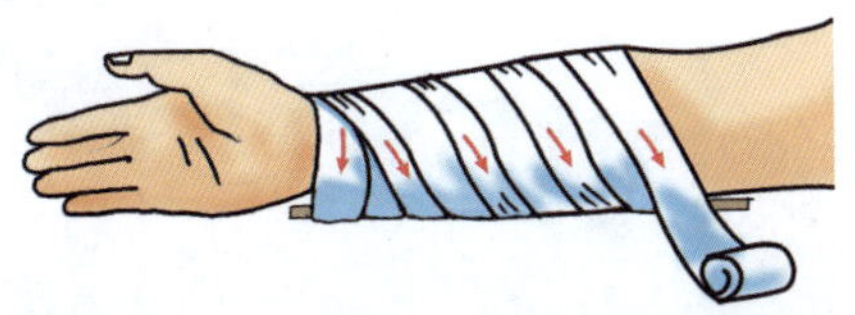

（3）螺旋形法：多用于肢体粗细相同处。先按环形法缠绕数圈，上缠每圈盖住前圈三分之一或三分之二呈螺旋形。

（4）螺旋反折法：多用于肢体粗细不等处。先按环形法缠绕，待缠到渐粗处，将每圈绷带反折，盖住前圈三分之一或三分之二，依此由下而上地缠绕。

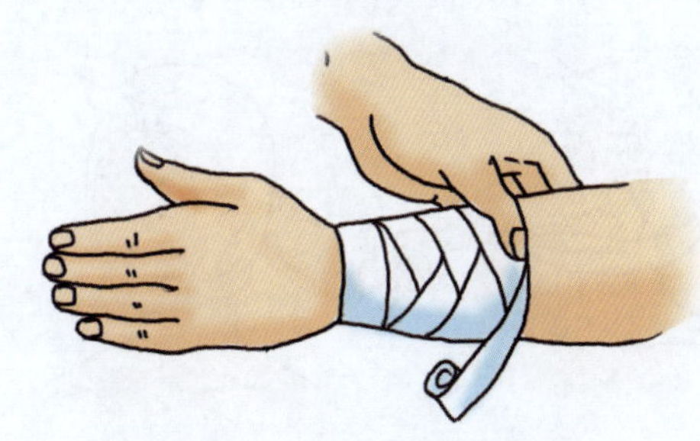

（5）绷带不能打得过紧，也不能过松，不然会引起血液循环不良或松得固定不住纱布；打结时，不要在伤口上方，也不要在身体背后，以免睡觉时压住不舒服。在没有绷带而必须急救的情况下，可用毛巾、手帕、床单（撕成窄条）、长筒尼龙袜子等代替绷带包扎。

④ 三角巾包扎法

对较大创面、固定夹板、手臂悬吊等伤员，需应用三角巾包扎法。

（1）普通头部包扎：先将三角巾底边折叠，把三角巾底边放于前额拉到脑后，相交后先打一半结，再绕至前额打结。

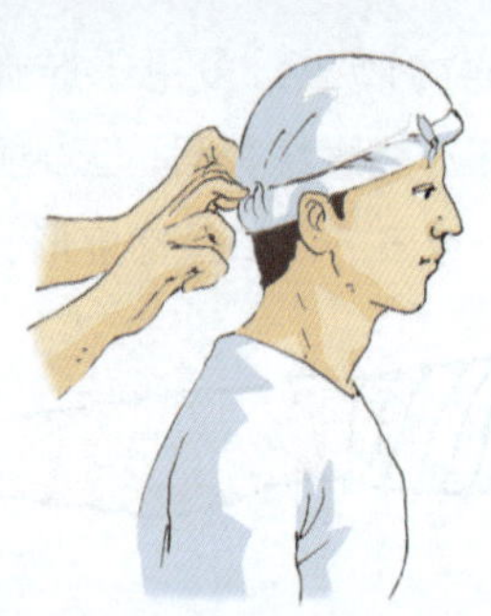

（2）风帽式头部包扎：将三角巾顶角和底边中央各打一结成风帽状。顶角放于额前，底边结放在后脑勺下方，包住头部，两角往面部拉紧向外反折包绕下颌。

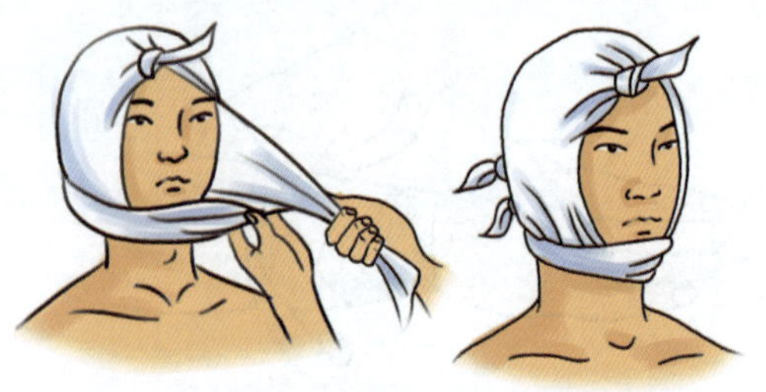

（3）普通面部包扎：将三角巾顶角打一结，适当位置剪孔（眼、鼻、口处）。打结处放于头顶处，三角巾罩于面部，剪孔处正好露出眼、鼻、口；三角巾左右两角拉到颈后环绕后在前面打结。

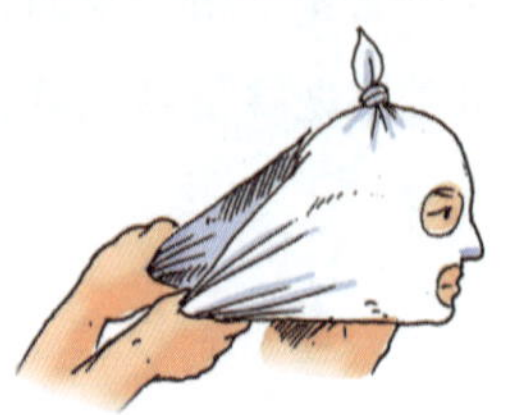

（4）普通胸部包扎：将三角巾顶角向上，贴于局部，如系左胸受伤，顶角放在右肩上，底边扯到背后在后面打结；再将左角拉到肩部与顶角打结；背部包扎与胸部包扎相同，位置相反，结打于胸部。

5 骨折固定法

发生骨折事故之后，为了使断骨不再加重对周围组织的损伤，减轻患者的疼痛和便于医生的诊治，在运送伤员去医院的途中，应进行必要的固定。

（1）肱骨骨折固定法：伤者手臂呈屈肘状，用两块夹板固定，一块放于上臂内侧，另一块放在外侧，用绷带固定。如只有一块夹板，则夹板放在外侧加以固定，用三角巾悬吊伤肢。

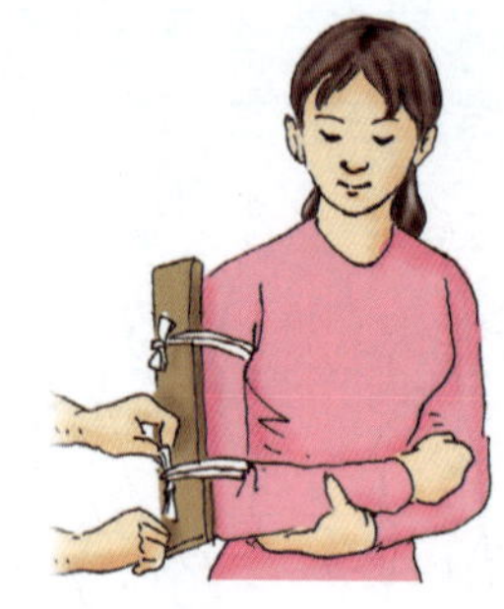

（2）大腿骨折固定法：将伤腿拉直，夹板长度上至腋窝，下过脚跟。两块夹板放于大腿内、外侧。用绷带或三角巾缠绕固定。

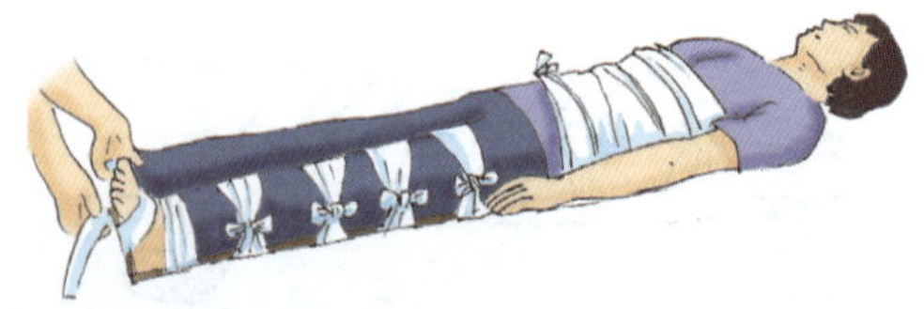

（3）脊柱骨折固定法：轻巧平稳地在保持脊柱安定状况下，移至硬板担架上，用三角巾固定。切勿扶持伤者走动或使用软担架运送。

骨折固定力求稳妥牢固，要固定骨折的两端和上下两个关节。上肢固定时，肢体要弯着绑屈肘状；下肢固定时，肢体要伸直绑。

小知识

急救包内的常备物品

气囊止血带、表带止血带、三角巾、无菌绷带、纱布、无菌纱布辅料、白胶布、消毒药水、酒精棉球、创可贴、体温表、清凉油、棉棒、弹力网帽、透气胶带。

三、危重伤员的应急措施

1 昏迷不醒伤员的抢救

昏迷失去知觉的伤者症状是不会讲话；抢救前应检查伤者呼吸，保持侧卧。

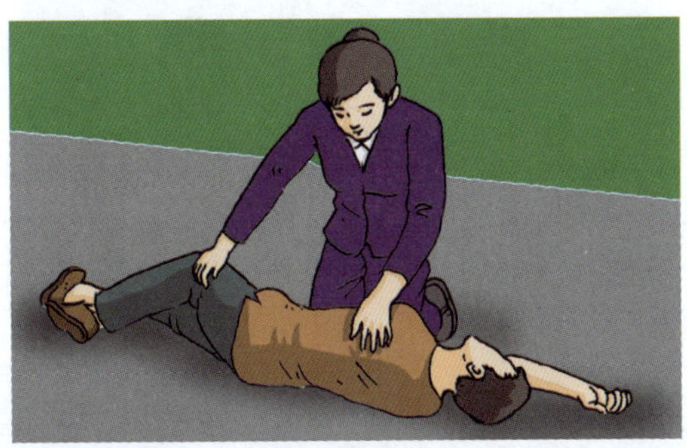

2 呼吸中断伤员的抢救

呼吸中断者的症状表现为无呼吸声音和无呼吸运动。伤员呼吸中断后，立即进行抢救，否则会由于缺氧而危及生命。

抢救时，抬起下颌部使呼吸道畅通，对恢复呼吸作用很大；如果受伤者仍不能呼吸，要进行口对口的人工呼吸。如果人工呼吸不能起作用时，要检查嘴和咽喉中是否有异物，并设法排除，继续进行人工呼吸。

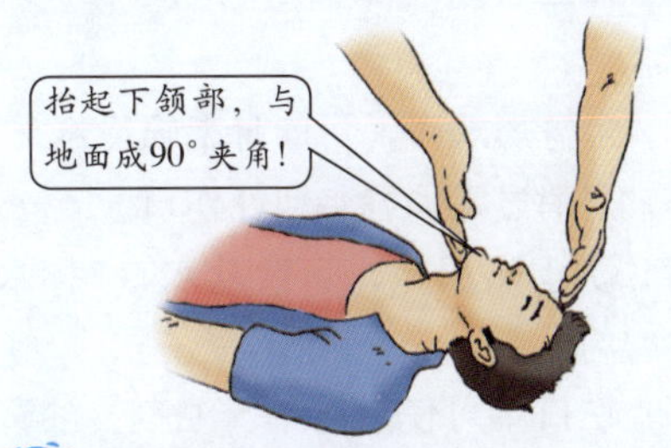

3 失血伤员的抢救

如果受伤者失血过多，将会出现休克等症状，危险生命；处置失血措施可通过外部压力，使伤口流血止住，然后系上绷带。流血止住后，接着采取一些防止休克的措施。

4 休克伤员的抢救

受伤者失血过多会出现休克，其症状表现为：面色苍白、四肢发凉、额部出汗、口吐白沫、显著焦躁不安，脉搏跳动变得越来越快和虚弱，最后脉搏几乎摸不出来。这些症状有时会部分出现，有时又会同时出现。休克时间过长，可能使伤员致死，伤员出现休克时及时采取下列措施：

（1）将伤员安置到安静的环境。

（2）抬起伤员腿部直到处于与地面垂直状态，使休克停止。

（3）采取保暖措施，防止热损耗。

（4）反复检查呼吸和脉搏。

（5）迅速呼救并送往医院。

5 烧伤伤员的抢救

烧伤伤员的症状为：皮肤发红、起泡、感觉疼痛。内部组织受损的烧伤可引起呼吸困难、休克、烧伤性疾病等危险。对烧伤伤员采取下列急救措施：

（1）迅速扑灭衣服上的火焰或脱掉烧着的衣服。

（2）全身燃烧时，可向身上喷冷水。

（3）用消过毒的绷带包扎伤口。

（4）防止热损耗，可饮盐水（1杯水中放1匙食盐）。

（5）伤口不可使用粉剂、油剂、油膏或油等敷料。

（6）脸部烧伤时，不要用水冲洗，也不要覆盖。

（7）反复检查呼吸和脉搏，防止休克。

6 中毒伤员的抢救

（1）迅速把中毒的伤员送到有新鲜空气的地方，以防止继续中毒。

（2）对昏迷不醒的伤员要采取侧卧位。

（3）反复检查呼吸和脉搏，停止呼吸时，应进行人工呼吸。

7 头部损伤伤员的救护

（1）如果伤员神志清醒，呼吸脉搏正常，损伤不严重时，可进行伤部止血，包扎处理后，扶伤员靠墙或树旁坐下，找一块垫子将头和肩垫好。若伤员出现昏迷，要保持呼吸道畅通，并密切注意呼吸和脉搏。

（2）在救护转移时，护送人员扶置伤者呈半侧卧状，头部用衣物垫好，略加固定，再转移。

8 骨折伤员处置

（1）防止伤员休克，不要移动伤员身体的骨折部位。脊柱可能受损时，不要改变伤员姿势。

（2）关节损伤（扭伤、脱臼、骨折）的伤员，应避免活动，不要改变损伤时瞬间的位置、姿势，更不能自行复位；安放到固定位置后，保持损伤骨节的静止。

（3）骨折处有出血时应先止血和消毒包扎伤口，然后固定。对于大腿、小腿和脊椎骨折，一般应就地固定，不要随便移动伤者。

（4）把骨折伤员抬上担架时，要遵循医护工作人员的指导。由三名救护人员把手托放在伤员身下，在统一指挥下，一起抬起伤员的躯干，抬上担架。

本章学习要点

1. 安全、文明行车和遵守交通信号意识。

2. 道路运输驾驶员心理、生理因素和反应时间对行车安全的影响。

3. 各种行驶状态和典型道路、恶劣气象、高速公路、夜间环境条件下危险源的辨识与防御性驾驶方法。

4. 交通标志标线的识别与危险源及防御性驾驶的关系。

5. 常见危险情况的临危避险驾驶方法。

6. 驾驶员或乘客突发疾病时的应急处置方法。

7. 事故现场应急处置、自救与互救原则和危重伤员的应急处置。

8. 常用伤员急救方法。

第四章

汽车使用技术

道路运输驾驶员要了解汽车使用技术，其中包括汽车维护的基本知识、车辆技术要求、轮胎的合理使用、节约燃料的基本知识、汽车与环保、行驶记录仪和车用导航系统及汽车保险知识等。

第一节　汽车维护基本知识

汽车维护是指道路运输车辆运行到国家有关标准规定的行驶里程或间隔时间，为确保汽车完好技术状况或工作能力，必须按期执行的维护作业。汽车维护制度贯彻“安全第一、预防为主”的方针，是保障汽车运行安全的基本制度。

一、维护的分类及作业内容

道路运输车辆的维护分为日常维护、一级维护和二级维护。

(1) 日常维护是由驾驶员在每日出车前、行车中和收车后负责执行的车辆维护作业。其作业的中心内容是清洁、补给和安全检视。

维护时段	检查项目	要求
出车前	各部润滑油（脂）、燃料、冷却液、制动液及液压油等各种工作介质和轮胎气压等情况	进行检查补给；保证行车前汽车油液充足、清洁和性能良好，轮胎气压符合要求
	制动、转向、传动、悬架、连接、灯光信号等安全部位和装置以及发动机运转状态	进行检查、调整、紧固，确保行车安全
行车中	仪表灯光工作情况	确保工作正常
	轮胎表面磨损深度和车轮花纹间有无镶嵌物	及时更换要报废的轮胎，及时进行清理、剔除杂物
	炎热天气，检查车轮轮毂温度	若温度过高，应将车停在阴凉通风处自然降温
	检查挂车连接装置	连接牢固可靠
收车后	对车辆进行清洁	保持车容和发动机外表整洁
	对车辆进行检查，记录车辆行驶的情况	如有故障，应详细记录车辆故障状况，为车辆维修提供资料

(2) 一级维护是由维修企业负责执行的车辆维护作业。其作业中心内容除日常维护作业外，以清洁、润滑、紧固为主，并检查有关制动、操纵等安全部件。

(3) 二级维护是由维修企业负责执行的车辆维护作业。其作业中心内容除一级维护作业外，以检查和调整转向节、转向摇臂、制动蹄片、悬架等经过一定时间的使用容易磨损或变形的安全部件为主，并拆检轮胎，进行轮胎换位。二级维护必须按期进行。

二、车辆维护的有关规定

(1) 道路运输经营业户和驾驶员，必须按国家或行业有关标准规定的行驶里程或间隔时间，对车辆进行维护，进口车辆及特种车辆的维护按出厂说明的规定进行。

(2) 道路运输经营业户，可以自主选择经道路运输管理机构认定的二类以上资质的汽车维修企业进行车辆维护。

(3) 经道路运输管理机构认定，达到二类以上资质的汽车维修企业条件的道路运输经营业户，可以对本单位的车辆进行维护作业。

(4) 道路运输经营业户，必须按国家有关规定执行车辆维护制度，并加强管理；车辆的二级维护由道路运输管理机构负责监督管理。

(5) 从事驻地运输超过3个月的车辆，车主持车籍地道路运输管理机构的委托书，纳入驻地的车辆维护管理。

(6) 对达到二级维护行驶里程或间隔时间的车辆，道路运输经营业户应自觉按时维护，道路运输管理机构要及时督促道路运输经营业户按时进行维护。

(7) 道路运输经营业户年度审验时应出示车辆二级维护出厂合格证（已审核备案的除外）。

第二节　道路运输车辆技术要求

为减少车辆技术性能不良造成的交通事故和污染，提高车辆安全技术要求，国家规定了道路运输车辆整车及发动机、转向系、制动系、行驶系、传动系、车身、安全防护装置、照明、信号装置、其他电器设备和环保等有关运行安全和排污、噪声控制的技术要求。

一、整车

1 整车标牌

汽车在车身前部外表面的易见部位上都至少装置一个能永久保持的产品标牌，产品标牌上标明品牌、整车型号、制造年月、生产厂名及制造国。不同的车辆类型，还标明其他项目。

汽车、半挂车有车辆识别代码，其内容和构成符合规定要求；至少有一个车辆识别代码打刻在车架（无车架的机动车为车身主要承载且不能拆卸的部件）上，打刻位置位于前部右侧，如受结构限制打刻在其他部位。打刻的车辆识别代码易见且易于拓印，其字母和数字的字高不小于7.0毫米，深度不小于0.3毫米。

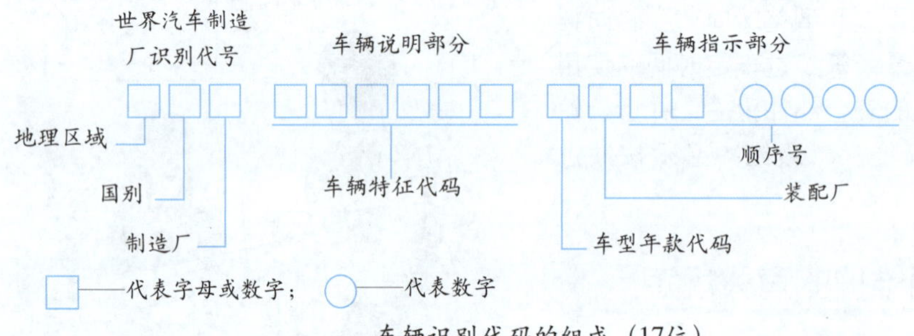

车辆识别代码的组成（17位）

发动机型号和出厂编号打刻（或铸出）在汽缸体上且应能永久保持，在出厂编号的两端打刻起止标记（没有打刻起止标记的空间时可不打刻）；若打刻（或铸出）的发动机型号和出厂编号不易见，则在发动机易见部位增加能永久保持的发动机型号和出厂编号的标牌。

2 外观及漏水、漏油检查要求

（1）机动车外观整洁，各零部件完好，连接紧固，无缺损。车体周正，车体外缘左右对称部位高度差不大于40毫米。

（2）在发动机运转及停车时，水箱、水泵、汽缸体、汽缸盖、暖风装置及所有连接部位均不应有明显渗漏现象。

（3）机动车连续行驶距离不小于10公里，停车5分钟后观察，不应有明显渗漏现象。

二、发动机

（1）发动机动力性能良好，运转平稳，怠速稳定；点火、燃料供给、润滑、冷却和排气等系统的机件齐全，性能良好。发动机功率不小于标牌（或产品使用说明书）标明的发动机功率的75%。

（2）发动机有良好的起动性能。柴油机停机装置必须灵活有效。

三、转向系

汽车（三轮汽车除外）转向盘设置于左侧，转向盘转动灵活，操纵方便，无阻滞现象；转向轮转向后能自动回正，以使车辆具有稳定的直线行驶能力。

最高设计车速不小于100公里/小时的汽车转向盘的最大自由转动量不大于20°；

最高设计车速小于100公里/小时的汽车，转向盘的最大自由转动量不大于30°；

三轮汽车转向盘的最大自由转动量不大于45°。

汽车在平坦、硬实、干燥和清洁的道路上行驶不跑偏，其转向盘无摆振、路感不灵或其他异常现象。转向节及臂，转向横、直拉杆及球销没有裂纹和损伤，并且球销不松旷。

四、制动系

1 行车制动

行车制动必须保证驾驶员在驾驶过程中能控制汽车安全、有效地减速和停车。

行车制动应符合以下要求：

(1) 行车制动作用在汽车（三轮汽车及总质量不大于 750千克的挂车除外）的所有车轮上，制动力在各轴之间合理分配，在同一车轴左右轮之间相对机动车纵向中心平面合理分配。

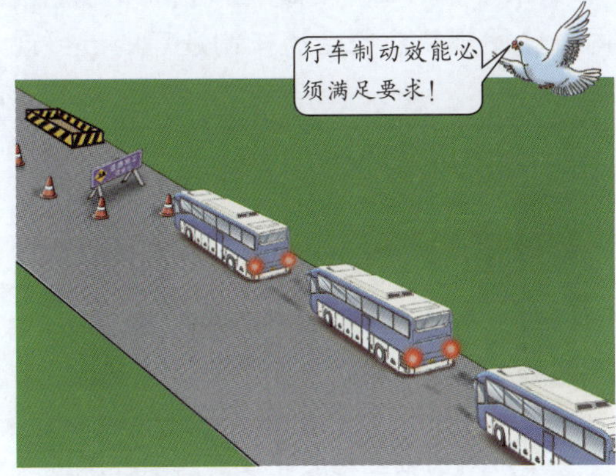

(2) 行车制动踏板的自由行程符合该车技术条件。

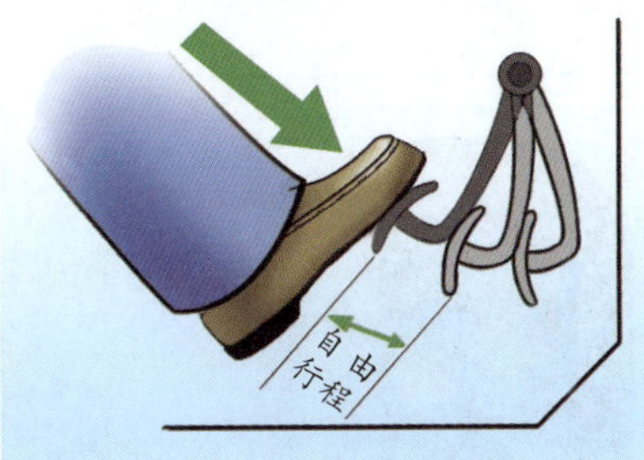

(3) 产生最大制动效能时的行车制动踏板力，对于小于或等于9座的载客汽车不大于500牛；对于其他机动车不大于700牛。

(4) 液压行车制动在达到规定的制动效能时，踏板行程不大于踏板全行程的3/4；装有自动调整间隙的行车制动器；其最大制动力行程不大于踏板全行程的4/5。小于或等于9座的载客汽车踏板行程不大于120毫米，其他类型的车辆踏板行程不大于150毫米。

(5) 气压制动的汽车，发动机在75%的额定转速下，4分钟（汽车列车为6分钟，铰接客车和铰接式无轨电车为 8分钟）内气压表的指示气压从零开始升至起步气压（未标起步气压者，按400千帕计）。当气压升至600千帕且不使用制动的情况下，关闭发动机停止空气压缩机工作3分钟后，其气压的降低值不大于10千帕。在气压为600千帕 的情况下，将制动踏板踏到底，待气压稳定后观察 3分钟，汽车气压降低值不大于20千帕；汽车列车、铰接客车及铰接式无轨电车气压降低值不大于30千帕 。

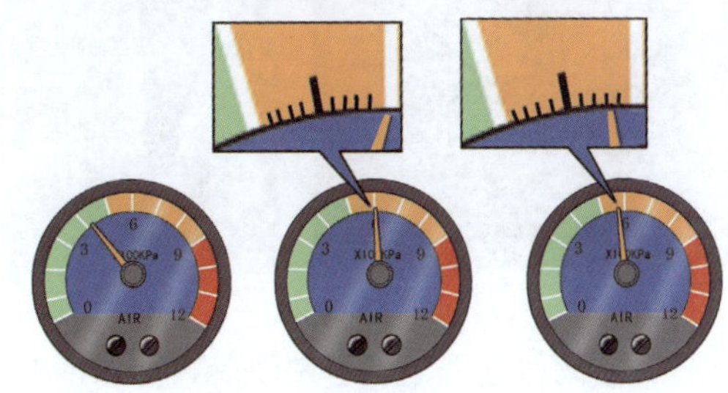

(6) 采用真空助力的行车制动系，当真空助力器失效后，可连续踩踏制动踏板，其制动系统仍能保持规定的应急制动性能。

(7) 汽车在运行过程中各车轮不允许有自行制动现象。当挂车与牵引车意外脱离后，挂车能自行制动，牵引车的制动仍有效。

（8）总质量大于12000千克的长途客车和旅游客车、总质量大于16000千克的货车允许拖挂总质量大于10000千克的挂车，该主、挂车都应安装符合规定的防抱死制动装置。

2 驻车制动

驻车制动能使汽车停在上、下坡道上。驾驶员在座位上就可以实现驻车制动。对于汽车列车，若挂车与牵引车脱离，挂车能产生驻车制动。

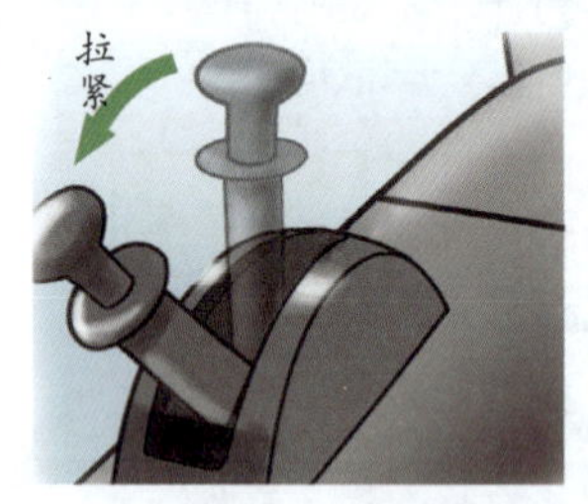

在空载状态下，驻车制动装置能保证汽车在坡度为 20%（对总质量为整备质量的 1.2 倍以下的机动车为 15%）、轮胎与路面间的附着系数不小于 0.7 的坡道上正、反两个方向保持固定不动。对于允许拖挂挂车的汽车，其驻车制动装置能使汽车列车在满载状态下停在坡度为 12% 的坡道上（坡道上轮胎与路面间的附着系数不应小于 0.7）。

五、行驶系

（1）轮胎胎冠花纹深度：乘用车、挂车轮胎胎冠上花纹深度不得小于1.6毫米；其他车辆转向轮的胎冠花纹深度不得小于3.2毫米；其余轮胎胎冠花纹深度不得小于1.6毫米 。同一轴上的轮胎规格和花纹应相同，轮胎规格应符合整车制造厂的出厂规定。

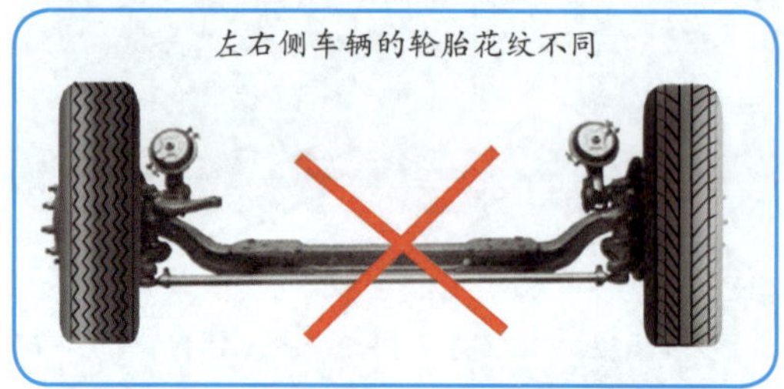

（2）同一轴上轮胎花纹的磨损程度应大体一致。轮胎胎面不得有因局部磨损而暴露出轮胎帘布层。轮胎不得有影响使用的缺损、异常磨损和变形。轮胎的胎面和胎壁上

不得有长度超过 25毫米或深度足以暴露出轮胎帘布层的破裂和割伤。双式车轮的轮胎的安装应便于轮胎充气，双式车轮的轮胎之间应无夹杂的异物。

(3) 汽车装用的轮胎与其最高设计车速相适应。转向轮不得装用翻新后的轮胎。

(4) 乘用车装用的轮胎有胎面磨耗标志。乘用车备胎规格与该车其他轮胎不同时，应在备胎附近明显位置（或其他适当位置）装置能永久保持的标志，以提醒驾驶员正确使用备胎。

(5) 轮胎负荷不得大于该轮胎的额定负荷，轮胎气压符合该轮胎承受负荷时规定的压力。具有轮胎气压自动充气装置的汽车，其自动充气装置能确保轮胎气压符合出厂规定。

六、传动系

 离合器

离合器踏板自由行程符合整车技术条件的规定，接合平稳，分离彻底，工作时不得有异响、抖动或不正常打滑等现象。离合器彻底分离时，踏板力不大于300牛。

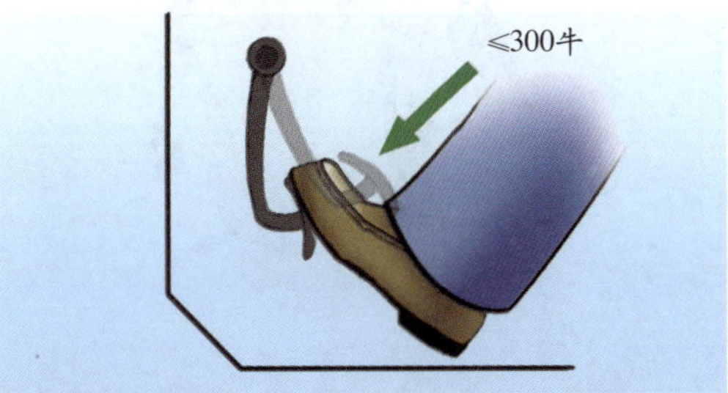

2 变速器和分动器

(1) 在变速器操纵杆上有驾驶员在驾驶座位上即可容易识别变速器和分动器挡位位置的标志。若变速器操纵杆上难以布置，则布置在变速器操纵杆附近易见部位。装有分动器的汽车，还在挡位位置标牌或产品使用说明书上说明连通分动器的操作步骤。

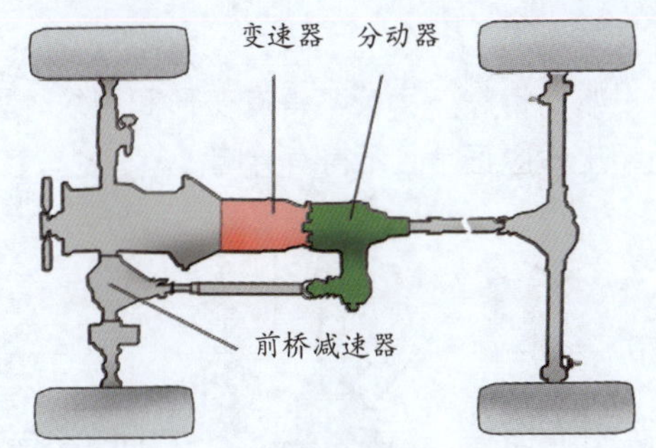

(2) 换挡时变速器齿轮啮合灵便，互锁、自锁和倒挡锁装置有效，不得有乱挡和自行跳挡现象；运行中无异响。

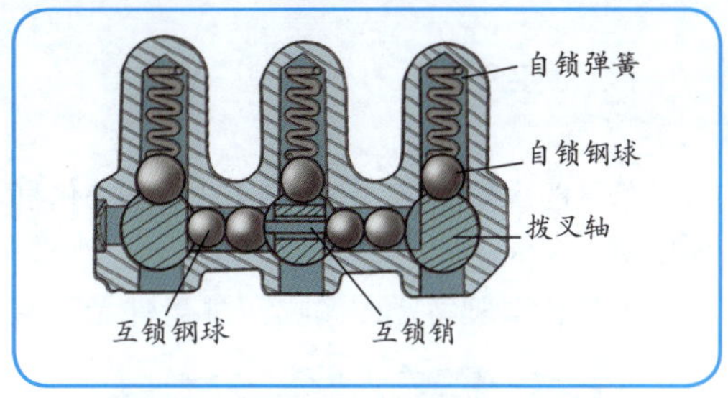

3 传动轴

传动轴在运转时不得发生振抖和异响，中间轴承和万向节不得有裂纹和松旷现象。发动机前置后驱动客车的传动轴在车厢地板

的下面沿纵向布置时，有防止传动轴滑动连接（花键或其他类似装置）脱落或断裂等故障而引起危险的防护装置。

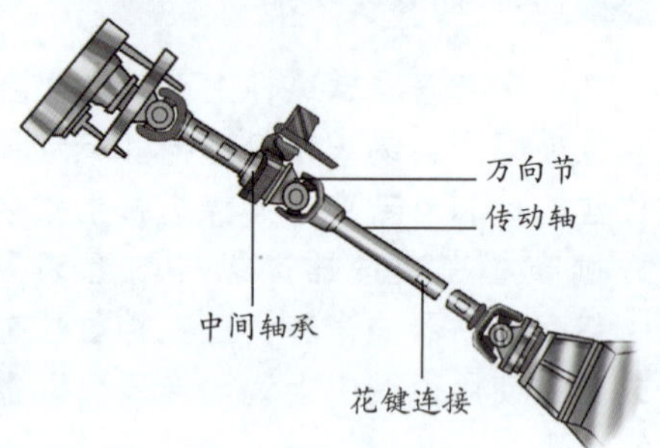

4 驱动桥

驱动桥壳、桥管不得有变形和裂纹，驱动桥工作应正常且不得有异响。

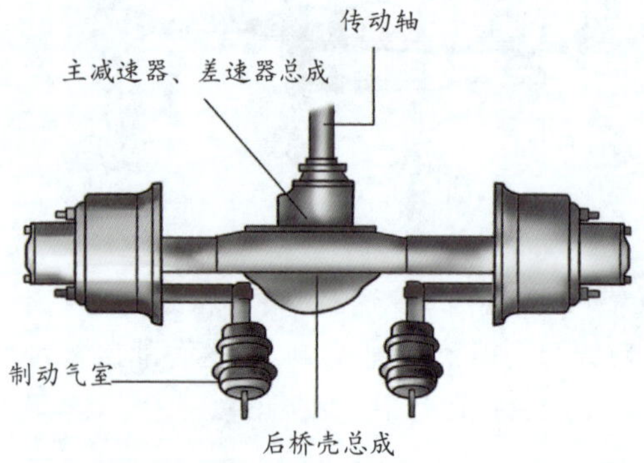

七、车身

车身能保证驾驶员有正常的工作条件和客货安全空间。

车身和驾驶室坚固耐用，覆盖件无开裂和锈蚀。车身和驾驶室在车架上的安装牢固，不能因机动车振动而引起松动。

车门和车窗启闭轻便，不得有自行开启现象，门锁牢固可靠。门窗密封良好，无漏水现象。采用动力开启的乘客门，在有故障的情况下，仍能简便地靠手动来开关，对长途客车和旅游客车标有醒目的标志和使用方法。

驾驶室能保证驾驶员的前方视野和侧方视野，前风窗玻璃及风窗以外玻璃用于驾驶员视区部位的可见光透射比不小于70%。所有车窗玻璃不得张贴镜面反光太阳膜。

车长大于7.5米的客车不得设置车外顶部行李架。其他客车需设置车外顶部行李架时，行李架高度不得超过300毫米、长度不得超过车长的1/3。客车车内行李架其承载能力不应小于40千克/米^2。

八、安全防护装置

1 汽车安全带

（1）轿车的所有座椅（第三排及第三排以后的可折叠座椅除外）均装置汽车安全带，座位数不大于20 （含驾驶员座位，下同）或者车长不大于 6米的客车及最高设计

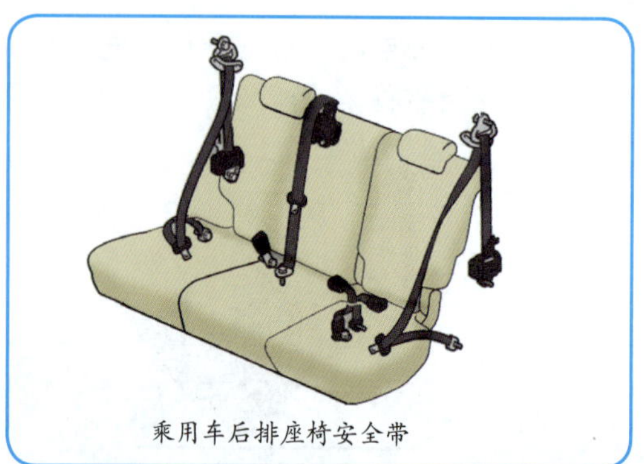
乘用车后排座椅安全带

车速不小于100公里/小时的货车和半挂牵引车的前排座椅都装置汽车安全带。

（2）长途客车和旅游客车的驾驶员座椅及前排没有护栏的座椅应装置汽车安全带；当（同向）座椅的座间距大于1000毫米且坐垫前面沿座椅纵向大于600毫米的范围内没有能起到防护作用的护栏或其他物体时，也应装置汽车安全带。卧铺客车的每个铺位均应安装两点式汽车安全带。

（3）汽车安全带应可靠有效，安装位置应合理，固定点应有足够的强度。

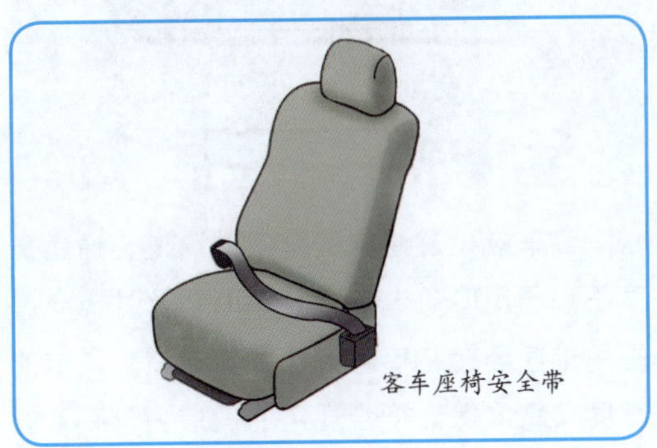
客车座椅安全带

② 车外后视镜和前下视镜

汽车（挂车除外）在左右外部至少各设置一面后视镜。汽车后视镜的性能和安装要求符合规定，汽车外后视镜的安装位置和角度保证驾驶员看清车身左右外侧、车后50米以内的交通情况。

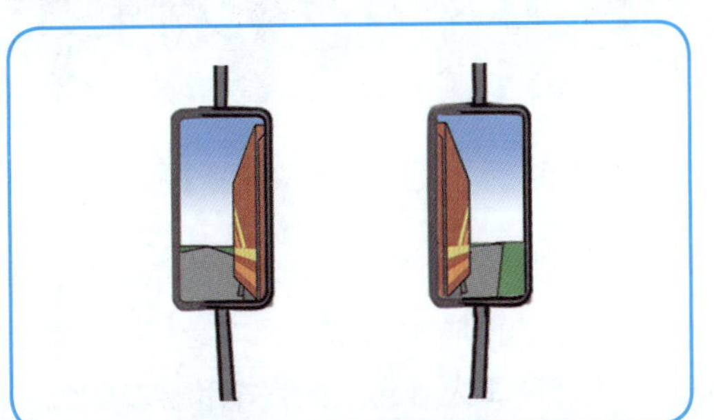

车长大于6米的平头货车和平头客车车前至少设置一面前下视镜，前下视镜能保证驾驶员看清风窗玻璃前下方长1.5米、宽3米范围内的情况。

车外后视镜和前下视镜易于调节，并能有效保持其位置。安装在外侧距地面1.8米以下的后视镜，当行人等接触该镜时，具有能缓和冲击的功能。

③ 前风窗玻璃

汽车的前风窗玻璃装备刮水器，其刮刷面积能确保驾驶员具有良好的前方视野。乘用车及在寒冷地区运输的车辆前风窗玻璃都装有除雾、除霜装置。

汽车驾驶室内设置防止阳光直射而使驾驶员产生炫目的装置，且该装置在汽车碰撞

时，不会对驾驶员造成伤害。

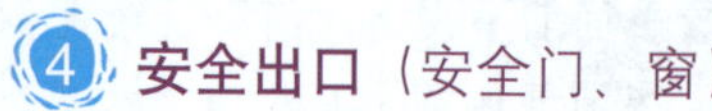

4 安全出口（安全门、窗）

车长小于6米的客车，在乘坐区的两侧有紧急情况时乘客易于逃生或救援的侧窗。车身右侧仅有一个供乘客上下的车门时，应设置安全门或安全窗。长途客车、卧铺客车和旅游客车还应设置车顶安全出口，卧铺布置为上、下双层时，侧窗布置为上下双排。每个安全出口的附近都应设有“安全出口”字样。乘客门和安全出口的应急控制器附近标有清晰的符号或字样，并注有操作方法。

安全技术要求：

（1）安全门锁止机构应锁止可靠。安全门关闭时能锁止，且在车辆正常行驶情况下不会因车辆振动、颠簸、冲撞而自行开启。

（2）安全门不用工具能从车内外很方便地打开车门，门外手柄设保护套，且离地面高度（空载时）不应大于1800毫米 。

（3）安全窗采用易于迅速从车内、外开启的装置，或采用安全玻璃，并在车内明显部位装备击碎玻璃的手锤。

（4）安全顶窗能从车内外开启或移开。安全顶窗开启后，能保证从车内外进出的畅通。弹射式安全顶窗能防止误操作。

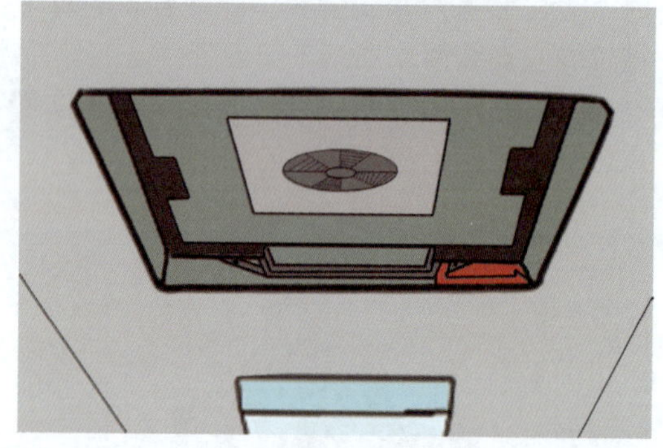

客车应设置通向安全门的通道，通道宽度不小于300毫米，不足300毫米时，允许采用迅速翻转座椅等方法加宽通道。通道的宽度和高度保证符合规定的通道测量装置能顺利通过。

5 侧面及后下部防护装置

总质量大于3500千克的载货汽车和挂车两侧装备侧面防护装置，但本身结构已能防止行人和骑车人等卷入的汽车和挂车除外。

除牵引车和长货挂车以外的汽车及挂车，空载状态下其车身或无车身底盘总成的后端离地间隙大于700毫米时，装备能有效防止其他机动车和非机动车等从车辆后下方嵌入的防护装置。

6 车身反光标识

所有货车（含三轮汽车、低速货车以及载货类汽车底盘改装的专用作业车）和挂车后部、侧面设有符合要求的车身反光标识，后部的车身反光标识能体现机动车后部的高度和宽度，侧面的车身反光标识长度不小于车长的50%，三轮汽车的侧面车身反光标识长度不小于1.2米，货厢长度不足车长50%的货车的侧面车身反光标识长度为货厢长度。厢式货车和厢式挂车后部、侧面的车身反光标识能体现货厢轮廓。

7 其他装置

（1）道路运输车辆装备灭火器，灭火器在车上安装牢靠便于取用。

（2）道路运输汽车（三轮汽车除外）装备符合规定的三角警告牌，三角警告牌在车上应放置妥善。

九、照明、信号装置和其他电气设备

1 照明和信号装置

（1）汽车的前、后位置灯、示廓灯（若安装）、侧标志灯（若安装）、挂车标志灯（若安装）、牌照灯和仪表灯能同时启闭，当前照灯关闭和发动机熄火时仍能点亮。汽车和挂车的电路连接能保证前、后位置灯、示廓灯（若安装）、侧标志灯（若安装）和牌照灯只能同时打开或关闭。

（2）汽车的前、后转向信号灯、危险报警闪光灯及制动灯白天在距100米处能观察到其工作状况，侧转向信号灯白天在距30米处能观察到其工作状况；前、后位置灯、示廓灯和挂车标志灯夜间好天气时在距300米处能观察到其工作状况；后牌照灯夜间好天气时在距20米处能看清号牌。制动灯的发光强度明显大于后部位置灯。

（3）汽车仪表板上的仪表灯点亮时，仪表板上设置与行驶方向相适应的转向指示信号灯和蓝色远光指示信号灯。

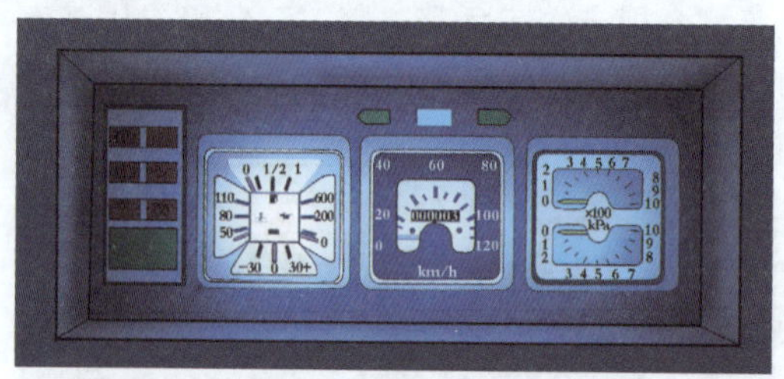

（4）汽车（三轮汽车除外）均具有危险报警闪光灯，其操纵装置不受灯光总开关的控制。对于牵引挂车的汽车，危险报警闪光灯控制开关能打开挂车上的所有转向信号灯，即使在发动机不工作的情况下，仍应能发出危险报警信号。

（5）客车设置有车厢灯和门灯。车长大于6米的客车至少有两条车厢照明电路，仅用于进出口处的照明电路可作为其中之一。当一条电路失效时，另一条仍能正常工作，以保证车内照明。车厢灯和门灯应不影响驾驶员的视线和其他机动车的正常行驶。

2 前照灯

（1）汽车的前照灯光束照射位置稳定。前照灯应设置远、近光变换装置，当远光变为近光时，所有远光能同时熄灭，所有前照灯的近光都不炫目。

打开远光灯　　打开近光灯

（2）汽车前照灯的远、近光灯上下并列设置时，近光灯位于上侧，其他情况下近光

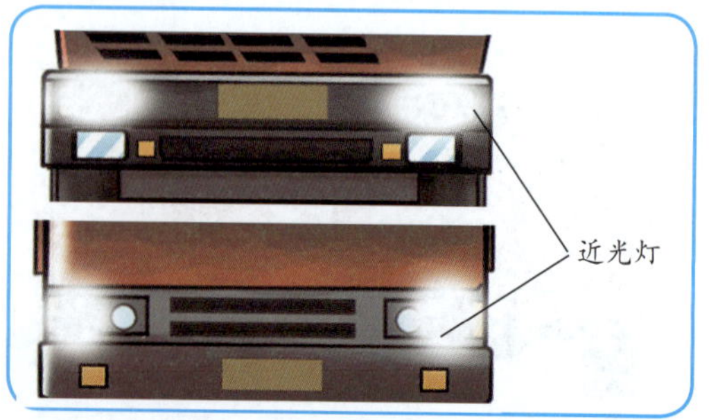

灯位于外侧。

3 其他电气设备和仪表

（1）汽车设置具有连续发声功能的喇叭，喇叭声级在距车前2米、离地高1.2米处测量时，其值应为90～115分贝。

（2）汽车装有水温表或水温报警灯、电流表（或电压表、充电指示灯）、燃料表（对气体燃料汽车为气量显示装置）、车速里程表和机油压力表（或油压报警灯）等各种仪表及开关。采用气压制动系统的机动车，还装有气压表。

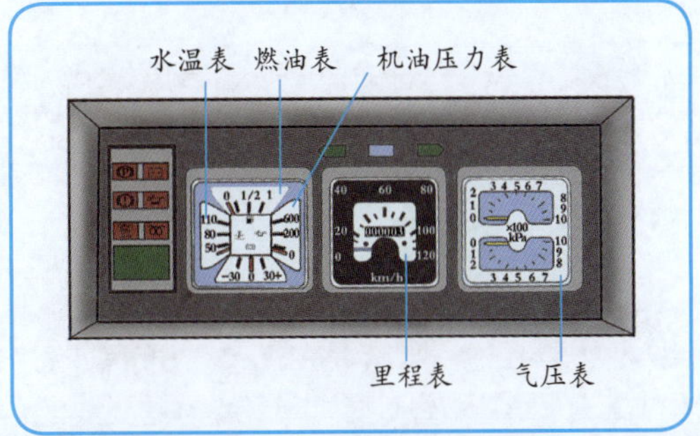

（3）车长大于6米的客车设置电源总开关，个别未经过电源总开关的线路（如危险报警闪光灯线路）设置保险装置。

十、道路运输车辆外廓尺寸、轴荷及载质量限值要求

道路运输车辆应满足外廓尺寸、轴荷及载质量限值的相应要求。

1 车辆外廓尺寸要求

1）最大限值要求

汽车、挂车及汽车列车外廓尺寸的最大限值（单位：毫米）

车辆类型				车长	车宽	车高
汽车	货车及半挂牵引车	二轴	最大设计总质量≤3500千克	6000	2500	4000
			最大设计总质量>3500千克，且≤8000千克	7000		
			最大设计总质量>8000千克，且≤12000千克	8000		
			最大设计总质量>12000千克	9000		
		三轴	最大设计总质量≤20000千克	11000		
			最大设计总质量>20000千克	12000		
		四轴		12000	2500	4000
	乘用车及客车	乘用车及二轴客车		12000		
		三轴客车		13700		
		单铰接客车		18000		

续上表

<table>
<tr><th colspan="3">车 辆 类 型</th><th>车长</th><th>车宽</th><th>车高</th></tr>
<tr><td rowspan="6">挂车</td><td rowspan="3">半挂车</td><td>一轴</td><td>8600</td><td rowspan="6">2500</td><td rowspan="6">4000</td></tr>
<tr><td>二轴</td><td>10000</td></tr>
<tr><td>三轴</td><td>13000</td></tr>
<tr><td colspan="2">中置轴(旅居)挂车</td><td>8000</td></tr>
<tr><td rowspan="2">其他挂车</td><td>最大设计总质量≤10000千克</td><td>7000</td></tr>
<tr><td>最大设计总质量>10000千克</td><td>8000</td></tr>
<tr><td rowspan="2">汽车列车</td><td colspan="2">铰接列车</td><td>16500</td><td rowspan="2">2500</td><td rowspan="2">4000</td></tr>
<tr><td colspan="2">货运列车</td><td>20000</td></tr>
</table>

2）其他要求

（1）当汽车或汽车列车处于满载状态、外后视镜底边离地高度<1800毫米时，其单侧外伸量不得超出汽车或汽车列车最大宽度处200毫米。外后视镜底边离地高度≥1800毫米时，其单侧外伸量不得超出汽车或汽车列车最大宽度处250毫米。

（2）汽车的顶窗、换气装置等处于开启状态时不得超出车高300毫米。

（3）汽车的后轴与挂车的前轴之间的距离不得小于 3.00米（牵引中置轴挂车除外）。

（4）汽车和汽车列车必须能在同一个车辆通道圆内通过，车辆通道圆的外圆直径25.00米，车辆通道圆的内圆直径10.60米。汽车和汽车列车由直线行驶过渡到上述圆周运动时，任何部分超出直线行驶时的车辆外侧面垂直面的值（车辆外摆值）不得大于0.80米。

2 车辆的最大允许轴荷限值

1）单轴最大允许轴荷限值

汽车及挂车单轴的最大允许轴荷（单位：千克）

<table>
<tr><th colspan="3">车 辆 类 型</th><th>最大允许轴荷</th></tr>
<tr><td rowspan="2">挂车及二轴货车</td><td colspan="2">每侧单轮胎</td><td>6000</td></tr>
<tr><td colspan="2">每侧双轮胎</td><td>10000</td></tr>
<tr><td rowspan="3">客车、半挂牵引车及三轴以上(含三轴)货车</td><td colspan="2">每侧单轮胎</td><td>7000</td></tr>
<tr><td rowspan="2">每侧双轮胎</td><td>非驱动轴</td><td>10000</td></tr>
<tr><td>驱动轴</td><td>11500</td></tr>
</table>

2）并装轴最大允许轴荷

汽车及挂车并装轴的最大允许轴荷（单位：千克）

车辆类型			最大允许轴荷
汽车	并装双轴	并装双轴的轴距 <1000毫米	11500
		并装双轴的轴距≥1000毫米，且<1300毫米	16000
		并装双轴的轴距≥1300毫米，且<1800毫米	18000
挂车	并装双轴	并装双轴的轴距 <1000毫米	11000
		并装双轴的轴距≥1000毫米，且<1300毫米	16000
		并装双轴的轴距≥1300毫米，且<1800毫米	18000
		并装双轴的轴距≥1800毫米	20000
	并装三轴	相邻两轴之间距离≤1300毫米	21000
		相邻两轴之间距离>1300毫米，且≤1400毫米	24000

对于其他类型的车轴，其最大允许轴荷不得超过该轴轮胎数×3000千克。

3 车辆总质量限值

汽车、挂车及汽车列车的最大允许总质量不得超过各车轴最大允许轴荷之和，且不得超过规定的最大限值。货车、挂车的最大设计总质量不得小于规定的最小限值。

汽车、挂车及汽车列车总质量限值（单位：千克）

车辆类型			最大允许总质量最大限值	最大设计总质量最小限值
汽车	客车	二轴客车	18000	—
		三轴客车	25000	
		单铰接客车	28000	
	半挂牵引车	二轴半挂牵引车	18000	
		三轴半挂牵引车	25000	
	货车	二轴货车	16000	—
		三轴货车	25000	16000
		具有双转向轴的四轴汽车	31000	24000
挂车	半挂车	一轴半挂车	18000	10000
		二轴半挂车	35000	19000
		三轴半挂车	40000	28000
	其他挂车	二轴挂车，每轴每侧为单轮胎	12000	8000
		二轴挂车，一轴每侧为单轮胎、另一轴每侧为双轮胎	16000	11000
		二轴挂车，每轴每侧为双轮胎	20000	14000

续上表

车辆类型		最大允许总质量最大限值	最大设计总质量最小限值
汽车列车	二轴汽车和一轴挂车组成的汽车列车	27000	—
	二轴汽车和二轴挂车组成的汽车列车	35000	
	具有五轴的汽车列车	43000	
	具有六轴的汽车列车	49000	

4 其他要求

（1）汽车或汽车列车驱动轴的轴荷不得小于汽车或汽车列车最大总质量的25%。

（2）四轴汽车（自卸车除外）的最大允许总质量的数值（单位：吨）不能超过其最前轴至最后轴的距离数值（单位：米）的5倍。

（3）挂车及二轴货车的货箱栏板高度不得超过600毫米，二轴自卸车、三轴及三轴以上货车的货箱栏板高度不得超过800毫米，三轴及三轴以上自卸车的货箱栏板高度不得超过1500毫米。

十一、燃料消耗量限值要求

为了对营业性客运及货运车辆的燃料消耗量进行约束，有效降低道路运输业的能源消耗，交通运输部颁布的《道路运输车辆燃料消耗量检测和监督管理办法》规定：

（1）总质量超过3500千克的道路旅客运输车辆和货物运输车辆的燃料消耗量应分别满足相应标准的要求。不符合道路运输车辆燃料消耗量限值标准的车辆，不得进入道路运输市场。

（2）对道路运输车辆实行燃料消耗量达标车型管理制度。县级以上道路运输管理机构在配发《道路运输证》时，应当按照《燃料消耗量达标车型表》对车辆配置及参数进行核查。经核查，未列入《燃料消耗量达标车型表》或者与《燃料消耗量达标车型表》所列装备和指标要求不一致的，不得配发《道路运输证》。

（3）已进入道路运输市场车辆的燃料消耗量指标应当符合《营运车辆综合性能要求和检验方法》（GB 18565）的有关要求，即在用道路运输车辆百公里燃油消耗量不得大于该车型原厂规定的相应车速等速百公里燃料消耗量的110%。

第三节　汽车常见故障

汽车故障是指汽车机件和电气设备，部分或完全失去工作能力，致使车辆不能正常运行的现象。车辆发生故障后，应及时诊断排除，这对恢复汽车正常运行、降低消耗、提高运输效率有利，而且可延长汽车使用寿命。汽车常见故障有发动机故障、底盘故障和电气故障。

一、发动机故障

汽车发动机常见故障有润滑系故障、冷却系温度过高、汽油机故障、柴油机故障等。

1 润滑系故障的判断与处置

故障	现　象	分　析	处　置
机油压力过高	●发动机起动后，机油压力表显示压力剧增 ●发动机运转中，机油压力表显示值突然增高 ●有时机油压力表显示压力增高后，又突然降下来	●使用牌号不对或机油老化、变质，造成机油黏度过大 ●机油杂质过多或机油变质，造成主油道堵塞不畅 ●滤清器旁通阀开启困难，弹力不足或装配不当	停息发动机，进行诊断，自己无法排除时，应求助专业人员维修
机油压力过低	●发动机起动后，机油压力表显示值迅速下降，甚至降至0 ●发动机机油压力始终过低 ●检查机油尺，机油被稀释，黏度下降，油面升高，带有浓厚的汽油味或带有水泡沫	●机油量不足、机油黏度过低、机油变质或冷却水进入油底壳，造成机油压力失常 ●机油泵磨损过甚、装配不当、限压阀弹簧折断或弹力过低，造成机油泵工作失常，机油压力过低 ●曲轴轴承、连杆轴承、凸轮轴轴承磨损，造成轴承间隙过大，机油压力过低 ●粗滤器滤芯或集滤器堵塞，造成机油压力过低	停息发动机，进行诊断，若因机油量不足造成机油压力过低，应及时添加机油；其他原因造成的机油压力过低，应求助于专业人员维修
机油消耗过多	●机油消耗量逐渐增多，机油消耗率超过0.1～0.5升/100公里 ●排气管冒蓝烟	●发动机外表有机油泄漏，如飞轮壳处、曲轴前后油封磨损失效；各连接处衬垫破裂失效；螺栓松动且漏油 ●活塞与汽缸壁磨损量大，间隙过大；活塞环抱死，或开口转到一起；活塞环磨损严重或弹力不足 ●气门杆油封损坏，尤其是进气门杆油封、进气门导管磨损严重	首先检查发动机外部是否有泄漏，如是各连接处衬垫破裂失效，螺栓松动且漏油，则更换衬垫，紧固螺栓；如无法排除应求助于专业维修人员，尽快进行检修

2 冷却系温度过高的判断与处置

冷却系温度过高时，温度表显示超过95℃以上，继续升温，甚至沸腾。

故　障	现　象	分　析	处　置
冷却系温度过高	●车辆行驶中冷却液温度正常，停车后立即沸腾 ●车辆行驶中冷却液消耗异常，造成温度过高 ●温度表显示值接近100℃，但冷却液不沸腾	●冷却液不足、风扇传动带松弛或断裂造成散热不良、冷却液管路失常 ●发动机润滑油不足、汽车长时间在上坡路段行驶、汽车超速或超载 ●发动机分水管损坏、汽缸体渗漏、水套内水垢过多 ●冷却液温度表或冷却液温度传感器失效 ●汽缸垫损坏，冷却液套与汽缸串通 ●气候、道路、风向的影响	●将车停在安全（夏季选择阴凉处）的地方，打开发动机罩，使发动机保持怠速运转进行降温 ●发动机温度明显降低不再沸腾后（也可观察温度表），用湿毛巾或湿棉纱包着水箱盖（或冷却液储液罐盖），先拧松进行放气，然后再完全打开，此时脸部要避开加水口，以防热气喷出烫伤脸部 ●向水箱（或冷却液储液罐）渐渐加注冷却液 ●因风扇传动带松弛造成散热不良使冷却液温度过高时，应调整传动带的张紧度，其挠度调至12～14毫米为宜。若风扇传动带过松无法调整或断裂时，应进行更换 ●其他原因造成冷却液温度过高时，应求助于专业人员维修

二、底盘故障

1 传动系故障的判断与处置

1）离合器分离不彻底

（1）现象：挂挡困难，有撞击声；挂挡后不抬离合器踏板，汽车即行走或使发动机熄火。

（2）判断与处置：

故障原因	原　因　分　析	处　置
调整不当	离合器踏板自由行程过大；分离杆内端面不在同一平面或过低；中间主动盘限位螺钉调整不当	调整
磨损与破碎	分离杆内端面磨损、支架销孔磨损或脱出；摩擦片破碎	更换

续上表

故障原因	原 因 分 析	处 置
折断	分离杆折断；个别分离弹簧折断、过软或高低不均；部分压紧弹簧折断或弹力不均	更换
变形	分离杆弯曲；从动盘翘曲；中部主动盘翘曲	检修、更换
松旷	分离杆调整螺钉松动；从动盘铆钉松脱	紧固
其他	从动盘花键槽与变速器第一轴花键齿卡滞	检修、更换
	液压操纵系统中有空气或漏油	放气、检漏

2）离合器打滑

(1) 现象：

①起步时，虽已抬起离合器踏板，但仍不能顺利起步，有时直至完全抬起时，才勉强起步。

②加速时，行车速度不能随之提高；上坡加油时，发动机转速虽提高，但仍感乏力。

③重负荷时，发出焦臭味和黑烟。

(2) 判断与处置：

故障原因	原 因 分 析	处 置
离合器踏板工作不良	离合器踏板活动阻滞	立即检修
	离合器踏板没有自由行程	调整
	离合器踏板复位弹簧弹力不足、折断、脱落	立即检修、更换
摩擦片状态不良	摩擦片过薄、硬化、烧蚀、铆钉外露、沾有油污、出现斑点	更换
压盘压紧弹簧状态不良	压盘压紧弹簧过软、折断、弹力不足；膜片式弹簧裂纹	更换
松旷	离合器盖松旷；飞轮松动	紧固
分离杆调整不当	分离杆调整过高	调整

3）离合器发抖

（1）现象：

①起步不稳，有突然窜动的感觉。

②起步瞬间伴有车身抖动现象，严重时整车抖振。

（2）判断与处置：

故障部位	原因分析	处置
分离机构	分离杆变形	更换
	分离叉、分离套筒卡滞	及时检修
	分离杆调整不当，其内端面不在同一平面内	调整
摩擦盘、片	主、从动盘翘曲或磨损起槽；摩擦片破损、变形、松动、铆钉外露、表面油污、烧焦、硬化；减振盘破裂	更换
弹簧	压紧弹簧疲劳、弹力不均、折断；膜片弹簧疲劳、弹力不均、断裂；减振弹簧疲劳、弹力不均、折断	更换
其他	离合器踏板没有自由行程	调整
	发动机、变速器固定不牢；飞轮、离合器壳松动	紧固
	离合器从动盘与变速器第一轴间锈蚀、积垢而卡滞	及时检修、更换

4）离合器异响

（1）现象：

①怠速时，踏下离合器踏板，发出异响；踏板放松时异响消失。

②有时踏下和松抬离合器踏板，均有异响。

（2）判断与处置：

故障部位	原因分析	处置
分离机构	分离杆螺钉弹簧松动	紧固
	分离杆螺钉折断、杆支架销及销孔磨损松旷	更换
	分离叉卡滞	及时检修
分离轴承	润滑不良、卡滞、烧毁	润滑、检修、更换
	磨损过甚、损坏；轴承座复位弹簧过软、折断、脱落；轴承与套筒松旷；分离套筒与变速器第一轴松旷；离合器踏板复位弹簧折断	更换
从动盘	减振弹簧折断；摩擦片变形、破裂、铆钉外露、松动、钢片翘曲、变形；从动盘壳歪斜、键槽磨损	更换
其他	离合器与压盘配合松旷(单片式)；传动销与中间主动盘销孔松旷(双片式)；传动销过长	及时检修

5）变速器挂挡困难

（1）现象：挂挡不顺利，有齿轮撞击声。

（2）判断与处置：

故障部位	原因分析	处置
变速器操纵机构	操纵机构调整不当	调整
	远距离操纵机构变形；变速杆弯曲变形；变速叉变形、轴弯曲变形	及时检修、更换
变速器锁止机构	变速叉轴锁止弹簧过硬；钢球毛糙、卡滞、破裂	更换
同步器	同步器散架、耗损、缺陷	更换
变速器第一轴	第一轴弯曲、变形；第一轴花键严重磨损	更换
齿轮油	齿轮油品质下降	更换
	齿轮油油量不足	加注

6）变速器跳挡

（1）现象：汽车以某一挡位行驶时，当抬起加速踏板或遇颠簸，变速器操纵杆自行跳到空挡位置。

（2）判断与处置：

故障部位	原因分析	处置
变速机构	齿轮、齿套磨损过甚；变速器轴承磨损松旷；齿轮啮合长度不足；第一轴、第二轴与中间轴平行度超差；滑动齿轮花键槽及第一轴花键齿磨损过甚	更换
锁止机构	变速叉轴磨损过量；锁止弹簧过软、折断	更换
同步器	同步器散架、锁销松动、锥盘齿轮磨损过量	更换
其他	变速杆变形；变速叉磨损、变形；变速器第一轴与发动机曲轴同轴度超差	更换
	变速器固定螺栓松动	紧固

7）变速器异响

（1）现象：

①空挡有异响，踏下离合器踏板时声响消失。

②低速挡有异响，高速挡声响减弱或消失。

③仅在个别挡位有异响。

④直接挡无异响，可其他挡位均有异响。

⑤各挡位均有异响。

（2）判断与处置：

故障部位	原因分析	处置
变速器操纵机构	变速杆变形；变速叉轴变形；变速叉变形或固定螺栓松动	及时检修、更换
	变速器操纵机构各连接处松动	紧固
变速齿轮	齿轮油量不足	添加
	齿轮油品质下降；齿轮齿形磨损异常、轮齿磨损或折断、齿隙过大；常啮合齿轮副不匹配	更换
轴承	第一轴前、后轴承松旷、损坏；第二轴前端滚针轴承损坏；第二轴后轴承松旷、损坏；中间轴前、后轴承损坏；倒挡齿轮组滚针轴承松旷、损坏	更换
部件变形、损坏	第二轴弯曲；中间轴弯曲；衬套破碎；同步器耗损；止推垫圈破碎	更换
定位	变速器壳前端面与第一、第二轴轴心线垂直度超差；第一、第二轴与发动机曲轴同轴度超差；第二轴花键与滑动齿轮毂配合松旷；变速器总成定位不准	及时检修

8）传动轴异响

（1）现象：

①起步或变速时有异响，伴有车身抖动。

②起步无异响，行驶时却有异响。

③起步无异响，滑行时却有异响。

④起步或松抬加速踏板时有异响。

⑤整个行驶过程中均有异响，车速越高，声响越大。

（2）判断与处置：

故障部位	原因分析	处置
万向节、伸缩节	十字轴及滚针磨损、断碎	更换
	十字轴装配过紧，不灵活；两端万向节叉不在同一平面内	调整
	万向节连接处松动	紧固
	伸缩节花键槽、齿磨损；变速器第二轴花键齿与凸缘花键槽磨损过甚	更换
中间轴承支架	松动、位置偏斜、垫块隔离套紧固螺栓过紧或过松	紧固、调整
	橡胶垫环隔套损坏、轴承磨损过甚	更换
	轴承润滑不良	润滑
	轴承安装不当	及时检修
传动轴	传动轴弯曲	矫正或更换
	传动轴未按标记安装或安装不当、凸缘和轴管焊接歪斜、平衡块脱落、轴凹陷；十字轴回转中心与传动轴同轴度超差	及时检修、矫正

9）后桥异响

（1）现象：

①行驶中出现异响，高速行驶时或急剧改变车速时，声响明显。

②行驶中出现异响，脱挡滑行时，有的异响不消失，有的减弱或消失。

③直线行驶时无异响，但转弯时却出现异响。

④上坡时出现异响或下坡时出现异响，或上、下坡均有异响。

（2）判断与处置：

故障现象	原因分析	处置
直线行驶良好，曲线行驶时出现异响	行星齿轮转动困难	调整、更换
	行星齿轮轮齿表面损伤、折断；行星齿轮与半轴齿轮不配套，啮合不良	更换
	减速器从动齿轮与差速器壳的铆钉松动	重铆
行驶有异响，脱挡滑行时减弱或消失	行星齿轮与半轴齿轮啮合间隙过小；半轴齿轮花键槽与半轴配合松旷；圆锥主、从动齿轮啮合不均或间隙过大、轮齿损伤或折断	调整、更换
行驶、滑行时均有异响	后桥齿轮润滑油量不足	添加齿轮油
	后桥轴承预紧度过大；圆锥主动齿轮滚柱轴承磨损、调整不当、松旷、凸缘未压紧；圆锥主、从动齿轮啮合间隙过小；差速器圆锥滚子轴承盖紧固螺栓松动	及时检修、调整、更换

2 制动系故障的判断与处置

1）液压制动不良

（1）现象：

①将制动踏板踩到底，车辆不能立即减速、停车。

②制动时，车辆出现跑偏。

③制动时，车辆出现侧滑。

（2）判断与处置：

故障部位	原因分析	处置
真空助力器	漏气、失效	更换
制动主缸	制动液不足、变质、有杂质	添加、更换
	补偿孔堵塞、加液口盖通气孔堵塞	疏通
	皮碗、皮圈老化、发胀、变形或被踏翻、活塞与缸体磨损或漏油	立即检修
	活塞复位弹簧过软、自由长度不足、回油阀密封不良；出油阀弹簧过软、折断或密封不良	更换

续上表

故障部位	原因分析	处置
制动轮缸	轮缸皮碗老化、发胀、复位弹簧过软或折断	更换
	轮缸活塞卡滞；轮缸活塞与缸体磨损、漏油	立即检修
车轮制动器	制动器间隙不当；制动摩擦片接触面积和部位不符合要求	调整
	制动鼓失圆、起沟槽；制动鼓磨损过量；制动摩擦片硬化、油污、水湿、铆钉外露、破碎、磨损过量、轴锈蚀卡滞	更换
其他	制动踏板自由行程过大	调整
	液压制动系统内渗入空气、温度过高而发生气阻	排气
	制动管路凹瘪；制动管路接头松动、渗漏；制动软管老化、破裂、堵塞	立即检修、更换
	前轮定位不准；前轴变形	及时检修

2）气压制动不良

（1）现象：将制动踏板踩到底，车辆不能立即减速、停车。

（2）判断与处置：

故障部位	原因分析	处置
空气压缩机	传动带松弛打滑	调整
	传动带油污打滑	应予清洗或更换
	传动带老化、裂开；空气压缩机阀座松动、漏气或阀门卡滞、损坏	立即检修、更换
制动阀	制动阀调整不当	调整
	制动阀膜片、接头处漏气	及时检漏、更换
	制动阀上出气阀复位弹簧过硬	更换
制动室与调整臂	制动室平衡弹簧预张力过小	更换
	制动室推杆行程过长；调整臂蜗杆调整不当	调整
车轮制动器	制动摩擦片表面烧焦、磨损后过薄、破碎、铆钉外露或制动摩擦片表面硬化、油污、水湿；制动鼓磨损过量、起沟槽、失圆	更换
	制动摩擦片接触面积和部位不符合要求；制动器间隙不当	调整
	凸轮轴锈蚀卡滞；制动蹄片轴锈蚀卡滞	立即检修
其他	制动踏板自由行程过大	调整
	储气筒气压不足	视情检修
	制动管路破裂或接头松动漏气	紧固、更换

③ 前桥和转向系故障的判断与处置

1）转向沉重

（1）现象：转动转向盘感觉沉重费力。

（2）判断与处置：

故障部位	原因分析	处置
转向器	蜗杆上、下轴承过紧、损坏	及时检修、更换
	蜗杆与滚轮啮合过紧	及时检修、调整
	转向器缺油	添加
转向节	转向主销与衬套配合过紧或润滑不良；转向止推轴承润滑不良或损坏	润滑、调整、更换
	转向节臂变形	检修或更换
横、直拉杆	球头调整过紧或润滑不良；横拉杆与转向节臂过紧或润滑不良	调整、润滑
前钢板弹簧	前钢板弹簧折断或挠度不符合要求	更换
其他	转向轮胎气压不足	充气
	前轮定位不准；车架变形	调整、矫正
	超载	纠正

2）行驶跑偏

（1）现象：车辆行驶中，不能保持直线方向，而自行偏向一侧。

（2）判断与处置：

故障部位	原因分析	处置
钢板弹簧	两侧钢板弹簧弹力不均或一侧钢板弹簧折断	更换
	一侧钢板弹簧错位	检修
轮胎	左、右轮胎气压不一致、规格不一、花纹差异过大	纠正、更换
制动器	一侧制动器拖滞或轮毂轴承过紧	及时检修、调整
位置不准	前轴、车架变形；前轴与车架定位不准；左、右轴距不等；后桥轴管变形；前轮定位不准；转向节臂或转向节变形	矫正、更换

三、电气设备故障

1 蓄电池故障的判断与处置

1）自放电

（1）现象：蓄电池停用一段时间或数天后，电能自行消失，无法使用。

（2）原因：蓄电池外部不清洁，造成正、负极接线柱间导通；外部电路有个别短路；蓄电池内部电解液中含有过量的铜、铁等金属杂质，造成短路。

（3）处理：清洁、检修；更换电解液。

2）内部短路

（1）现象：起动发动机时，起动机运转无力；充电时温度上升快，长时间充电气泡仍很小；检查单格电池的端电压，电压很低，甚至为零。

（2）原因：蓄电池内部极板翘曲、隔板损坏、大量极板活性物脱落后沉积，造成正、负极板之间短路。

（3）处理：检查、及时清洗。

2 起动机故障的判断与处置

1）起动机不转动

（1）现象：转动点火钥匙至“START”位置，能听到起动机电磁开关动作的声音，起动机不转。

（2）判断与处置：

故障部位	原因分析	处置
蓄电池	电能不足或电源线接线柱接触不良	检修、清洁或充电
点火开关	失效、损坏	更换
继电器	接触不良、失效	
电磁开关	接触不良、失效	检修或更换
起动机	电刷或换向器磨损、烧蚀、接触不良	检修或更换
	励磁绕组或电枢短路、损坏	检修或更换起动机
起动系	电路接触不良或断路	检修电路

2）起动机运转无力

（1）现象：转动点火钥匙至“START”位置，起动机能运转，但转动无力。

（2）判断与处置：

故障部位	原因分析	处置
蓄电池	电能不足或电源线接线柱接触不良	检修、清洁或充电
电磁开关	触点接触不良	检修或更换
起动机	电刷磨损、弹簧弹力下降	检修或更换
	换向器磨损、沾污、接触不良	检修或更换起动机
	励磁绕组或电枢绕组间短路、抽头接触不良	
起动系	电路接触不良或断路	检修电路

3）起动机空转

（1）现象：转动点火钥匙至“START”位置，起动机空转。

（2）判断与处置：

故障部位	原因分析	处置
单向离合器	磨损、打滑	检修或更换
电磁开关	接通过早、驱动齿轮未接合	检修或调整
驱动齿轮	轮齿损坏	检修或更换
飞轮齿圈	轮齿损坏	检修或更换
吸拉线圈	失效	检修或更换
调节螺栓	失调	调整

③ 充电系统故障的判断与处置

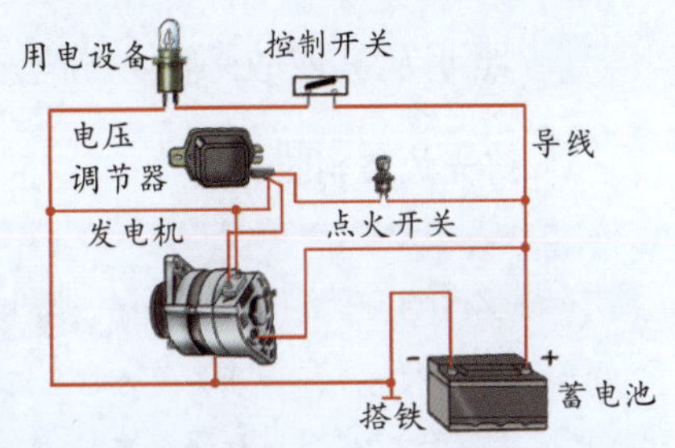

1）不充电

（1）现象：充电指示灯亮或电流表指示放电。

（2）判断与处置：

故障部位	原因分析	处置
发电机	传动带过松或断裂	检查、调整或更换
	电刷或滑环磨损、沾污、烧蚀、接触不良	检修或更换
	激磁绕组或电枢导线短路或断路	检修或更换发电机
电压调节器	低速触点烧蚀、沾污或弹簧失调（过松）	检修或更换
整流二极管	击穿或连接线断路	检修或更换
充电系	电路断路或短路	检修

2）充电量过小

（1）现象：电流表指示值过小或大灯昏暗。

（2）判断与处置：

故障部位	原因分析	处置
发电机	传动带过松或打滑	检查、调整或更换
	电刷或滑环磨损、沾污、烧蚀、接触不良	检修或更换
	励磁绕组或电枢绕组个别匝间短路	检修或更换发电机
电压调节器	低速触点沾污、弹簧失调	检修或更换
整流二极管	个别整流二极管击穿损坏	

3）充电量过大

（1）现象：电流表指示值过大或灯泡、电器易烧毁。

（2）判断与处置：

故障部位	原因分析	处置
蓄电池	过量放电	及时充电
电压调节器	高速触点烧蚀或弹簧失调（过紧）、附加电阻烧毁	检修或更换电压调节器
电路	接错	检修电路

4 照明及其他故障的判断与处置

1）灯光故障判断与处置

故障现象	原因分析	处置
前小灯一个灯不亮	灯泡损坏	更换灯泡
前后小灯都不亮	开关或继电器损坏；插座接触不良；熔断丝烧坏；线路故障	更换或及时检修
前照灯一个灯不亮	灯泡损坏或熔断丝烧坏	及时更换
远、近光灯都不亮	开关或继电器损坏；插座接触不良；熔断丝烧坏；线路故障	更换或及时检修
前雾灯不亮	灯泡损坏	更换灯泡
前后雾灯都不亮	开关或继电器损坏；插座接触不良；熔断丝烧坏；线路故障	更换或及时检修
转向指示灯闪动过快	一侧灯泡损坏；开关或继电器损坏；插座接触不良；线路故障	更换或及时检修

2）报警灯亮故障判断与处置

故障现象	原因分析	处置
燃油报警灯亮	燃油箱储油量不足	及时补充
蓄电池报警灯亮	发电机发电不正常；线路故障	立即检修
制动报警灯亮	未放松驻车制动器操纵杆；缺少制动液；制动片过薄	放松、补充、更换
机油报警灯亮	机油液面过低；机油压力低；传感器或仪表故障；线路故障	补充或立即检修
水温报警灯亮	冷却液液面过低、过高或泄漏；风扇皮带过松或断裂；传感器故障	补充或立即检修
安全气囊报警灯亮	系统故障	检修
ABS报警灯亮	轮速传感器、制动开关或制动灯、控制单元、相关线路故障	检修

第四节 轮胎的合理使用

轮胎是车辆行驶系的主要部件，其性能的优劣，直接影响车辆的牵引性、通过性、制动性、稳定性和舒适性。合理使用轮胎，延长轮胎的使用寿命，是降低成本和保证车辆正常运行的重要措施之一。

一、轮胎使用寿命的影响因素

汽车轮胎的使用寿命与汽车的技术性能、工作气压、轮胎负荷、行驶速度、气温、驾驶技术、道路条件以及轮胎的维护和管理等因素有关。

1 轮胎气压

轮胎压力是决定轮胎使用寿命和工作好坏的主要因素，高于或低于标准气压，都将会缩短轮胎的使用寿命。

轮胎气压过高，胎面接地面积变小，单位压力增高，使胎冠部分磨损加剧；胎体材料过度拉伸，轮胎刚性增大，轮胎在受到冲击时动载荷增大，易使胎冠爆破。

轮胎气压过低，胎面接地面积增大，滑移量增加，使胎肩部分磨损加剧；胎体变形增大，内应力增加，易造成过度生热升温；加速橡胶老化，使帘线疲劳导致帘线折断、松散和帘布脱层；双胎中一轮胎气压过低还会使另一轮胎因超载而损坏。

气压正常

气压过高

气压过低

2 轮胎负荷

轮胎负荷对轮胎的使用寿命有重大影响。在弯路或不平路面上行驶时，轮胎负荷超过额定负荷20%，其行驶里程将缩短35%；轮胎负荷超过额定负荷50%，其行驶里程将缩短59%；轮胎负荷超过额定负荷100%，其行驶里程将缩短80%以上。

车辆负荷越大，轮胎对地面的压力越大。车辆超载时轮胎的损坏与在低于标准气压下行驶时轮胎的损坏相似。车辆严重超载或偏载，会造成轮胎严重超负荷运转，使轮胎侧壁的弯曲变形增大，扩大与地面的接触面积，加速轮胎磨损与损坏，遇障碍物受到冲击时，易引起胎冠爆破。

3 行驶速度

车辆行驶速度过快时，经常制动会造成轮胎在路面上产生滑移，使轮胎磨损加剧，尤其在不平的路面上磨损更为严重。车辆高速行驶时，轮胎变形次数增多，胎温急剧升高，胎体刚性增大，轮胎与路面的接触面减小，路面稍有不平，车轮即悬空跳跃行进，使转动的轮胎与路面形成拖滑性磨损的机会增多，胎面磨损增加。

因此，行驶中应合理控制车速，以有利于延长轮胎的使用寿命，节约燃料。行驶速度要适应路面情况，掌握经济速度，避免高速行驶。

4 轮胎的使用温度

汽车在运行中，由于胎侧经常受到伸张和压缩，胎体帘线之间产生摩擦，再加上胎面之间的摩擦，引起轮胎温度升高，容易产生轮胎磨损加剧或易出现不正常的磨损和爆破。

5 底盘的技术状况

行驶系技术状况不良，也会使轮胎磨损增加，如前轮定位和轴位失准，制动拖滞和轮辋变形等。

6 道路条件

汽车在行驶中，路面的好坏对轮胎的使用寿命有很大影响。一般情况下，好的路面既节油，又节胎。假如，轮胎在沥青等良好路面行驶的寿命是100%，那么在砂石路面，寿命就会下降25%～30%。

7 驾驶技术

轮胎的节约与驾驶员的操作技术有很大关系。如操作不当，起步过猛，过急转向，紧急制动，行驶中压、擦硬质障碍等，都会导致轮胎的严重磨损，应充分注意改变不良的驾驶操作习惯和方法。

二、轮胎的正确使用方法

正确使用轮胎，能降低轮胎的磨损速度，防止不正常的磨损和损坏，从而延长轮胎的使用寿命。

1 正确选用轮胎

根据汽车的类型和行驶条件选用轮胎，

货车选用高强度尼龙帘布轮胎，可提高轮胎承载能力。轿车选用直径较小的宽轮辋低压胎，能提高行驶稳定性。选用轮胎，要优先选择子午线轮胎。

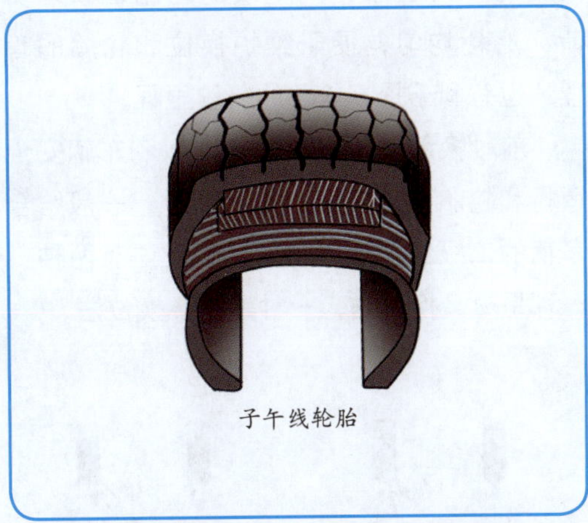
子午线轮胎

不同花纹的轮胎可满足不同道路条件、行驶速度的需要。为了避免因过热引起的轮胎早期损坏，经常高速行驶的汽车不宜选用加深花纹和横向花纹的轮胎。经常低速行驶的汽车，选用加深花纹或超深花纹轮胎，使用寿命会延长。

汽车轮胎的尺寸和气压，根据承受载荷情况和行驶速度不同，要求不一样。要根据汽车的技术要求、承载质量和设计速度，选用承受静负荷值等于或接近额定负荷的轮胎。

2 保持气压正常

经常对轮胎气压进行检查和补气，保持正常的轮胎气压，是合理使用轮胎和延长轮胎使用寿命的最有效措施。轮胎不能低于标定气压，最高气压一般不能高出标定气压20～30千帕。

气压正常

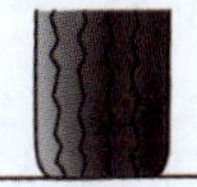
气压过高

气压过低

3 合理搭配轮胎

在同一车轴上装用轮胎，必须搭配合理，注意做到四同（即同一厂牌、同一规格尺寸、同一花纹、同一气压标准）。载货车辆通常前轴轮胎选用纵向花纹，驱动轴轮胎选用混合型或横向花纹，这样有利于车辆的操作稳定性。

在同一车轴上，新胎与旧胎、高压胎与低压胎不得混装。新旧胎搭配时，应选择磨损程度相近的进行装配，一般各轮胎花纹磨损程度相差不超过3毫米，直径大的装在外端。

子午线轮胎和斜交轮胎不得装在同一轴上，也不能前轴装子午线轮胎，后轴装斜交轮胎，否则，会使后轴轮胎磨损加快，造成转向不足或过度转向，严重影响车辆的操纵稳定性，当地面附着系数较低或车辆快速转向时，极易发生后轮跳离地面或侧滑等危险。

注意轮辋组合，发现轮辋挡圈和锁圈与技术要求不符合时，及时进行调整或更换；不同制造厂的轮辋、新旧轮辋、挡圈和锁圈不得混装，备用轮辋应组合存放。

④ 防止超载、偏载

汽车载货或载客必须严格遵守额定的载质量，不得超载超员，避免超出轮胎的额定负荷。装运货物时注意装载平衡，防止在车辆行驶时发生货物移动及倾斜，确保各轮胎均匀负担全车质量。

⑤ 轮胎更换与换位

轮胎花纹深度前轮低于3.2毫米，后轮低于1.6毫米时，要及时更换。一般情况下，道路运输车辆新胎行驶10万公里后，不允许在前轮使用。更换新胎时要经过动平衡、调整合格后方可使用。

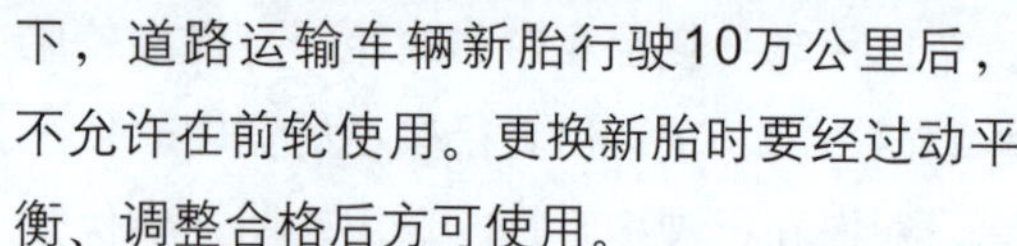

整车换胎，必须使用同规格、同厂牌、同结构、同层级、同花纹的轮胎，以求负荷、磨耗均匀，便于维护换位和轮胎的管理，也有利于提高轮胎的行驶里程。

前轴换新胎要成双更换，以利车辆安全运行和轮胎合理搭配。轮胎换位，一般结合车辆的二级维护进行，常用换位法有两种：一种是交叉换位法，一种是循环换位法。

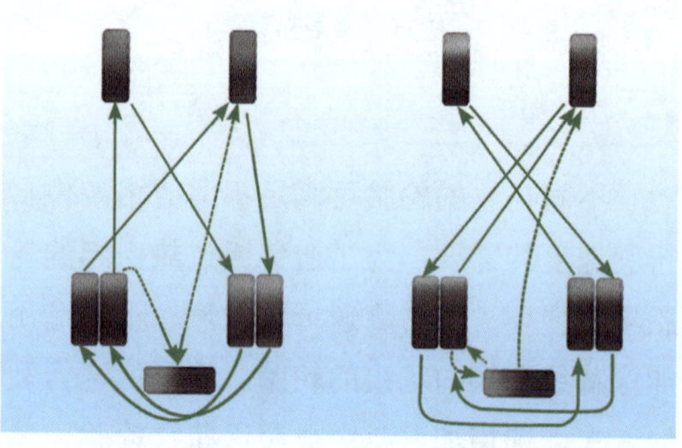

循环换位法　　交叉换位法

第五节　节能与环保技术

环境保护是重大民生问题，事关人民群众健康和福祉，是社会管理的重要领域和对象。推行节能环保是贯彻落实科学发展观、推进生态文明建设的具体实践。

随着汽车保有量的不断增加，能源消耗、汽车尾气排放、噪声污染等给城市环境和人民生活带来了危害，不仅影响了人们的生活，而且还严重危及人们的身心健康。石油危机、汽车排放污染等已成为世界各国政府及人民密切关注的问题。

节能环保，节约能源，促进人与自然、人与社会和谐发展，造福社会这是一项基本国策，也是道路运输驾驶员的绿色责任。

一、汽车燃料消耗的影响因素

1 点火系技术状况对油耗的影响

（1）目前，车辆大多采用电子控制点火系统，只要正常工作，油耗基本能实现最优控制。

（2）一只火花塞不工作，增加油耗约25%；两只火花塞不工作，将增加油耗约60%。选用好的热型火花塞，使燃烧传播更快，火花塞电极间隙要调整适当、清洁，都可以降低油耗。

2 空气滤清器技术状况对油耗的影响

（1）空气滤清器的滤清能力是否正常对节约燃料影响较大。空气滤清器部分堵塞时，油耗增加约5%。

（2）空气滤清器必须按规定周期进行清洗或更换，在多尘地区或遇风沙气候，要勤清洁、更换，以保持畅通。

3 传动装置技术状况对油耗的影响

（1）离合器滑转，将不能有效地传递发动机的动力，这就意味着燃油的损失。

（2）变速器、传动轴和主减速器等，任何一处不正常的发响和发热，都表明在动力传递中遇到了不应有的阻力，即意味着油耗的增加。

（3）使用黏度、抗磨性和黏温性能不符合要求的齿轮油，也会使油耗显著增加。在相同条件下工作时，在冬季，传动机构用夏季齿轮油代替冬季齿轮油时，燃料消耗将增加4%。

4 行驶系机件技术状况对油耗的影响

（1）轮毂轴承调整过紧，将增加车轮旋转时的阻力和磨擦损失，使燃料消耗增加；轮毂轴承调整过松，易使制动毂摆动与制动蹄片相碰，增大了运动阻力，降低车辆的滑行性能，同样会增加燃料消耗。

（2）前轮定位不准，前束失调，行驶时前轮发生摇摆，滚动中有滑动，使轮胎发生不规则磨损，运动阻力增大，增加燃料的消耗。

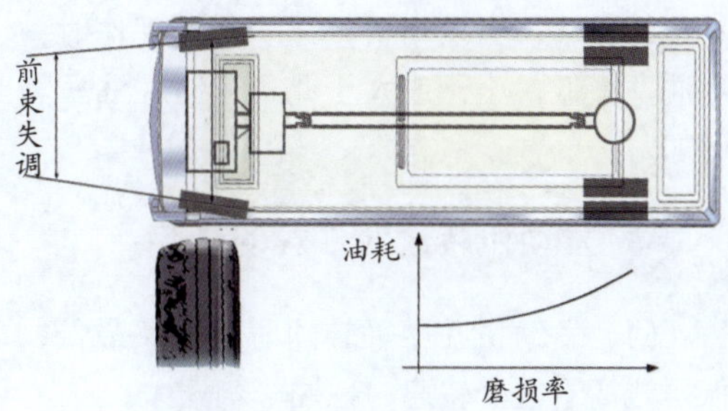

（3）轮胎气压低于标准，轮胎的变形增加，滚动阻力增大，燃料的消耗量增加，当轮胎气压低于标准气压的30%时，油耗将增加12%。

⑤ 低温环境对油耗的影响

（1）润滑油的黏度增大，燃料不易蒸发雾化，发动机冷起动困难，燃油消耗增多，磨损加剧。

（2）蓄电池能量不足，发动机不易起动，使起动次数增加，燃油消耗增加。

⑥ 发动机负荷对油耗的影响

车辆的燃料经济性，取决于发动机的耗油率和车辆克服行驶阻力所发出的功率。发动机耗油率随发动机的负荷和转速而变化，一定转速下，当发动机接近全负荷工作时，耗油率最低，小于或大于此负荷时耗油率均增加。

⑦ 发动机转速对油耗的影响

（1）发动机在中等转速时耗油率最低，低于或高于这个转速，耗油率均增大。

（2）发动机在低转速时，燃料雾化不良，燃烧速度慢且不完全，热损失较多，耗油率增大。

（3）发动机在高转速时，消耗于克服机械摩擦阻力和进、排气等方面的功率增大，所以耗油率也增大。

（4）发动机在中等转速时，普通汽油机为1400～1600转/分钟，燃烧气体对汽缸壁传热损失少，燃烧完全，耗油率低。

⑧ 行驶速度对油耗的影响

（1）车辆低速行驶时克服行驶阻力所需要的功率较小，发动机的负荷小，耗油率高，车辆的燃料经济性差。

（2）车辆高速行驶时发动机负荷加大，耗油率有所下降，但同时克服行驶阻力所需要的功率增大。克服空气阻力所需要的功率，随着行驶速度的升高而明显增大，高速行驶时，行驶阻力显著增大，车辆的燃料经济性也变差。

⑨ 不定期维护或长时间滞后维护对油耗的影响

（1）燃油供给系会因空气滤清器不清洁，使滤清性能降低，进气阻力增大，加剧发动机磨损，增加油耗。

（2）燃油油路堵塞不畅，汽缸垫、进排气歧管螺栓松动，汽缸垫漏气等，会造成混合气过稀，发动机功率降低。

（3）润滑系滤清器滤芯部位易堵塞不畅，造成润滑系工作不良，使润滑性能降

低，损坏机件。

（4）各部机件的配合间隙，在使用过程中会发生变化，若不及时调整消除，将增加机件磨损，出现早期损坏，甚至发生机件事故。

⑩ 车型选择

车辆的选择要兼顾经济性和实用性等要求，要根据车辆的用途、运行环境、经常使用的工况进行综合考虑。选择车辆时，首先从购置车辆的用途角度考虑，不同用途的车辆其性能匹配要求是有区别的。如果选择的车辆是为了从事长途运行，汽车的经济车速应高，底盘应低，车身的流线型要好；如果从事短途运输的车辆其经济车速要降低。选择货车时要求车辆加装导流罩，减少风阻。目前货运牵引车和挂车一般不是同一厂家生产的，因此在牵引车和挂车的购置上一定要注意牵引车的动力性与挂车的承载质量的良好匹配。

车辆的运行环境不同对车辆的配置要求也是有很大区别的，高原地区与平原地区、山区与平原地区的同一类型的车辆对某些配置的要求是不同的。高原地区由于其地势很高，空气稀薄，同样的进气量所含的氧气较平原地区少，汽车发动机应有增压装置；山区由于道路崎岖、坡度大，车辆行驶速度低，经常换挡、制动，根据这些行驶环境的特点，在车辆配置上应该注意选择发动机功率稍大，有足够的储备功率和较大的输出转矩，经济车速较低的车辆。由于山区行驶会经常出现爬坡、下坡、制动、换挡等驾驶操作，在轮胎选择上应该选耐磨、稳定性好、散热好的轮胎。

经常行驶在市区的车辆在选车时应该考虑车辆的经济车速要偏低些，同时车辆最好不要加装增压器（高原地区除外），增压器只有在一定的发动机转速下才能工作，低于这个转速增压器一般是不工作的，不工作的增压器对进气还会产生阻力，不利于混合气充分燃烧，从而影响车辆的经济性；经常在高速公路上行驶的车辆速度较高，因此车辆的流线型要好，经济车速应该偏高些，高速公路上行驶车辆换挡的时候较少，可以考虑使用自动变速器和加装增压器。

二、节能驾驶方法

汽车节能驾驶操作一般包括发动机正确起动、发动机预热、平稳起步、换挡变速、加速、减速、车速控制、行车温度控制、转向、熄火停车、合理使用空调、预见性驾驶等关键环节。

1 正确起动发动机

发动机起动包括常温起动、冷起动和热起动3种。当大气温度或发动机温度高于5℃时，起动发动机不需要采取辅助措施，这种操作称为常温起动。大气温度或发动机温度低于5℃时，起动发动机称为冷起动。发动机温度在40℃以上时起动发动机称为热起动。

电喷发动机起动时，燃油供给已由计算机自动控制，起动过程中不需要踩加速踏板给发动机提供额外的燃油，只需在起动时变速器挡位处于空挡位置，踏下离合器踏板，旋动点火开关至起动位置后松开，发动机就能顺利起动。

柴油发动机常温起动、热起动与汽油发动机一样。冷起动时应首先开启发动机预热系统，在充分预热后再进行起动操作。如果一次起动未能成功，应重新进行预热。

2 发动机预热

汽车在正常的热状态下，能发挥最佳的技术性能。汽车预热的最佳方案使发动机和底盘部分同时得到充分预热。

非增压电喷发动机，不要求对发动机长时间怠速预热。过长的怠速预热会消耗燃油（约1升/小时以上），提高发动机排气中的HC、CO污染物的浓度，加大了发动机的故障风险。发动机起动后，在原地怠速运转1分钟之内起步低速行驶1～2公里，让发动机、变速器、轴承等一同预热，使车辆得到全面润滑。在冬天气温较低时，低速行驶距离应适当延长至3～4公里。

增压发动机起动成功后，先保持发动机怠速运转1分钟以上，使增压器轴承和旋转件得到充分的润滑，但不能使发动机高速空转。

3 汽车平稳起步

汽车起步要做到发动机既不熄火又能省油，关键在于正确掌握松抬离合器踏板和踩加速踏板的要领。

平路起步时，左脚完全踩下离合器踏板，将变速器操纵杆置于1挡位置。当左脚松抬离合器踏板时，这个操作应分两个阶段：前一阶段动作适当快一些，待传动机件稍有振抖，发动机声音略有变化，即离合器与飞轮即将接合，这时，松抬离合器踏板的动作（后一阶段）在这一位置稍作短暂停留，同时，右脚轻轻踩下加速踏板，左脚再缓慢抬起离合器踏板，使车辆平稳起步，车辆起步后应该迅速加速将挡位挂到2挡（在车辆移动一个车身距离内），尽量减少用低挡行驶的时间。

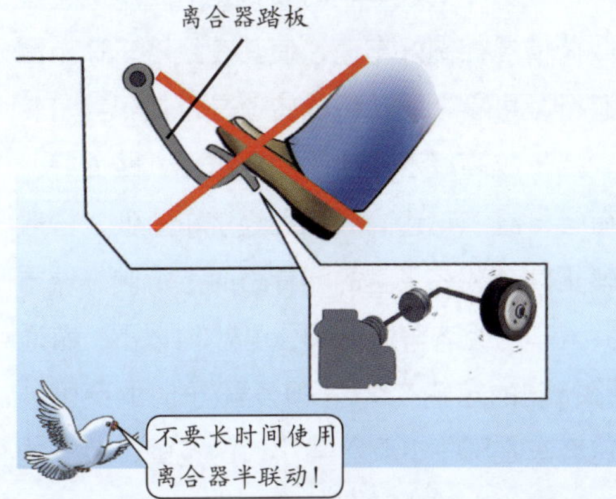

坡道起步的关键就是操作驻车制动器、离合器踏板和加速踏板的动作相互配合得当，即：右手握住驻车制动器操纵杆，右脚轻踩加速踏板，使发动机转速提高到中等程度，这时左脚松抬离合器踏板到半联动状态，当听到发动机声音发生变化时缓缓放松驻车制动器操纵杆，同时逐渐踩下加速踏板和慢抬离合器踏板，做到平稳起步。如果脚手操作配合不当，会使汽车倒退或发动机熄火，增加油耗。

④ 换挡变速

行驶中，根据道路状况、交通流等交通特征的变化及时换挡，掌握好换挡时机，及时、准确换挡，发动机运行的经济转速，尽量使用高挡位。变速器一般有4～5个前进挡位和1个倒挡，其中1挡、2挡为低速挡，减速增扭作用显著，但油耗很高。3挡为中速挡，是汽车由低速到高速或由高速到低速的过渡挡位，车速稍快，但油耗也较大，不宜长距离行驶。4挡、5挡为高速挡，由于传动比小或直接传动，车速快，油耗最低，是车辆行驶时应尽量使用的挡位。

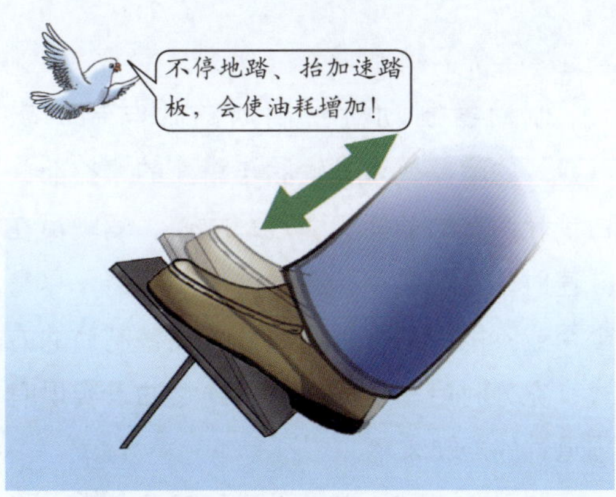

⑤ 加速

加速的方式有两种，即急加速和缓加速。两种方式与耗油有着密切关系，急加速比缓加速燃油增加30%以上，且造成机械结合部冲击力增大，加快磨损程度，对安全行车也不利。踏下加速踏板的深度，可以听发动机的声音，以声音增高较柔和为宜。如果加速踏板踏下过猛，发动机会出现发“闷”的吼声，说明加速过量，应稍抬加速踏板，防止发动机短期内出现高负荷，引起车辆加速过快向前冲动。

经常在市区行驶车辆，起步加速次数多，不要为了赶时间而时而急踩加速踏板；在公路上高速行驶的车辆不要经常加速超车。

6 减速

制动器制动时由制动蹄片与制动鼓（盘）的摩擦或汽车轮胎与路面的摩擦而白白消耗汽车的动能实现汽车减速。驾驶员在减速时，合理使用、正确操作制动器，尽量少用或不用制动，采用以滑行代替制动的方式，充分利用车辆的惯性节约燃油，实现有预见性的驾驶车辆。

制动减速时，右脚迅速从加速踏板上移开，放置在制动踏板上，轻踩制动器踏板进行缓慢减速实现平稳驾驶。遇到紧急情况，采用先急后松法进行制动，就是第一脚制动先急速踩下接着缓踩第二脚，然后根据发生情况点的距离慢慢松开制动踏板，换入合适的挡位后，再踩下加速踏板正常行驶。

电喷发动机有强制怠速断油功能，在挂挡且加速踏板完全放开的情况下，发动机转速高于设定的转速会自动切断燃油供给，当发动机转速低于设定转速才会重新供油。因此，滑行减速时应挂挡，不能采用脱挡滑行减速，脱挡滑行发动机处于怠速状态，消耗了较多的燃油。

汽车下长坡不提倡脱挡滑行，脱挡滑行切断了发动机低转速降低车辆行驶速度的作用，不能利用发动机的牵阻作用控制行车速度，行驶速度将越来越快，需要频繁高强度地制动，会造成制动器温度急剧升高，产生热衰退现象，制动效能降低甚至失灵。

7 车速控制

驾驶员在驾驶车辆时要根据道路状况、车辆载荷情况控制好车速，使其在经济车速范围内运行，可参考发动机的转速是否处于经济转速。挡位越高经济车速的油耗越低，路面好、载荷轻，经济车速高，反之经济车速低。一般车辆正常装载在平直的沥青路面上行驶，城市公共汽车的经济车速在50公里/小时以下，普通公路行驶的车辆在50～70公里/小时的范围，高速客车在90～100公里/小时的范围，轿车的经济车速约为60～90公里/小时。

选择经济车速行驶后，保持好该状态时的加速踏板位置，不要使加速踏板位置来回变化。车速在预期的速度上下变化，汽车油耗会增加。

8 行车温度控制

行车温度包括冷却液温度、机油温度、齿轮油温度，其中发动机冷却液温度对车辆油耗影响很大。正常的发动机冷却液温度，可以保持发动机具有良好的动力性和经济性。如果发动机工作温度过高，会引起充气效率降低，燃烧不充分，机油黏度降低，磨损加剧，油耗增加。发动机工作温度过低，燃油不易雾化，燃烧不充分，机油黏度增大，摩擦阻力变大，同样增加油耗。发动机的正常工作温度应在80~95℃，这时发动机的油耗最低、输出转矩和功率最大。

发动机工作温度低于40℃时，不要让发动机大负荷、高速运转或汽车高速行驶，达到40℃以上时开始正常行驶。如果由于长时间上坡或高速行驶，发动机工作温度已经达到100℃时，需要停车、怠速或小负荷、低速行驶，让发动机工作温度慢慢降到正常区域。

9 转向和变道

行驶过程中，转向操纵要平顺，不要来回转动转向盘，保持汽车直线行驶，避免急转弯、突然变向和频繁变更车道。变更车道时，提前目测前后左右的车辆行驶状况，掌握好变道时机，在确认安全的情况下，开启左转向灯，夜间变换使用远、近光灯，发出超车信号，再次观察前、后车的情况，保持与前、后车有足够的距离，平稳地转动转向盘以较大的行车轨迹缓加速驶向另一车道，避免急加速、快速转向造成燃油浪费。

10 停车熄火

行车中遇到信号灯、铁路岔口、驶入停车场或交通阻塞等需要停车等候时，提前滑行减速，尽量“以滑行代替制动”，避免滑行过早或过晚。滑行过早会使车辆没到位就停下，重新起步或加速，增加燃油消耗；滑行过晚会使车辆到位时车速很高，需要强烈制动减速，也要增加燃油消耗。

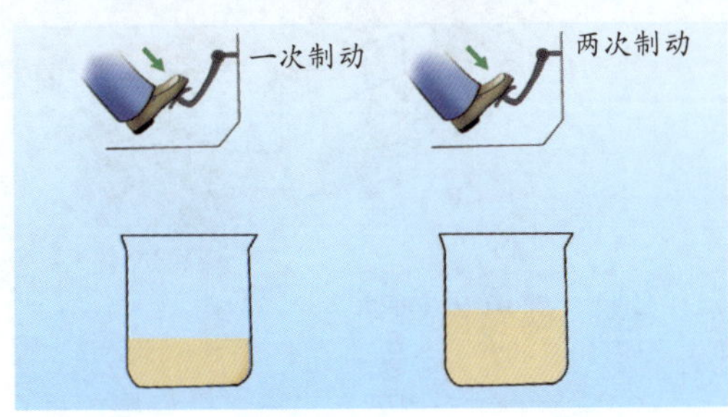

在路口停车等待过程中，要根据交通信号灯计时器判断停车时间，停车时间如果超过1分钟，最好将发动机熄火。如果信号灯没有计时显示，排在偏后的车辆也应该将发动机熄火。

停车要考虑车辆停放的位置，应做到一次停车到位，减少停车时的车辆移动次数。避免在上坡、积水、结冰或松软的路段上停车。停车后，要尽量减少发动机怠速空转，及时将发动机熄火。非增压发动机的车辆一般停车超过1分钟就要熄火，如果汽车经过高速或爬长坡行驶后，发动机温度很高，应使发动机怠速运转30秒以上后熄火。增压发动机的车辆，停车后不能立即熄火，要使发动机怠速运转3分钟以上，待发动机充分冷却后熄火。

⑪ 合理使用空调

气温适宜，车速低于60公里/小时时，不要使用空调制冷功能，可打开车窗通风或者使用空调的通风功能。当车速超过80公里/小时，应关闭车窗开启空调调节车内空气，但空调的温度不应设定过低。

⑫ 预见性驾驶

在熟悉的城市里驾车出行，最好提前规划一下出行路线，避开车流高峰、繁华街道、学校、医院等人、车较多的地方。路线短不一定就是最优的路径，要考虑路段信号灯的多少、拥挤程度，路线选择时要兼顾时间和距离的最优化。

去陌生城市的行程规划，可借助地图或GPS导航仪，找到目的地后，用笔在地图上画出行驶线路，最好多涉及几条路线，防止意外情况出现。安装GPS全球定位系统的车辆，可实时监控路况，帮助你选择最佳的行车路径。另外，可求助于目的地的联系人或了解目的地的人，使自己在遥控下行车，也可在确保停车安全的情况下向路人打听路况。

行车中驾驶员要注意观察前方尽可能远的地方和车辆后方、侧方情况，聚精会神、慎用紧急制动、保持足够的车距、稳定车速平稳行驶、选择合适的时机换挡，考虑道路破坏和其他可能的问题，正确预测即将发生的交通状况，使车辆能够与道路、交通情况

和谐、统一，达到优化、节能驾驶。

行至有信号灯控制的交叉路口时，要判断距离、车速，提前松抬加速踏板，挂挡滑行，利用发动机的牵阻制动减速，减少制动器的使用，最终平稳到达。通过交叉路口时，要注意力集中，提早准备，当前车制动灯熄灭，相应准备起步，避免因跟车距离缩短而猛踩制动踏板。

行车中遇上坡路段时，提前预测坡度、坡长，判断顺利上坡需要使用的挡位及速度，在坡前500米轻微加速，即将到达坡顶上时减少踏加速踏板的力度甚至完全松抬加速踏板，靠车辆惯性冲到坡顶。感觉车辆无法冲到坡顶，在车辆还有一定车速时，及时换入低一级挡位，不能等到车速很慢时换挡，避免坡道停车重新起步。下坡时同样需要对坡道长度、坡度进行判断、预测，合理利用道路特点，利用不同的挡位挂挡滑行减速，减少燃油消耗。

保持适当的车距是安全、节能驾驶的基本前提条件。保持适当车距可以参照三秒法则，即车辆行驶时，在路边选择一个固定的参照物，当前车的尾部正好经过时，开始口头计数1、2、3，在3秒计数结束的瞬间，车头正好驶到参照物处，说明此距离为合适的安全距离。

三、污染物的危害及环保驾驶

汽车排放污染已成为世界的一大公害，由于汽车数量的不断增加，城市的汽车尾气排放、噪声污染，给环境和人民生活带来了较大的危害，严重危及人类健康，制约了道路交通的正常发展。

1 汽车污染环境的危害

汽车发动机排放的主要污染物有氮氧化物(NOx)、碳氢化合物(HC)、一氧化碳(CO)及颗粒物(PM)。其中，NOx、HC经阳光照射，在大气中形成光化学烟雾，对人的呼吸系统产生极大的危害；NOx和SO_2在大气中可产生酸雨效应，导致人类的“酸雨病症”；柴油机排放物主要是氮氧化物和颗粒物，柴油机排放的颗粒粉尘会危害人的眼睛和呼吸道。即使是完全燃烧产生的无毒气体二氧化碳（CO_2），也将加剧地球的温室效应。

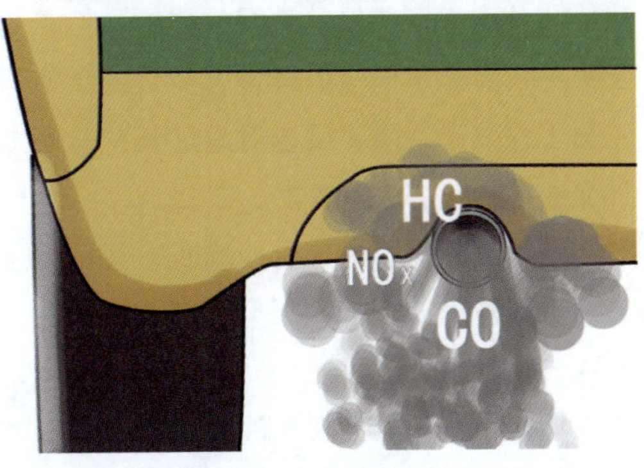

污染物及危害

污染物	对人体的危害
CO	使血液输氧能力降低，可引起头晕、头痛等症状，严重时会使心血管工作困难，甚至死亡
HC	可引起头晕、头痛、失眠等症状，还可导致白血病、癌症等
NOx	使血液的输氧能力降低，会损害心脏、肝、肾等器官
颗粒物	有致癌作用

道路交通噪声是城市环境噪声的主要组成部分，占到城市噪声的75%左右；交通噪声主要来自于运行的机动车辆，其中以汽车噪声的影响最大。汽车噪声一般都是60～90分贝的中强度噪声，由于汽车产生的噪声污染，城市道路交通噪声平均等效声级为71.5分贝，全国80%左右的交通干线两侧环境噪声均超过国家安全标准。

汽车噪声主要来自于汽车排气噪声、发动机噪声、轮胎噪声和喇叭声，此外还有车体振动和传动系噪声等。高于70分贝的噪声会使人心情不安、烦躁、疲倦和工作效率下降等，从而引发头晕、失眠等病症。汽车的噪声不仅会影响周边的环境，而且还会使驾驶员工作效率下降，反应时间加长，从而增加交通事故发生的可能性。

随着汽车保有量的迅速增长，每年报废的汽车数量不断增加，报废汽车长期堆存，不仅占用土地，而且还会对环境造成污染，对人们的生活环境将构成新的威胁。

汽车垃圾，如废轮胎、玻璃、塑料、蓄电池、润滑油等特殊的垃圾污染地面，甚至污染附近居民的水源，给环境造成严重污染。

（1）汽车点火系统工作时发射的电磁波对无线电通信、电视信号等的干扰。

（2）汽车清洗用水所造成的水污染。

（3）交通拥挤、车辆肇事所造成的污染。

2 降低排放污染的操作

正确地维护车辆，合理地控制车速，养成良好的驾驶习惯，能有效地降低汽车排放和噪声，减少空气和环境污染。

（1）对车辆进行检查，确保车辆保持良好的技术状况，减少车体的噪声和排放污染。

（2）检查阻风门，阻风门调整不当，使混合气浓度过高，不完全燃烧现象严重，使HC和CO排放增多，污染空气。

（3）检查排气管，用手摸排气管的内部是否有积炭，以判断发动机工作是否良好。发动机工作不正常，未完全燃烧的HC会增加，从排气管中排出，造成空气污染。

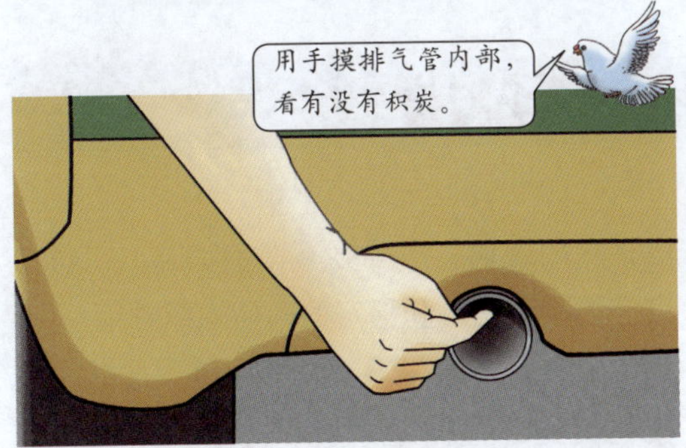

（4）检查供电系统的电线接头、输油管道或真空管道是否松脱，滤清器是否过脏，皮带是否张紧和完好。空气滤清器过脏会使发动机油耗上升，排污增加；燃油滤清器阻塞或过脏，是导致车辆性能变差的主要原因之一。

（5）检查发动机是否烧机油，如果有蓝色或蓝白色的烟雾从排气管内喷出，意味着燃烧室已烧机油，会污染空气，应及时检查排除。机油必须定期更换，最好使用能够节省燃料的多级机油，同时应定期更换机油滤清器芯。

（6）检查泄漏，在每天行车前做一次例行车辆检查，一旦发现车辆泄漏机油或液体，须尽快修理。如果汽油泄漏应立即修理，汽油对空气的危害很大。

（7）经常检查轮胎胎压和磨损情况，保持正常的胎压，可节省燃料，减少污染。

（8）按经济车速行驶，在市郊公路上行驶时，尽可能将车辆保持在50～70公里/小时的车速，以此速度行驶，要比以30公里/小时行驶时省油，排放的污染物也少。

（9）匀速行驶，在高速公路上以100公里/小时的匀速行驶，排放的污染物最少；行驶速度时快时慢，排放的污染物及油耗都会增高。

（10）踏下加速踏板的方式，对排放和油耗有很大的影响。快速起步所排放的污染物比正常起步时多出20%。

（11）慢慢松抬加速踏板，让发动机有时间调整燃烧状态。急抬加速踏板太快会产生大量废气，车辆以80～100公里/小时速度行驶，突然松开加速踏板，发动机会吸入过多的燃油，造成燃烧不彻底。

（12）减少发动机空转和冷起动，发动机空转会排出大量的污染物，应尽量减少空转；在冷机状态下，发动机起动所消耗的燃料比热机要多10倍，污染物排放量也很高。

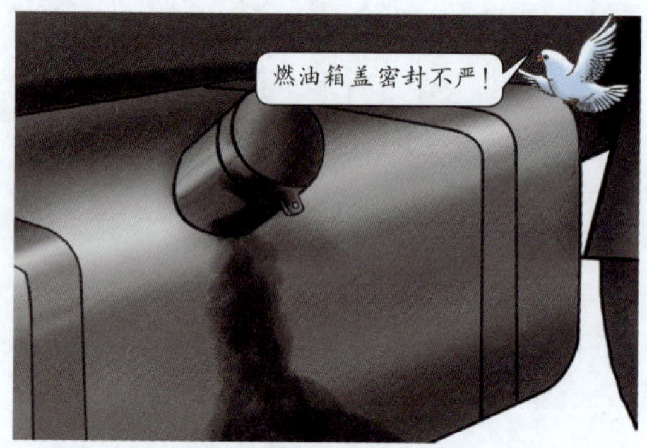

（13）尽量减少加注燃油的次数，因为加注燃油时，油箱内会有大量汽化的燃油进入空气。

（14）合理选用燃料、润滑油和轮胎等，降低燃油消耗，减少对生态环境的污染。

（15）需要较长时间停车时，关闭发动机，以节约燃油消耗，减少汽车噪声。

（16）防止装卸货物时的巨大噪声，尤其在深夜，避免影响附近居民的休息。

第六节　汽车新技术

随着汽车电子技术、通信技术、代用燃料使用技术的不断进步以及新材料的运用，进一步提升了汽车使用过程中的安全、节能与环保状况。驾驶员充分了解这些新技术和新知识，才能更加合理地使用车辆，保持车辆良好的技术性能，发挥新技术的作用。

一、汽车新技术

 ABS系统

防抱死制动系统（ABS系统）可保证车辆在任何路面上进行紧急制动时，自动控制和调节制动力，防止车轮抱死，使每个车轮产生尽可能大的地面制动力，进而消除制动过程中的跑偏、甩尾等不稳定状态，以获得良好的制动性能和稳定的转向操纵性能。

驾驶安装有ABS系统的车辆制动时，驾驶员始终踩住制动踏板不放松，使ABS系统有效发挥作用，可保证足够和连续的制动力，采取紧急制动时，感觉到制动踏板发生振颤，是ABS系统正常的工作特性，不是制动系统有故障。

国家标准《汽车运行技术条件》（GB 7258）要求，总质量大于12000千克的长途客车和旅游客车、总质量大于16000千克允许拖挂总质量大于10000千克的挂车的货车及总质量大于10000千克的挂车，必须安装符合规定的防抱死制动装置。

② 缓速器

缓速器是一种有效的辅助制动系统，通常安装在汽车变速器后端、传动轴或后桥输入端，完全独立于行车制动系统，无论行车制动系工作与否都可有效减缓车辆行驶速度，而且承担车辆绝大部分的制动负荷，并可以长时间、高频率制动，增强了车辆的行驶安全性。常用的是电涡流缓速器，由固定在车辆底盘上的定子（内置若干励磁线圈）和与传动轴连接的转子组成。定子线圈通电后，定子与转子之间形成迫使车辆减速的电磁制动力矩，起到制动作用。

缓速器可以解决客运车辆频繁制动或者下长坡制动时，行车制动器因长时间工作而导致制动鼓和摩擦片过热，造成制动效能下降，甚至制动能力丧失，给车辆安全性带来的严重威胁。当车辆需要减速慢行时，驾驶员可根据车辆行驶情况选择操纵控制开关（通常设有0、1、2、3、4共5个位置，0位置不制动，其他位置的制动强度依次增大）。当车辆下长坡时，在获得稳定的车速后，一般将缓速器控制开关置于中间位置即可。车辆转弯或在雨雪天等湿滑路面上行驶时，驾驶员应关闭缓速器控制开关而利用行车制动器进行制动。

交通运输行业标准《营运客车类型划分及等级评定》（JT/T 325）要求，特大型的高三、高二、高一、中级及普通客车和大型的高三、高二、高一客车以及中型的高二客车安装缓速器为标准配置。同时还要求客车在安装缓速器的部位应设置温度报警系统或自动灭火设备。随着行业标准的严格要求和贯彻执行，缓速器正从高档客车的高级配置逐渐变为普通客车的标准配置。

③ 废气涡轮增压技术

废气涡轮增压技术，是指通过涡轮回收部分发动机排气能量，驱动压缩机对发动机进气进行压缩，使小排量发动机获得更多的进气量，从而达到与较大排量自然吸气发动机相当功率水平的技术。涡轮增压技术在保证发动机动力性的前提下，减小了发动机排量，大幅改善了发动机的经济性，进而降低了CO_2气体的排放。在具有相同功率的前提下，增压发动机的排气量可比自然吸气式发动机减小18%~35%，燃油经济性可提高10%左右。

使用涡轮增压发动机时应注意事项：

（1）起动发动机后，原地保持发动机怠速运转1分钟以上，冬季气温较低时应适当延长怠速时间，使冷却液温度升高，润滑油流动性变好，从而使涡轮增压器得到充分润滑，延长涡轮增加器的使用寿命。在怠速运转期间，不应使发动机高速空转。

（2）停车后，保持发动机怠速运转3分钟以上，待发动机温度充分冷却后再熄火。发动机长时间高速运转后，涡轮增压器处于高温状态。此时突然熄火，润滑会中断，涡轮增压器内部的热量也无法被润滑油带走，这样会损坏涡轮增压器。

（3）为了保证涡轮增压器在高温和高速环境下的有效润滑，必须选择抗磨性好、耐高温的合成机油或半合成机油。

(4) 保持空气滤清器、机油滤清器等的清洁，防止灰尘和杂质进入涡轮增压系统造成磨损。

4 高压共轨技术

高压共轨技术是指，在高压油泵、压力等传感器、共轨管、喷油器和电控单元组成的闭环系统中，将喷射压力的产生和喷射过程彼此完全分开的一种供油方式。这种供油方式可以大幅度减小柴油机供油压力随发动机转速的变化，从而克服传统柴油机的缺陷，提高柴油机的燃烧效率，降低尾气排放。相对传统柴油发动机，高压共轨发动机的燃烧效率提高了8%，二氧化碳排放降低10%，噪声下降15%。

高压共轨系统各组成部件的精度要求非常高，驾驶员在驾驶装有高压共轨发动机的汽车时，应该注意选用清洁度高的柴油，加装柴油滤清器，缩短油箱中油水分离器的更换周期。

5 尾气后处理装置

尾气后处理技术是选择性催化还原技术（SCR技术），在原来的尾气净化系统的基础上，加装一套调节尾气处理液喷射量的喷射和控制系统（简称SCR系统）。SCR系统包括装载柴油机尾气处理液（国内俗称车用尿素，是SCR技术中必须要用到的消耗品）的尿素罐、SCR催化反应罐。

排气管中有氮氧化物(NOx)时，SCR系统尿素罐会自动喷出尿素水溶液，尿素水溶液和氮氧化物(NOx)在SCR催化反应罐中发生氧化还原反应，生成无污染的氮气和水蒸气排出。采用尿素—SCR净化方案的发动机，可以降低NOx排放50%以上，而且其可节省5%～7%的燃油消耗，扣除因使用尿素而增加的费用，还有2%～3%的节油优势。

驾驶安装有SCR系统车辆的注意事项：

(1) 在发动机熄火后，SCR系统的计量喷射装置还需要在供电状态下抽干喷射管道中的残液，以防尿素结晶堵塞。因此，熄火后仍应保持通电状态1分钟以上，再拔取车钥匙。

(2) 虽然SCR系统的故障不会影响发动机的正常工作，但系统不正常工作或停止运行时，车辆排放将不能达到标准，因此，驾驶员应严格按发动机厂家的规定做好系统的维护。

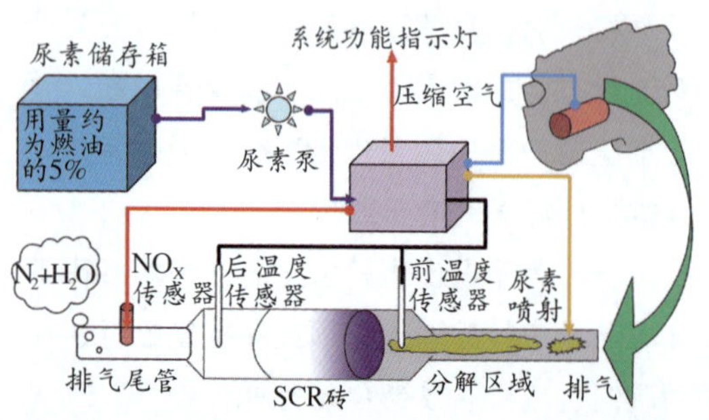

二、代用燃料的使用常识

为了节约石油资源和加强环境保护，世界上许多国家愈来愈重视代用燃料车的开发和应用。目前，以压缩天然气、液化石油气为燃料的燃气汽车和以甲醇、乙醇为燃料的汽车已比较成熟。燃气汽车已在我国不少城市和地区开始使用，而且很受欢迎，它将成为主要的代用燃料汽车。

常见的两用燃料燃气汽车有压缩天然气汽车和液化石油气汽车两种。

1 充装燃气

（1）进入加气站时，驾驶人员应认真阅读安全须知，严格遵守加气站安全管理规定，切记加气站与加油站的不同规定。

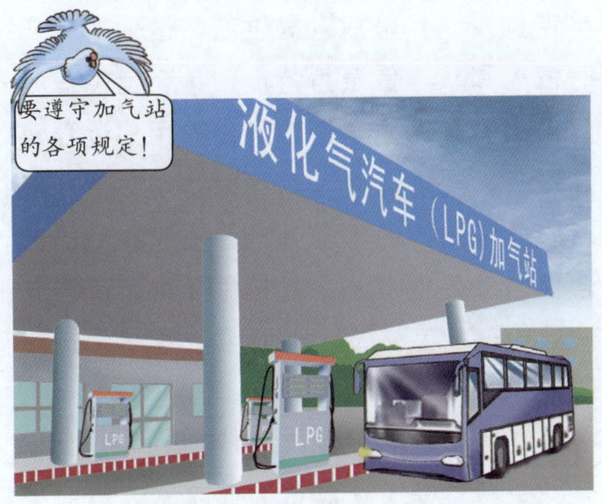

（2）汽车进入充气停车位置（加气岛）后，关闭车上的所有电器装置（包括点火开关、收放机、CD机、电风扇等），断开电源总开关；将变速器操纵杆挂入低速挡，并拉紧驻车制动器操纵杆。

（3）配合加气人员进行车用气瓶及液位指示情况的检查，储气瓶内的气压不得超过额定工作压力（压缩天然气瓶不大于20兆帕；液化石油气瓶不大于2.2兆帕）。

（4）充气前，旋下充气阀上的防尘盖，然后插入充气插头准备充气。

（5）充气时，严格按安全操作规程进行操作，人不能站在充气阀口正面，以防充气插头滑脱，气体喷出伤人。

（6）充气至额定压力（容量）时，取出充气插头，旋紧充气阀防尘盖。

（7）充气完毕，打开出液阀开关(在气瓶组合阀中)，检查系统是否有漏气现象，若发现漏气和其他故障，必须排除后，方能上路行驶。

2 出车前的安全检查

出车前除按燃油车的检查顺序检查外，还应检查以下几项：

（1）燃气系统的显示是否正常。

（2）燃气的储存情况。

（3）燃气系统高压表指示压力与停车前比较有无明显下降。

（4）燃气装置和管路是否有漏气现象。

（5）各部件、管路有无松动及异常情况，如有松动、漏气应及时排除。

③ 燃气汽车停驶时的安全操作

（1）燃气汽车需停驶超过10分钟，关闭手动气阀及电气总开关。

（2）每日收车后，要认真检查系统是否正常，有无气瓶松动、漏气及其他异常现象；关闭手动气阀及电气总开关，查看高压表的压力情况，以备次日判断系统是否有漏气。

（3）燃气汽车停止行驶、停入车库或停车场时，要认真检查车辆停放周围有无明火火源或易燃、易爆物品，然后切断车上所有电源，关闭气瓶组合阀上的出气阀。

（4）燃气汽车长期停放时，将冷却液、燃油放净，燃气用完，断开电源，拆下蓄电池极柱电缆，将车停于通风、防潮、防火、防晒的场所。

④ 行驶中特殊情况的应急处理

（1）车辆在行驶中，如因高压燃气管破裂、卡套松脱造成燃气大量泄漏而无法关闭气瓶阀时，立即靠边停车，关闭电源总开关，疏散人员，并将现场隔离，不允许人员、车辆进入，隔离火源，待燃气散尽后再作处理。

（2）发生火灾时，除立即关闭电源总开关、手动气阀和气瓶阀外，还要迅速隔离现场，用灭火器灭火。

（3）因发生交通事故，造成管路或气瓶阀无法关闭，引起燃气大量泄漏，要及时向有关部门报告，以便及时处理。

特别提示

驾驶员不得擅自拆装燃气系统装置、车用气瓶；不得擅自改变系统装置和车用气瓶的位置或方向；不得擅自废弃加气口保护盖。

三、道路运输车辆卫星定位系统

道路运输车辆卫星定位系统（简称卫星定位系统）是指以提供道路运输车辆实时位置和状态信息为特征，具有运输车辆驾乘人员及运输车辆管理者等用户远程信息服务，提供运输车辆实时动态数据，能对服务范围内的车辆进行管理和控制的综合性信息处理系统，此定位系统可满足政府监管部门及运营企业对系统信息的运用要求。

卫星定位系统由政府平台、企业平台、车载终端、计算机通信网络等组成，通过系统各组成部分之间的互联互通，实现业务管理以及数据交换和共享，是加强道路运输车辆动态监管，预防和减少道路交通运输事故、有效遏制重特大事故、实现道路运输科学发展、安全发展的重要工具。

① 道路运输车辆安装卫星定位系统的要求

根据国家有关规定的要求，所有旅游包车、三类以上班线客车和运输危险化学品、烟花爆竹、民用爆炸物品的道路专用车辆（简称“两客一危”车辆）必须安装符合标准要求的卫星定位装置，并接入全国重点营运车辆联网联控系统，保证车辆监控数据准确、实时、完整地传输，确保车载卫星定位装置工作正常、数据准确、监控有效。

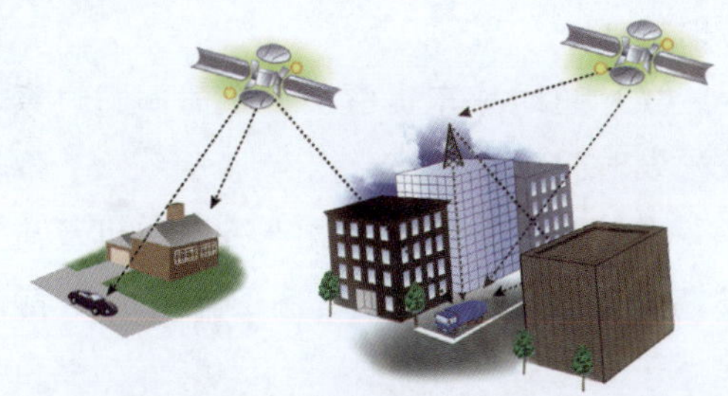

新出厂的“两客一危”车辆，在车辆出厂前应安装符合标准要求的卫星定位装置。凡未按规定安装卫星定位装置的新增车辆，交通运输部门不予核发《道路运输证》。

对于已经取得道路运输证但没有按照规定安装卫星定位装置或未接入全国联网联控系统的“两客一危”车辆，道路运输管理部门将暂停营运车辆资格审验。

道路运输企业应按规定将“两客一危”车辆接入监控平台（或监控端）；制订和完善卫星定位装置安装使用规定，建立动态监控工作台账，根据车辆行经道路的实际情况，设置相应的车辆行驶速度限速标准；配备专职人员负责监控车辆行驶动态，分析处理动态信息；充分运用卫星定位监控手段加强对所属车辆和驾驶员的日常监督，按照有关规定及时纠正和处理超速、疲劳驾驶等违法驾驶行为，对违法驾驶信息要留存在案，至少保存1年时间；定期检查车载卫星定位装置使用情况，确保车辆在线被监控。

对不按规定使用、故意损坏卫星定位装置的单位和个人，要依照相关规定给予处理；造成严重后果的，依法追究企业负责人和相关责任人的法律责任。

② 卫星定位系统车载终端

车载终端是指安装在道路运输车辆上满足工作环境要求，具有卫星定位系统、移动网络接入、道路运输车辆行驶记录、道路运输车辆相关信号采集和控制，与其他车载电子设备进行通信，提供政府平台或企业平台所需的信息，完成卫星定位系统对车辆控制功能的装置。驾驶员通过按键、触摸屏或遥控器等方式操作终端，终端通过语音报读设备与显示设备，结合信号灯或蜂鸣器等设备向驾驶员提供信息。

车载终端具有自检功能、定位功能、通信功能、信息采集功能、行驶记录功能、监听功能、通话功能、休眠功能、警示功能、终端管理功能、人机交互功能、信息服务功能、电召服务功能、多中心接入功能。

（1）自检功能：通过信号灯或显示屏明确表示车载终端当前主要状态，若出现故障，则显示故障类型等信息，存储并上传至监控中心。

（2）定位功能：提供实时的时间、经度、纬度、速度、高程和方向等定位状态信息，同时通过无线通信方式上传至一个或多个监控中心。

（3）信息采集功能：终端可采集驾驶员身份、电子运单、车辆CAN总线数据、车辆载货状态、车辆运营数据、收费结算数据、图像、音频、视频等信息。

（4）行驶记录功能：可记录行驶状态数据、车辆行驶里程等信息。

（5）监听功能：终端具有车辆ACC点火检测功能。当车辆熄火后，终端向监控中心发送车辆熄火信号并自动进入休眠状态。

（6）警示功能分为人工报警与自动提醒：

人工报警是驾驶员根据现场实际情况触发的报警，包括：当遇到抢劫、交通事故、车辆故障等紧急情况，驾驶员通过触动应急报警按钮向监控中心上传报警信息，同时关闭语音报读模块。如果终端具有图像、视频、音频采集功能，应立即启用该功能。

自动提醒指驾驶员不对终端进行任何操作，终端根据监控中心设定的条件触发，包括以下内容：

（1）区域提醒：当车辆驶入禁入区域或驶出禁出区域时触发。

（2）路线偏离提醒：当车辆驶离设定的路线时触发。

（3）超速提醒：终端可根据预设的速度阈值或通过接收监控中心下发的信息触发，提醒驾驶员当前处于超速状态。

（4）疲劳行驶提醒：驾驶员连续驾驶时间超过疲劳驾驶时间阈值时触发。

（5）蓄电池欠电压提醒：终端检测车辆蓄电池电压低于预设值时触发，同时终端须停止从车辆蓄电池取电，转由终端内置备用电池供电。

（6）断电提醒：终端在被切断主供电源时触发。

（7）超时停车提醒：停车时间超过系统预设时间时触发。

（8）终端故障提醒：当终端主机及与终端主机连接的外部设备工作异常时触发，并上传至监控中心。

3 卫星定位系统监控平台

监控平台是指以计算机系统及通信信息技术为基础，通过卫星定位技术等手段，实现对管辖范围或服务范围内的车载终端和用户进行管理的系统平台，包括政府监管平台和企业监控平台。

政府监管平台主要实现对上级平台的数据报送和对下级政府平台的管理，对企业平台的监管和服务，具备报警、车辆动态监控管理、车辆视频监控、车辆查询及统计管理、对运输企业进行动态管理等功能。

企业监控平台主要实现对平台中的车辆安全运营的实时监控，具备报警及警情处理、车辆监控、线路监控、行驶状态监控、统计分析、终端管理等功能。

本章学习要点

1. 汽车维护的作用和分类。
2. 汽车日常维护作业的内容。
3. 道路运输车辆综合性能及检测要求。
4. 道路运输车辆外廓尺寸、轴荷及质量限值要求。
5. 道路运输车辆燃料消耗量检测的有关内容。
6. 汽车发动机、底盘、电气设备常见故障识别方法。
7. 轮胎使用寿命的影响因素及轮胎的正确使用方法。
8. 节能与环保的意义及汽车燃料消耗的影响因素。
9. 汽车节能与环保驾驶方法。
10. 车型选择和车辆维护。
11. 主要污染物的种类及危害。
12. 汽车新技术、新能源与新材料。
13. 卫星定位系统等设备的使用方法。

第五章

道路旅客运输知识

道路旅客运输是用客车通过道路运输来实现旅客的位移，向旅客提供服务的过程。由于道路旅客运输的服务对象是人，因此，道路旅客运输具有不同于其他形式运输的特点，安全、及时、经济、方便、舒适、文明是对旅客运输的品质要求。

第一节　道路旅客运输相关规定

道路客运经营，是指用客车运送旅客、为社会公众提供服务、具有商业性质的道路客运活动，包括班车（加班车）客运、包车客运、旅游客运。

道路客运管理坚持以人为本、安全第一的宗旨，遵循公平、公正、公开、便民的原则，打破地区封锁和垄断，促进道路运输市场的统一、开放、竞争、有序，满足广大人民群众的出行需求。道路客运经营者应当依法经营、诚实守信、公平竞争、优质服务。

国家实行道路客运企业等级评定制度和质量信誉考核制度，鼓励道路客运经营者实行规模化、集约化、公司化经营，禁止挂靠经营。

交通运输部主管全国道路客运管理工作。县级以上地方人民政府交通主管部门负责组织领导本行政区域的道路客运管理工作。县级以上道路运输管理机构负责具体实施道路客运管理工作。

一、道路客运经营许可

申请条件

申请从事道路客运经营的条件

申请内容	具备的条件
客运经营企业（者）	●有与其经营业务相适应并经检测合格的车辆
	●有符合从事客运经营规定条件的驾驶人员
	●有健全的安全生产管理制度
	●申请从事班线客运经营的，还应当有明确的线路和站点方案
客运经营驾驶人员	●取得相应的机动车驾驶证
	●年龄不超过60周岁
	●3年内无重大以上交通责任事故记录
	●经设区的市级道路运输管理机构对有关客运法律法规、机动车维修和旅客急救基本知识考试合格

2 受理申请机构

（1）从事县级行政区域内客运经营的，向县级道路运输管理机构提出申请。

（2）从事省、自治区、直辖市行政区域内跨2个县级以上行政区域客运经营的，向其共同的上一级道路运输管理机构提出申请。

（3）从事跨省、自治区、直辖市行政区域客运经营的，向所在地的省、自治区、直辖市道路运输管理机构提出申请。

③ 经营许可

客运经营的许可程序：申请—审查—许可或不许可。

（1）向具有审批权的交通主管部门或道路运输管理机构进行申请并提交规定的材料。

（2）收到申请的道路运输管理机构，自受理申请之日起20日内审查完毕，作出许可或者不予许可的决定。

（3）予以许可的，向申请人颁发道路运输经营许可证，并向申请人投入运输的车辆配发车辆营运证。不予许可的，书面通知申请人并说明理由。

（4）取得道路运输经营许可证的客运经营者，需要增加客运班线的，依照上述规定办理有关手续。

（5）县级以上道路运输管理机构定期向社会公布本行政区域内的客运运力投放、客运线路布局、主要客流流向和流量等情况。

（6）道路运输管理机构在审查客运申请时，要考虑客运市场的供求状况和方便服务群众等因素。

（7）道路运输管理机构对符合法定条件的道路客运班线经营申请作出准予行政许可决定的，出具《道路客运班线经营行政许可决定书》，明确许可事项；并在10日内向被许可人发放道路运输经营许可证。

（8）道路运输管理机构对不符合法定条件的申请作出不予行政许可决定的，向申请人出具《不予交通行政许可决定书》。

④ 被许可人(客运经营者)

（1）持道路运输经营许可证依法向工商行政管理机关办理登记手续。

（2）道路客运经营者设立子公司的，要按规定向设立地道路运输管理机构申请经营许可；设立分公司的，应当向设立地道路运输管理机构报备。

（3）需要变更许可事项或者终止经营的，向原许可机关提出申请，按有关规定办理。客运班线的经营主体、起讫地、日发班次变更和客运站经营主体、站址变更按照重新许可办理。

（4）在取得全部经营许可证件后无正当理由超过180天不投入运营或者运营后连续180天以上停运的，视为自动终止经营。

（5）客运班线在经营期限内暂停、终止班线经营，提前30日向原许可机关申请。经

营期限届满，需要延续客运班线经营的，在届满前60日提出申请。

(6) 在客运班线经营期限届满后申请延续经营，优先许可应符合的条件包括：

①有与其经营业务相适应并经检测合格的客车；

②经营者在经营该客运班线过程中，无特大运输安全责任事故；

③经营者在经营该客运班线过程中，无情节恶劣的服务质量事件；

④经营者在经营该客运班线过程中，无严重违规经营行为；

⑤按规定履行了普遍服务的义务。

(7) 中外合资、中外合作、外商独资形式投资道路客运经营的，同时遵守《外商投资道路运输业管理规定》。

二、客运管理

1 车辆管理

(1) 客运经营者应当依据国家有关技术规范对客运车辆进行定期维护，确保客运车辆技术状况良好。客运车辆的维护作业项目和程序应当按照国家标准《汽车维护、检测、诊断技术规范》(GB 18344) 等有关技术标准的规定执行。

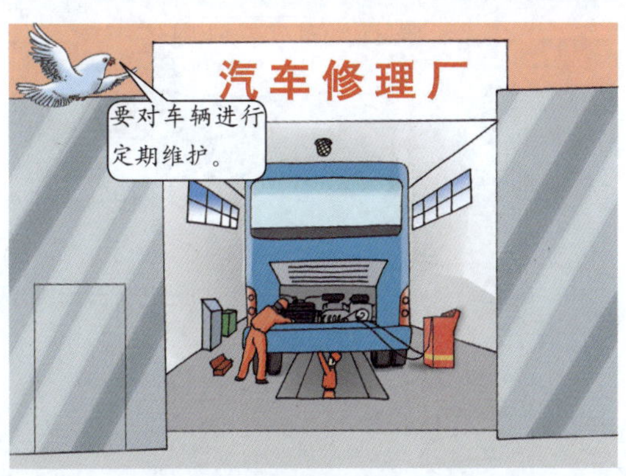

(2) 严禁任何单位和个人为客运经营者指定车辆维护企业；车辆二级维护执行情况不得作为道路运输管理机构的路检路查项目。

(3) 客运经营者应当定期进行客运车辆检测，车辆检测结合车辆定期审验的频率一并进行。县级以上道路运输管理机构定期对客运车辆进行审验，每年审验一次。

(4) 客运经营者和县级以上道路运输管理机构分别建立客运车辆技术档案和管理档案，并妥善保管。对相关内容的记载及时、完整和准确，不得随意更改。

(5) 客运车辆办理过户变更手续时，客运经营者将车辆技术档案完整移交；县级以上道路运输管理机构对经营者车辆技术档案的建立情况实施监督管理。

(6) 客运经营者对达到国家规定的报废标准或者经检测不符合国家强制性标准要求的

客运车辆，及时交回道路运输证，不得继续从事客运经营；禁止使用报废的、擅自改装的、拼装的、检测不合格的客车以及其他不符合国家规定的车辆从事道路客运经营。

② 经营管理

(1) 客运经营者要按照道路运输管理机构决定的许可事项从事客运经营活动，不得转让、出租道路运输经营许可证件。

(2) 班线客运经营者取得经营许可后，要向公众提供连续运输服务，不得擅自暂停、终止或者转让班线运输。客运班车要按照许可的线路、班次、站点运行，在规定的途经站点进站上下旅客，无正当理由不得改变行驶线路，不得站外上客或者沿途揽客。

(3) 客运经营者要遵守有关运价规定，使用规定的票证，不得乱涨价、恶意压价、乱收费；不得强迫旅客乘车，不得中途将旅客移交给他人运输或者甩客，不得敲诈旅客，不得擅自更换客运车辆，不得阻碍其他经营者的正常经营活动。

(4) 客运车辆驾驶员要遵守道路运输法规和道路运输驾驶员操作规程，安全驾驶，文明服务；严禁客运车辆超载运行，在载客人数已满的情况下，允许再搭乘不超过核定载客人数10%的免票儿童；客运车辆不得违反规定载货。

(5) 客运经营者要在客运车辆外部的适当位置喷印企业名称或者标志，在车厢内显著位置公示道路运输管理机构监督电话、票价和里程表。

(6) 客运经营者要为旅客提供良好的乘车环境，确保车辆设备、设施齐全有效，保持车辆清洁、卫生，并采取必要的措施防止在运输过程中发生侵害旅客人身、财产安全的违法行为。

(7) 客运经营者不得在客运车辆上从事播放淫秽录像等不健康的活动；运输过程中发生侵害旅客人身、财产安全的治安违法行为时，客运经营者在自身能力许可的情况下，应当及时向公安机关报告并配合公安机关及时终止治安违法行为。

(8) 客运经营者要为旅客投保承运人责任险。客运经营者在运输过程中造成旅客人身伤亡，行李毁损、灭失，当事人对赔偿数额有约定的，依照其约定；没有约定的，参照国家有关港口间海上旅客运输和铁路旅客运输赔偿责任限额的规定办理。

(9) 客运经营者要加强对从业人员的安全、职业道德教育和业务知识、操作规程培训。并采取有效措施，防止驾驶人员连续驾驶时间超过4小时。

(10) 客运车辆驾驶员从事营运，要随车携带道路运输证、从业资格证等有关证件，在规定位置放置客运标志牌；客运班车驾驶员还应当随车携带道路客运班线经营许可证明。

(11) 客运经营者要制订突发公共事件的道路运输应急预案，发生突发公共事件时，客运经营者必须服从县级及以上人民政府或者有关部门的统一调度、指挥。

三、客运经营行为规定

(1) 客运经营者需要终止客运经营的，在终止前30日内告知原许可机关。

(2) 客运经营者应当为旅客提供良好的乘车环境，保持车辆清洁、卫生，并采取必要的措施防止在运输过程中发生侵害旅客人身、财产安全的违法行为。

(3) 旅客应当持有效客票乘车，遵守乘车秩序，讲究文明卫生，不得携带国家规定的危险物品及其他禁止携带的物品乘车。

(4) 班线客运经营者取得道路运输经营许可证后，向公众连续提供运输服务，不得擅自暂停、终止或者转让班线道路运输经营许可证。

(5) 从事包车客运的，按照约定的起始地、目的地和线路运输。 从事旅游客运的，应当在旅游区域按照旅游线路运输。

(6) 客运经营者不得强迫旅客乘车，不得甩客，不得敲诈旅客，不得擅自更换运输车辆。

(7) 客运经营者在运输过程中造成旅客人身伤亡，行李毁损、灭失，当事人对赔偿数额有约定的，依照其约定；没有约定的，参照国家有关港口间海上旅客运输和铁路旅客运输赔偿责任限额的规定办理。

四、客运经营者的处罚规定

对客运经营者的处罚由县级以上道路运输管理机构负责执行。

(1) 有下列行为之一的，责令停止经营；有违法所得的，没收违法所得，处违法所得2倍以上10倍以下的罚款；没有违法所得或者违法所得不足2万元的，处以3万元以上10万元以下的罚款；构成犯罪的，依法追究刑事责任：

①未取得道路客运经营许可，擅自从事道路客运经营的；

②未取得道路客运班线经营许可，擅自从事班车客运经营的；

③使用失效、伪造、变造、被注销等无效的道路客运许可证件从事道路客运经营的；

④超越许可事项，从事道路客运经营的。

(2) 客运经营者非法转让、出租道路运输经营许可证件的，责令停止违法行为，收缴有关证件，处2000元以上1万元以下的罚款；有违法所得的，没收违法所得。

(3) 有下列行为之一，责令限期投保；拒不投保的，由原许可机关吊销道路运输经营许可证或者吊销相应的经营范围：

①未为旅客投保承运人责任险的；

②未按最低投保限额投保的；

③投保的承运人责任险已过期，未继续投保的。

(4) 取得客运经营许可的客运经营者使用无道路运输证的车辆参加客运经营的，

责令改正，处3000元以上1万元以下的罚款。

(5) 客运经营者不按照规定携带道路运输证的，责令改正，处警告或者20元以上200元以下的罚款。

(6) 有下列情形之一的，责令改正，处1000元以上3000元以下的罚款；情节严重的，由原许可机关吊销道路运输经营许可证或者注销相应的经营范围：

①客运班车不按批准的客运站点停靠或者不按规定的线路、班次行驶的；

②加班车、顶班车、接驳车无正当理由不按原正班车的线路、站点、班次行驶的；

③客运包车不按约定的起始地、目的地和线路行驶的；

④以欺骗、暴力等手段招揽旅客的；

⑤在旅客运输途中擅自变更运输车辆或者将旅客移交他人运输的；

⑥未报告原许可机关，擅自终止道路客运经营的。

(7) 已不具备开业要求的有关安全条件、存在重大运输安全隐患的，责令限期改正；在规定时间内不能按要求改正且情节严重的，由原许可机关吊销道路运输经营许可证或者吊销相应的经营范围。

(8) 不按规定维护和检测客运车辆的，责令改正，处1000元以上5000元以下的罚款。

(9) 使用擅自改装或者擅自改装已取得道路运输证的客运车辆的，责令改正，处5000元以上2万元以下的罚款。

第二节 道路旅客运输基本知识

一、道路旅客运输的分类

根据运输方式不同，道路旅客运输分为班车客运、包车客运、旅游客运和出租客运。

① 班车客运

班车客运是指营运客车在城乡道路上按照固定的线路、时间、站点、班次运行的一种客运方式，包括直达班车客运和普通班车客运。

包车客运

包车客运是指以运送团体旅客为目的，将客车包租给用户安排使用，提供驾驶劳务，按照约定的起始地、目的地和途经线路行驶，按行驶里程或包用时间计费并统一支付费用的一种客运方式。

③ 旅游客运

旅游客运是指以运送旅游观光的旅客为目的，在旅游景区内运营或其线路至少有一端在旅游景区(点)的一种客运方式。

二、道路旅客运输的特点

① 运输区域广

道路旅客运输线路密集，运输区域广，是城市与城市、城市与乡村、乡村与乡村之间联系的主要旅客运输形式，能服务到社会生产和生活的各个角落。

② 运输组织多样

道路旅客运输可以满足各种客运需要，既可组织规模运输，也可进行单车作业，上门接、送乘客；既适合于中短途运输，也能在一定程度上满足长距离的客运需求；既可独立承担客运任务，又可与其他运送方式组合成联合运输。

③ 适应性强

道路旅客运输既可在高速路面运行，又可在偏远山区和乡村路面上运行，不受地理环境的限制，对道路、气候环境的适应性强。在抢险救灾，运送和疏散乘客方面具有不可替代的作用。

④ 机动、灵活、便利

道路旅客运输购票方便、快捷，可实现“门到门”的运输，减少中间周转环节，提高运输效率，还能深入到其他运输方式达不到的地方。客车运力调配方便快捷，可根据客流需要随时调整运力，较好地适应客流突然变化的需要，满足乘客随到随走的需求。

三、旅客运输车辆类型与使用

① 旅客运输车辆的类型

旅客运输车辆是用于营业性旅客运输的汽车，客舱为驾驶区和乘客区的总称，是供乘员使用的区域。旅客运输车辆按车长分为特大型、大型、中型和小型四种，客车等级按类型分成18个等级。

旅客运输车辆类型划分（单位：米）

类　型	特大型（双层客车）	大　型	中　型	小　型
车长（L）	$13.7\geqslant L>12$	$12\geqslant L>9$	$9\geqslant L>6$	$6\geqslant L>3.5$

旅客运输车辆等级划分

类型	特大型					大型					中型				小型			
等级	高三级	高二级	高一级	中级	普通级	高三级	高二级	高一级	中级	普通级	高二级	高一级	中级	普通级	高二级	高一级	中级	普通级

② 旅客运输车辆的使用要求

（1）从事高速公路客运或者营运线路长度在800公里以上的应达到一级技术等级；营运线路长度在400公里以上的应达到二级技术等级及以上；其他应达到三级及以上技术等级。

（2）从事高速公路客运、旅游客运和营运线路长度在800公里以上的客运车辆，其车辆类型等级应当达到行业标准《营运客车类型划分及等级评定》（JT/T 325）规定的中级以上。普通级的客车不能从事高速、旅游和线路在800公里以上的客运经营。

（3）禁止使用报废的、擅自改装的、拼装的、检测不合格的客车以及其他不符合国家规定的车辆从事道路客运经营。

四、道路旅客运输的基本环节

旅客运输主要包括售票、行包承运、候车服务、客车准备、检票上车、客车运行、到达下车、检票出站、交付行包及其他服务性工作。

① 售票

车票是旅客支付客车运费、乘车的凭证，是承运人与旅客之间的一种简易合同。售票通常有窗口售票、网上售票、预约售票、候车室售票、上门售票、设点售票、随车售票等。随车售票一般是由班车上的乘务员或驾驶员在旅客上车后或下车前发售车票。

② 行包承运

（1）行李、包裹（简称行包）运输是旅客运输的重要组成部分。行包须凭有效客票托运，且不能超越客票的有效行程和规定的质量。行包应由托运人包装完整牢固，行包中不得夹入危险品、易碎品、贵重品、禁运品等，以保证人民财产的安全。

（2）对旅客托运的行包应由站务工作人员查看包装、件数、标志以及有无危险品

等，并进行计量、开票、收费、填写标签以及将标签吊挂在每件行包上。

（3）根据行包随车联填好交接清单，对号点件装运，装载的先后次序应按先远后近，下重上轻的顺序均衡装载，装好后的行包要加盖雨布，系牢绳索。行包的交接运送是一个中间环节，要交接清楚，避免差错。

（4）客车到达后，驾驶员应与车站值班人员履行行包交接手续。托运人凭票提取行包时，应该核对提取单和标签，点明件数和查验质量，交付行包时由承运部门收回提取单。

（5）在中途无站点地方旅客提取行包时，驾乘人员须查对无误，方可将行包交付旅客并收回行包提取单。

3 候车、上车

组织旅客有序地上车，是旅客运输的一项重要工作。组织乘车是由站务员按售出车票的座位号组织旅客排队，然后顺序检票，引导旅客上车，对号入座。

（1）检票时对上车旅客持有的车票在确认车次、日期、到达站后剪票，剪票即表示旅客旅行的开始，运输企业即承担起旅客的旅行和安全的责任。检票也是检查旅客有无误乘、漏乘的必要手续。

（2）旅客上车就座后，驾乘人员应利用发车前的时间讲解乘车注意事项，讲解的内容包括本次班车的终点、中途停靠站、途中膳宿地点、正点发车时间、到达时间以及行车中的安全注意事项等。

（3）组织旅客乘车完毕后，车站值班站长或值班人员要对车辆的前、后、左、右、上、下作最后一次检查，确认安全和各项工作就绪后，发出放行信号，驾驶员得到信号后，即可起程。

④ 客车安全运行

（1）根据运输形式按照规定的路线、班次、站点和时间运行、停靠。运输过程中做到：安全、及时、经济、方便、舒适、文明。

（2）旅客运输车辆驾驶人员要遵守道路运输法律法规和道路运输驾驶员安全操作规程，安全驾驶，文明服务。不断提高业务知识、职业技能，自觉遵守职业道德。

（3）不得采用不正当的手段招揽旅客或强迫旅客乘车；不得擅自更换客运车辆或者敲诈旅客，不得中途将旅客交给他人运输或者甩客。

（4）严禁随车携带国家规定的禁运物品或危险物品，或在客运车辆上从事播放淫秽录像等不健康的活动。

⑤ 到站

班车到站，驾驶员要按值班人员指挥将车辆停放在适当地点，将行车路单、行包交接清单等有关资料交予站务人员，并向值班人员说明本站下车人数，点交本站的行包及公文、物品等。

五、道路旅客运输的基本要求

① 客运车辆要求

（1）车辆必须经过公安车辆管理部门定期安全审验合格，技术状况良好，无残损迹象，车容整洁；安装有运输管理部门统一制作的标示、标志灯和设施。

（2）车前风窗玻璃下侧放置运输管理部门统一制作的营运路线、区间标志和运输用途标志。

（3）客运车辆外部的适当位置喷印企业名称或标志，在车厢内公示运输管理机构监督电话、票价和里程表。

（4）从事班线客运的，要携带线路牌；从事包车客运的，要携带包车线路标志牌；从事旅游客运的，要携带旅游线路标志牌。

② 客运驾驶员安全驾驶行为要求

（1）严格遵守安全驾驶操作规程及客运管理等有关规定，认真进行车辆日常维护工作，确保车辆技术状况良好；保持车辆清洁和车内空气清新，保证车上消防等各项设施齐全有效。

（2）随车携带行驶证、驾驶证和道路运输证、从业资格证等有关证件，在规定位置放置客运标志牌；客运班车驾驶人员还应当随车携带道路客运班线经营许可证。

（3）遵守《汽车客运站安全生产管理规范》的有关规定,服从站内管理人员的指挥和管理，保证正点运行；行驶中遇有道路运输管理机构执法人员检查时应主动停车接受检查。

(4)协助乘务员组织旅客上车，装运行李，维护好乘车秩序，检查行李装捆情况，禁止乘客在门道或过道上放置行李；提醒乘客注意行车中的安全，不要将手和头部伸出窗外。

(5)按客车上车规范进入驾驶室后，系好安全带，调整好座椅和后视镜位置，并提醒旅客系好安全带。

(6)旅客上车坐稳后，查看仪表和车内设施的工作情况，确认车门关好；观察车外后视镜，注意车身两侧的障碍物，同时从室内后视镜观察旅客的情况；起步或停车时，应保持行驶平稳，以避免乘客受伤。

(7)行车中时刻将乘客的生命放在第一位，以乘客的生命安全为最高原则；严格遵守交通法律、法规，平稳驾驶，提前处理情况，避免紧急制动、急转转向盘、曲线行驶、频繁变道。

(8)转弯时，要考虑到车辆的平稳和乘客的舒适，提前减速，转动转向盘的幅度要小，转向过程应平缓，转弯速度尽量放慢。

(9)途中密切关注车辆技术状况，发现故障或安全隐患，应及时排除、维修，不得驾驶带病车辆继续行驶。

(10)行车中,遇道路上有凹凸沟槽时,应及时减速,低速缓慢通过,以免因车辆突然颠簸而伤害乘客。

(11)途中加注燃油前，必须选择远离加油站的安全地方让旅客下车等候，加完燃油后再组织旅客上车，并清点好车上人数；途中停车休息或就餐后必须核实乘客人数后方可开车。

(12)停车时要考虑到旅客的舒适和安全，提前减速，缓慢转动转向盘，使用行车制动器制动时不能过急，使车辆在停车过程中旅客无离心感，停住时旅客身体不前倾。

(13)车辆未停稳前不准开启车门；开门上下旅客前要注意车身右侧的移动障碍物，避免发生冲撞；同时，要提醒下车的旅客注意来往的车辆。

3 高速公路行车特别提示

（1）客车在高速公路行驶时，驾驶员要按规定系好安全带，乘客座椅设有安全带的客车，驾驶员要告知乘客，要求乘客也要系安全带。

（2）客车在高速公路行驶时，驾驶员和乘客不系安全带，安全隐患极大，一旦发生事故会增大伤亡，加重事故后果。

小知识

汽车安全带的作用

安全带能够有效保护驾驶员和乘客的生命，避免和减轻伤害。安全带有缓冲作用，车辆发生碰撞或紧急制动时，安全带预紧装置就会瞬间收束，绷紧佩带时松弛的安全带，将乘员牢牢地拴在座椅上，安全带的收束力度超过一定限度时，限力装置就会适当放松安全带，保持胸部受力稳定。调查表明，如果系了安全带，在发生正面碰撞时，死亡率可减少57%；发生侧面碰撞时，死亡率可减少44%；翻车或坠车时，死亡率可减少80%。

（3）客车在高速公路遇到左侧或者路肩有车辆突然超越时，如果急转转向盘避让，很容易发生翻车和严重碰撞事故。大型车遇到小型车超越后不减速，一旦前方小型车采取制动措施，驾驶员很容易措手不及，引发追尾或者倾翻事故。

（4）客车在高速公路遇到紧急情况，第一时间是采取制动措施，不得采取急转转向盘避让的方法，尤其是目前大多数客车都安装了ABS防抱死制动系统，采取制动不会发生侧滑和倾翻，能有效地避免发生事故，安全系数最大。

（5）大型客货车辆遇到小型车超越后，要及时减速，不得紧跟其后行驶，以免因小型车采取制动措施时，措手不及，引发追尾或者倾翻事故。

事故案例

2011年10月7日16时45分，一辆大型客车（旅游包车），核载53人，实载55人（含2名驾乘人员），自河北省保定市开往河北省唐山市，车上大部分都是过完国庆节长假返校的大学生，当大型客车行至天津市境内滨保高速公路60千米+700米处时，由于大型客车超速行驶、驾驶员疲劳驾驶，轿车驾驶员在超越大型客车时采取减速并两次左右调正方向，使两车横向距离较近，导致大型客车车身左侧前部与轿车右侧后部发生擦碰撞击后侧翻，压倒波形护栏并被切割，造成大型客车内34人当场死亡、1人经医院抢救无效死亡，19人受伤，两车不同程度损坏和部分公路设施损坏，直接经济损失2999433元。

货车载货严禁超宽，货物不得遮挡两侧后视镜，行车中要注意观察后视镜，变道或减速时要通过后视镜判断后方情况，确定安全后再操作。

（6）遇到其他车辆从左侧车道或者右侧路肩超越时，要握稳转向盘，保持行驶方向并及时减速，千万不要向一侧急转转向盘避让，做到让速还要让路。

4 客运驾驶员应急处置

（1）车辆在运输途中突然出现故障时，要迅速设法将车停到安全的地带。先向旅客说明抛锚的原因，稳定住旅客的情绪；同时尽快设法进行维修或设法转运旅客，确保旅客顺利到达目的地。

（2）行车中遇转向突然失控时，切勿使

用紧急制动，要告诉车上旅客不要惊慌，迅速抓住车内的固定物；随即轻踏制动踏板、轻拉驻车制动器操纵杆的方法，尽快使车辆停住。

（3）当车辆无法避免地要发生碰撞时,首先应考虑的是旅客的人身安全，在绝对保证乘客安全的前提下，选择碰撞的部位，尽力减轻对乘客造成的伤害。

（4）车辆发生火灾时，迅速打开乘客门、安全门或打破玻璃窗，让旅客快速离开车辆；组织旅客疏散时，要迎着来风的方向躲避，同时注意保护裸露的皮肤，不要张大嘴呼吸或高声呼喊。

（5）车辆行驶途中突然熄火时，要缓慢减速并逐渐驶向路边，同时提醒旅客不要紧张，待车辆停稳后，开启危险报警闪光灯，放置警告标志，排除故障后再继续行驶。

（6）车辆发生侧滑时，如果是因制动引起的立即松抬制动踏板；如果是转向或擦撞引起的，不可踩踏制动踏板减速，可一边通知乘客不要慌张，一边迅速向侧滑同方向转动转向盘，并及时回转，待控制住车辆行驶方向后逐渐停车，先稳定一下旅客的紧张情绪后再继续行驶。

（7）行车中发生爆胎时，迅速握紧转向盘，极力控制车辆直线行驶，并告知乘客发生了什么事情，同时轻踏制动踏板，使车辆缓慢减速，尽量使车辆平稳地停在路边。

(8) 车辆行驶途中突然出现制动失灵、失效后，无法用制动有效控制车速时，要果断地将车体向有障碍的一侧碰擦，并迅速通知车上乘客向另一侧或车中间靠拢，并要求乘客抓住车内固定物，迫使车辆停住；无论如何都要确保车辆不发生倾翻。

(9) 发生交通事故或车辆因故障不能离开道路时，首先设法让旅客迅速离开车辆，并组织乘客远离事故现场，选择安全的地方等待，以防发生二次事故。

(10) 运输过程中发生侵害旅客人身、财产安全的治安违法行为时，要冷静、沉着，在自身能力许可的情况下，及时向公安机关报告并配合公安机关及时终止治安违法行为。

(11) 遇到非常情况或者发生事故时，立即报警，尽快呼救、抢救伤员，保护好现场，及时组织旅客疏散。

小知识

全国长途客运班车建立安全告知制度

每一辆客车都要公布举报电话，接受群众监督；每一个班次都要采取多种形式向乘客告知安全规定和应急措施，充分利用群众监督的方式，促进客车安全运营。驾乘人员在开车前，必须向旅客说明运营途中的安全规定，把诸如客车定员、不能站外上客、不能超员、不能装运易燃易爆等危险品上车、出了事故怎么逃生，应急铁锤如何使用等安全规定和注意事项，详细地告知旅客，同时，必须在客运班车上公布举报电话，如有驾驶员违规行为，旅客可随即进行监督举报。

5 道路旅客运输中禁止的行为

(1) 驾驶客车不按批准的客运站点停靠或者不按规定的线路、公布的班次行驶。

(2) 采用不正当的手段招揽旅客。

(3) 运输途中擅自变更运输车辆或者将旅客移交他人运输。

(4) 驾驶客车时与他人进行交谈、吸烟、拨打或接听手持电话等分散注意力的活动。

(5) 伪造、变造或者使用伪造、变造的机动车驾驶证、道路运输证和从业资格证。

(6) 超载运行或者违反规定载货；在载客人数已满的情况下,搭乘超过核定载客人数10%的免票儿童。

6 行车日志的使用

行车日志是记录经营性道路旅客运输驾驶员每日运送旅客时，车辆的具体运行路线、运行时间、客运站安全检查情况、行经道路状况、中途停经驶离站点与时间、行车中车辆发生故障与事故、运行途中车辆检查与修理等情况的行车记录表。

经营性道路旅客运输驾驶员要按照各省的规定，规范填写行车日志的每一项内容，以便为驾驶员安全教育、驾驶员绩效安全考核提供翔实的记录。

六、危险化学品的识别

因旅客随身携带或者在行李中夹带违禁物品导致重大安全事故，造成严重后果的案例屡见不鲜，各类违禁物品是引发安全事故的主要危险源。客运站实行“三不进站、五不出站”制度，其中包括易燃、易爆和易腐蚀等危险品（俗称为三品）不进站的规定。

禁止乘客携带的易燃、易爆危险品和违禁物品

危险品类别	代表性物质	危害性
易燃易爆品	汽油、煤油、柴油、酒精、炸药、爆炸装置、雷管、烟花爆竹、油漆	受热、撞击、遇湿等外界作用，能发生剧烈的化学反应，瞬时发生爆炸或燃烧
剧毒品	农药、砒霜	吸入或皮肤接触后可能造成严重受伤、健康损害甚至死亡
腐蚀品	硫酸、硝酸、盐酸	接触时会造成严重受伤
放射性物质	夜光粉、发光剂、放射性同位素	轻者会造成细胞损伤、头晕、疲乏、脱发等；重者会引起白血病、癌变甚至死亡，或引起基因突变和染色体畸变
刀具、枪械	自制枪、制式枪、仿真枪、子弹、管制刀具、匕首、弹簧刀	制造抢劫、人身伤害事件

七、旅客运输合同

客运合同是承运人将旅客从起运地点运输到约定地点，旅客支付票款的合同。

1 承运人的义务

客运合同自承运人向旅客交付客票时成立，但当事人另有约定或者另有交易习惯的除外。合同生效后，承运人应当按照约定的或者通常的运输路线，在约定期间或者合理期间内将旅客运输到约定地点。

承运人要按照客票载明的时间和班次运输旅客，迟延运输的，要根据旅客的要求安排改乘其他班次或者退票。

承运人擅自变更运输工具而降低服务标准的，要根据旅客的要求退票或者减收票款；提高服务标准的，不应当加收票款。

承运人应当向旅客及时告知有关不能正常运输的重要事由和安全运输应当注意的事项。

承运人在运输过程中，要尽力救助患有急病、分娩、遇险的旅客。

2 旅客的义务

旅客持有效客票乘运。旅客无票乘运、超程乘运、越级乘运或者持失效客票乘运的，补交票款，承运人可以按照规定加收票款。旅客不交付票款的，承运人可以拒绝运输。

旅客因自己的原因不能按照客票记载的时间乘坐客车的，应在约定的时间内办理退票或者变更手续。逾期办理的，承运人可以不退票款，并不再承担运输义务。

旅客要按照约定的限量携带行李。超过限量携带行李的，另外办理托运手续。

旅客不得随身携带或者在行李中夹带易燃、易爆、有毒、有腐蚀性、有放射性以及有可能危及运输工具上人身和财产安全的危险物品或者其他违禁物品。旅客违反规定的，承运人可以将违禁物品卸下、销毁或者送交有关部门。旅客坚持携带或者夹带违禁物品的，承运人应当拒绝运输。

旅客要按规定支付票款或者运输费用。承运人未按照约定路线或者通常路线运输而增加票款或者运输费用的，旅客可以拒绝支付增加部分的票款或者运输费用。

3 赔偿责任划分

承运人对运输过程中旅客（适用于按照规定免票、持优待票或者经承运人许可搭乘的无票旅客）的伤亡承担损害赔偿责任，但伤亡是旅客自身健康原因造成的或者承运人证明伤亡是旅客故意、重大过失造成的除外。

在运输过程中旅客自带物品毁损、灭失，承运人有过错的，应当承担损害赔偿责任。旅客托运的行李毁损、灭失的，适用货物运输的有关规定。

客运经营者在运输过程中造成旅客人身伤亡，行李毁损、灭失，当事人对赔偿数额有约定的，依照其约定；没有约定的，参照国家有关港口间海上旅客运输和铁路旅客运输赔偿责任限额的规定办理。

八、承运人责任险

客运经营者要为旅客投保承运人责任

险。承运人责任险是一种责任保险，主要是指对客运经营者在运输过程中发生交通事故或者其他意外事故，致使旅客遭受人身伤亡或直接经济损失，依法由被保险人对旅客承担的赔偿责任，由保险公司在保险责任限额内给予赔偿。

承运人责任险的保险责任范围包括旅客人身伤亡赔偿、旅客财产损失赔偿、相关的法律诉讼费用三部分。承运人责任险的被保险人为承运人，承运人责任险的投保人是合法从事道路客运服务的承运人，保险受益人是旅客。

保险标的是被保险人在运输过程中发生意外事故，致使旅客遭受人身伤亡和直接财产损失依法所应承担的民事责任。一旦因交通意外事故造成乘客人身和财产损失，保险公司代表承运人承担赔偿责任，起到了既能对乘客的人身伤害和财产损失进行赔偿，保障乘客权益，又能使承运人的责任风险得以转嫁的双重作用。

按照《道路旅客运输及客运站管理规定》的要求，客运经营者应当为旅客投保承运人责任险。客运车辆未为旅客投保承运人责任险，或未按最低投保限额投保，或投保的承运人责任险已过期，未继续投保的，均将由县级以上道路运输管理机构责令限期投保。拒不投保的，原许可机关将吊销其道路运输经营许可证或者注销相应的经营范围。

第三节　旅客运输服务

一、班车客运服务

1 班车客运形式

（1）直达班车客运，是指由始发站直达终点站，中途只作必要的技术性、生活性间歇，但不上下旅客的班车。

（2）普通班车客运，分普快班车和普客班车。普快班车是指站距较长，沿途只停靠县、市及乡、镇等主要站点的班车。普客班车是指运距较短，停靠站点较多，配备随车乘务员的班车。

（3）加班车客运是班车客运的一种补充形式，在客运班车不能满足需要或者无法正常运营时，临时增加或者调配客车按客运班车的线路、站点运行的方式。

（4）农村客运班线，是指县内或者毗邻县间至少有一端在乡村的客运班线。

2 班车客运线路

班车客运的线路根据经营区域和营运线路长度分为以下四种类型：

（1）一类客运班线：地区所在地与地区所在地之间的客运班线或者营运线路长度在800公里以上的客运班线。

（2）二类客运班线：地区所在地与县之间的客运班线。

（3）三类客运班线：非毗邻县之间的客运班线。

（4）四类客运班线：毗邻县之间的客运班线或者县境内的客运班线。

③ 班车运行应遵守的规定

（1）客运班车应当按照许可的线路、班次、站点运行，在规定的途经站点进站上下旅客，无正当理由不得改变行驶线路，不得站外上客或者沿途揽客。

（2）经许可机关同意，在农村客运班线上运营的班车可采取区域经营、循环运行、设置临时发车点等灵活的方式运营。

（3）进站客运班车应当在发车30分钟前备齐相关证件进站等待发车，不得误班、脱班、停班。如果不按时派车辆应班，1小时以内视为误班，1小时以上视为脱班。 但因车辆维修、肇事、丢失或者交通堵塞等特殊原因不能按时应班、且已提前告知客运站经营者的除外。

（4）进站客运班车因故不能发班的，应当提前1日告知客运站经营者，双方要协商调度车辆顶班。对无故停班达3日以上的进站班车，客运站经营者应当报告当地道路运输管理机构。

④ 班车客运驾驶员应遵守的规定

（1）班车客运驾驶人员应当随车携带道路运输证、道路客运班线经营许可证明 、从业资格证等有关证件，在 规定位置放置客运标志牌。

（2）准时将客车驶入指定站位，做好旅客上车准备，并与车站服务人员和乘务员做好配合。

（3）旅客上车后，配合站务人员或乘务员共同检查旅客的人数和行李的装载情况，以免发生漏乘或出现差错。

（4）进站或到站时,应按指定的位置或站位平稳停车，并协助车站人员或乘务员组织旅客上、下车。

（5）行驶途中，每隔2小时左右休息一次，重新开车前须配合乘务员清点车上人数；客车驾驶员连续驾驶时间不得超过4小时。

（6）发车前向旅客介绍本次班车的班次，沿途停靠站和终点站，发车时间和到达时间，紧急出口的位置等行车安全注意事项。

二、包车客运服务

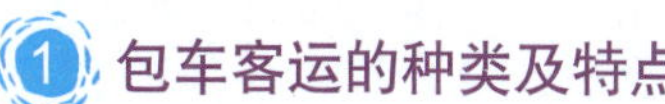

① 包车客运的种类及特点

（1）包车客运是将客车包租给用户安排使用，按行驶里程或包用时间计费的一种营运方式。按照其经营区域分为省际包车客运和省内包车客运，省内包车客运分为市际包车客运、县际包车客运和县内包车客运。

（2）包车客运应按照与包车人约定的时间、起始地、目的地和线路运行，并持有包车车票或包车合同。

（3）包车运送的是团体旅客，不能按班车模式定点、定线运行，不得招揽包车合同以外的乘客乘车。

（4）除道路运输管理机构下达的紧急包车任务以外，其线路一端必须是车籍所在地。

（5）单程的去程包车回程载客时，要向回程客源所在地县级以上道路运输管理机构备案。

（6）在客流高峰期运力不足时，道路运输管理机构可临时调用车辆技术等级不低于三级的营运客车和社会非营运客车开行包车或者加班车。

2 包车客运的服务要求

（1）包车人包车一般应事先向运输经营者预约，并填写“汽车旅客运输包车预约书”，办理包车手续。

（2）包车人要求变更使用包车的时间、地点或取消包车，须在使用前办理变更手续。

（3）运输经营者要求变更车辆类型、约定时间或取消包车，事先与包车人协商，经同意后，方能变更。

（4）运输经营者在客运车辆包用期间，要服从包车人的合理安排，保证车辆正常使用。

（5）包车必须使用包车票、包车行车路单，不得使用其他票种。

3 处罚规定

（1）客运包车不按约定的起始地、目的地和路线行驶的，由县级以上道路运输管理机构责令改正，并处以1000元以上3000元以下的罚款；情节严重的，由原许可机关吊销道路运输经营许可证或注销相应的经营范围。

（2）运输经营者自行变更车辆类型或未按约定时间供车，按违约或延误供车处理。

三、旅游客运服务

1 旅游客运的种类和特点

（1）旅游客运按营运方式分为定线旅游客运和非定线旅游客运；定线旅游客运按照班车客运管理，非定线旅游客运按照包车客运管理。

旅游客运的运送对象是以旅游观光为目的的旅客，运营线路必须是在旅游景区（点）内或者至少有一端在旅游景区(点)内，具有地域性、季节性较强，客流均衡性较差，服务对象对服务品质要求高的特点。

（2）非定线旅游客运是按照用户要求的线路、景点、时间，运送团体旅客，并停靠等待的旅游客运。

（3）定线旅游客运，在线路的一端组客，实行定线、定班、定时、定价、定载容量；一端是风景区，乘客随车返回。

（4）区域旅游车在风景旅游区开行，

没有固定线路和班次，在确定的区域内，根据旅游客流的变化，灵活地安排车辆。

② 旅游客运服务要求

(1) 旅游客运须有固定的发车点和游览点，旅游班车须按合理的线路行驶、停靠，并应保证乘客有足够的游览时间。

(2) 旅游客运的发车站点应设置旅游区线路图、旅游名胜简介、公布旅游车型、导游服务项目、食宿地点和食宿标准。

(3) 提供旅游综合服务的旅游客车上，应备有饮水、常用药等服务性物品，并根据实际情况，装配御寒或降温设备，随车配备导游人员。

(4) 提供旅游综合服务的旅游客运使用旅游客票，按旅客要求发售直达旅游客票或往返旅游客票，如代办食宿和其他服务的款项单独列出，载入旅游客票票面一并计收。无旅游综合服务的旅游客运，可使用班车客票。

(5) 提供旅游综合服务的旅游客运，退票须在开车前办理，退还原票款中运费部分，核收退票费，代办食宿和其他服务费用根据具体情况办理，对不予退还的，应在售票时公告。无旅游综合服务的旅游客运，退票按班车办理。旅客中途终止旅游的不予退票。

第四节 乘客心理与服务

客运服务一方面使乘客到达目的地，另一方面也要满足乘客在整个运营过程中的合理需要。服务质量和服务水平的优劣，体现满足乘客需要的程度。掌握乘客的心理和服务艺术，不仅有利于驾驶员与乘客之间的交流和相互理解，避免发生服务纠纷，而且能够了解不同层次乘客的需求，让服务变得更加人性化、多样化、差异化，真正实现以人为本的优质客运服务。

一、服务意识

服务意识是指道路客运工作人员在运营过程中所体现的为乘客提供热情、周到、主动服务的观念和愿望，源自工作人员的内心。在运营过程中，驾驶员或乘务员要提高

自己的角色认知能力，正确认识、处理与乘客的关系，树立“乘客是上帝”的服务理念，自觉形成为乘客提供优质服务的意识。

1 充分理解乘客的需求

对于乘客提出的要求，客运工作人员要根据自身的能力和条件，尽力给予解决。对乘客超出服务范围、但又正当的需求，尽量作为特殊服务予以满足。确实难以满足时，要向乘客解释清楚，表示歉意，取得乘客的谅解。

2 充分理解乘客的心态

乘客由于某种原因心情不佳时，往往容易激动，控制不住情绪，有时会因一件小事借题发挥迁怒于驾驶员或乘务员，甚至会大发雷霆。在这种情况下，驾驶员或乘务员要充分予以理解，用更好的服务耐心地去感化乘客。

3 充分理解乘客的误会

乘客来自五湖四海，文化、知识、修养等方面都有一定的差异。当乘客对道路客运的规则或服务不甚理解时，会对服务提出种种不合理的意见，甚至拒绝合作。遇到这种情况，驾驶员或乘务员要充分理解乘客的误会，耐心地向乘客做出真诚的解释，力求给乘客以满意的答复。

4 充分理解乘客的过错

遇到乘客有意找茬、强词夺理、甚至无理取闹时，驾驶员或乘务员要控制住情绪，充分理解乘客的过错。秉承“乘客就是上帝”的理念，宽宏大量，做好耐心细致的解释工作。让乘客真正感觉到驾驶员或乘务员得理让人，给自己留足了面子，从而停止自己的错误行为。

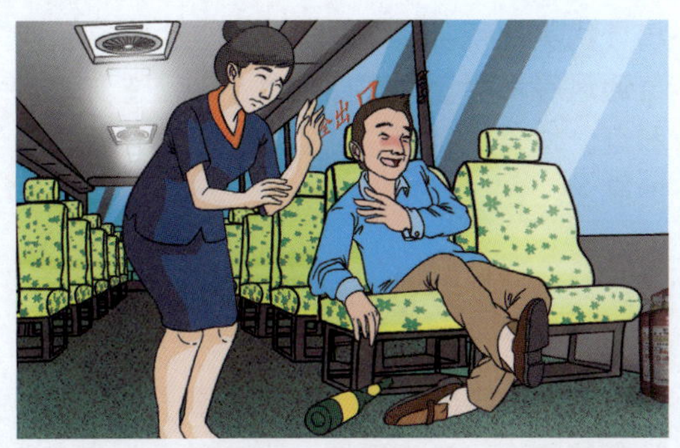

二、乘客的心理需求与服务

乘客的心理活动千差万别，心理需求也是多方面的，不同乘客之间有一些共性的心理特征和规律。驾驶员或乘务员应充分把握乘客的各种心理特征，灵活运用服务技巧，有效地提高服务质量和乘客的满意度。

① 安全心理

安全是乘客出行最基本的需要，乘客的安全包括生命安全、身体安全、财产安全、环境安全、心理安全等诸多方面。这些安全是建立在愉悦感、舒适感、满意感之上的。乘客上车之后，内心渴望能安全到达目的地，对驾驶员的驾驶技术和服务十分关注。

为了使乘客获得心理上的安全感，驾驶员要严格遵章守法，规范操作，控制好车速，保持车辆行驶平稳，避免紧急制动、急加速、急转向等危险行为，遇交通条件较差的路段，及时对乘客进行安全提示，让乘客感觉到驾驶员或乘务员时刻在关心着大家的安全。

② 目的指向心理

乘客出行都有一个预定的目的地，能够顺利到达目的地，是出行的心理取向，这种心理取向会伴随着整个乘车过程。为了满足乘客的目的指向心理，驾驶员要谨慎驾驶，保持客车安全平顺运行，解除乘客在车辆运行过程中所担心的问题，使乘客心理趋于平和。驾驶员要在上车前提醒，途中及时报站，防止乘客错过站。

③ 时间紧迫心理

乘客在时间上的心理要求普遍比较强烈，多数乘客在客车运行中都要计算时间和路程。一旦遇到堵车、车辆故障、交通事故等意外时，乘客的时间心理需求得不到满足，会感到沮丧不安，心焦烦躁，甚至演变成发怒。面对乘客的这种心理情绪，驾驶员或乘务员要重视乘客的心理需求，耐心解释，做好安慰工作，稳定乘客情绪。

4 希望受到尊重心理

乘客都有希望受到尊重的心理需求，尊重乘客也是道路客运服务的宗旨。驾驶员或乘务员要保持良好的服务心态，注重礼节，语言礼貌，态度和蔼，微笑服务，让乘客感到亲切和温馨，从心理上享受超值服务的满足感。忌用命令、催促、不耐烦的口吻，面部表情不能表现出轻视、满不在乎，更不能讽刺、挖苦乘客，用尊重乘客换取乘客的尊重和理解。

5 追求舒适心理

乘客在乘车时都有一种追求舒适的心理，乘车条件和乘车环境舒适，环境优美、整洁，车厢气氛和谐、融洽，能使乘客产生心理上的舒适感。明净的车窗、整洁的座椅、优美的视听系统、良好的卫生状况和换气通风等都会让乘客感到舒心。营造友爱、和谐、快乐的氛围，可以满足乘客心理舒适的需求。

三、突发疾病的应急处置

乘客在车内空气较差环境里，经长时间的颠簸旅途，容易诱发一些潜在的疾病，有些疾病需要得到及时的救助。常见的突发疾病和症状包括心肌梗塞、心绞痛、冠心病、房颤（心力衰竭），精神病、癫痫（精神失常、晕厥），肺炎、肺心病、慢性支气管炎、哮喘（呼吸困难），以及晕车、中暑、虚脱等。

1 一般病痛处置

途中出现一般病痛的乘客，要尽快靠边安全停车，配合乘务员主动探查病情，对乘客进行安慰，帮助做一些力所能及的工作。遇病危有生命危险的乘客，或旅客发生意外，病情无法控制应及时拨打急救电话，立即送往就近医院救治，同时向其他乘客做好解释工作，取得大家的谅解，并向公司领导

汇报情况。

 腹胸部病痛处置

乘客的腹部疼痛时，可采用在其膝盖下垫高的处理方法进行缓解。乘客腹部突然出现疼痛时，可让乘客保持半卧位，双髋关节屈曲，减少腹部肌肉的牵拉，就近送往医院救治。

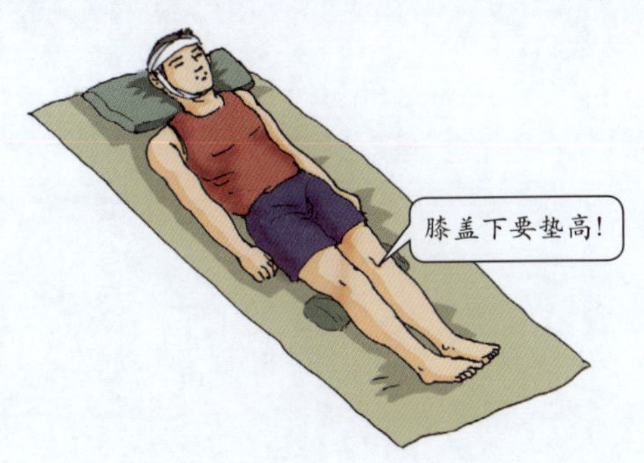

乘客胸部剧烈疼痛时，可让乘客保持半坐半躺位置，用布单或大毛巾加压包扎胸部，减少呼吸引起胸部大幅度起伏导致的刺激性疼痛，同时密切观察呼吸、脉搏的变化，就近送往医院救治。有心脏病和肺病的乘客出现呼吸困难时，可保持半坐半躺位置，没有医生的嘱咐，不要乱服药。

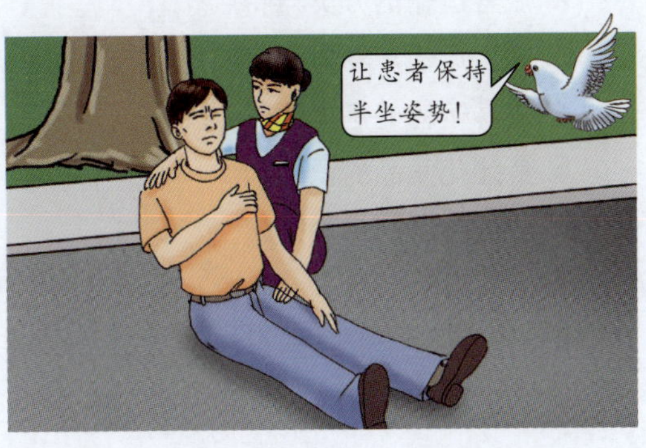

本章学习要点

1. 客运经营的有关规定及内涵。
2. 旅客运输的分类与特点。
3. 旅客运输车辆类型与使用。
4. 旅客运输的基本环节与要求。
5. 危险化学品的识别。
6. 客运合同与保险知识。
7. 班车客运、包车（旅游）客运的服务要求。
8. 乘客心理与服务知识。

第六章

道路货物运输知识

道路货物运输是以载货车辆为主要工具，将货物运抵目的地的活动。道路货物运输是向运输需求者提供服务的过程，可根据客户的要求，实现“门到门”服务，运输形式方便、灵活，运输过程要求迅速、准确、完整、安全。安全、及时、完整、方便、经济是道路货物运输质量的基本要求。

第一节 道路货物运输相关规定

道路货物运输经营，是指为社会提供公共服务、具有商业性质的道路货物运输活动。

道路货物专用运输，是指使用集装箱、冷藏保鲜设备、罐式容器等专用车辆进行的货物运输。

集装箱运输车辆　冷藏运输车辆

罐式容器运输车辆

道路货物运输经营者要依法经营、诚实守信、公平竞争。道路货物运输管理要公平、公正、公开和便民。

鼓励道路货物运输实行集约化、网络化经营。鼓励采用集装箱、封闭厢式车和多轴重型车运输。

交通运输部主管全国道路货物运输管理工作。县级以上地方人民政府交通主管部门负责组织领导本行政区域的道路货物运输管理工作。县级以上道路运输管理机构具体实施本行政区域的道路货物运输和管理工作。

一、道路货运经营许可

1 申请条件

申请从事货运经营的条件

申请内容	具备的条件
货运经营企业（者）	●有与其经营业务相适应并经检测合格的车辆 ●有符合从事货运经营规定条件的驾驶人员 ●有健全的安全生产管理制度
货运经营驾驶人员	●取得相应的机动车驾驶证 ●年龄不超过60周岁 ●经设区的市级道路运输管理机构对有关货运法律法规、机动车维修和货物装载保管基本知识考试合格

2 受理申请机构

申请从事道路货物运输经营的，应当向县级道路运输管理机构（不含设区的市所属区运输管理机构，下同）提出申请，并提供规定的材料。

3 经营许可

货运经营许可程序：申请—审查—许可或不许可。

（1）向具有审批权的交通主管部门或道路运输管理机构进行申请并提交规定的材料。

（2）道路运输管理机构对道路货运经营申请予以受理的，自受理之日起20日内作出许可或者不予许可的决定。

（3）道路运输管理机构对符合法定条件的道路货物运输经营申请作出准予行政许可决定的，出具《道路货物运输经营许可决定书》，明确许可事项；在10日内向被许可人

颁发道路运输经营许可证。

(4) 对道路货物运输经营不予许可的，向申请人出具《不予交通行政许可决定书》。

(5) 被许可人按照承诺书的要求购置运输车辆。购置车辆或者已有车辆经道路运输管理机构核实并符合条件的，道路运输管理机构向投入运输的车辆配发道路运输证。

4 被许可人（货运经营者）

(1) 持道路运输经营许可证依法向工商行政管理机关办理有关登记手续。

(2) 设立子公司的，向设立地的道路运输管理机构申请经营许可；设立分公司的，向设立地的道路运输管理机构报备。

(3) 需要终止经营的，在终止经营之日30日前告知原许可的道路运输管理机构，并办理有关注销手续。

(4) 变更许可事项、扩大经营范围的，按有关许可规定办理；变更名称、地址等，向作出原许可决定的道路运输管理机构备案。

二、货运管理

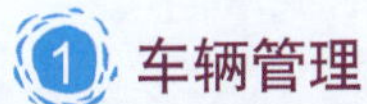

1 车辆管理

(1) 道路货物运输经营者要建立车辆技术管理制度，按照国家规定的技术规范对货运车辆进行定期维护，确保货运车辆技术状况良好；货运车辆的维护作业项目和程序应当按照国家标准《汽车维护、检测、诊断技术规范》（GB 18344—2001）等有关技术标准的规定执行。

(2) 严禁任何单位和个人为道路货物运输经营者指定车辆维护企业；车辆二级维护

执行情况不得作为路检路查项目。

(3) 道路货物运输经营者要定期进行货运车辆检测，车辆检测结合车辆定期审验一并进行；县级以上道路运输管理机构定期对货运车辆进行审验，每年审验一次。

(4) 道路货物运输经营者和县级以上道路运输管理机构分别建立货运车辆技术档案和管理档案，并妥善保管。对相关内容的记载应当及时、完整和准确，不得随意更改。

(5) 道路货物运输车辆办理过户变更手续时，道路货物运输经营者要将货运车辆技术档案完整移交；县级以上道路运输管理机构对经营者车辆技术档案建立情况实施监督管理。

(6) 道路货物运输经营者对达到国家规定的报废标准或者经检测不符合国家强制性标准要求的货运车辆，及时交回道路运输证，不得继续从事道路货物运输经营。禁止使用报废的、擅自改装的、拼装的、检测不合格的和其他不符合国家规定的车辆从事道路货物运输经营。

② 经营管理

(1) 道路货物运输经营者要按照道路运输经营许可证核定的经营范围从事货物运输经营，不得转让、出租道路运输经营许可证。

(2) 道路货物运输经营者要对从业人员进行经常性的安全、职业道德、相关法规教育和业务知识、操作规程培训。

(3) 道路货物运输经营者要按照国家有关规定在其重型货运车辆、牵引车上安装使用卫星定位系统，并采取有效措施，防止驾驶人员连续驾驶时间超过4小时。

(4) 道路货物运输经营者要聘用持有从业资格证的驾驶人员，要求驾驶与其从业资格类别相符的车辆，并随车携带道路运输证。道路运输证不得转让、出租、涂改、伪造。驾驶营运车辆时，要随身携带从业资格证。

(5) 运输的货物要符合货运车辆核定的载质量，载物的长、宽、高不得违反装载要求。禁止货运车辆违反国家有关规定超限、超载运输。禁止使用货运车辆运输旅客。

（6）道路货物运输经营者运输大型物件，要制订道路运输组织方案。涉及超限运输的按照交通运输部颁布的《超限运输车辆行驶公路管理规定》办理相应的审批手续。

（7）从事大型物件运输的车辆，按照规定装置统一的标志和悬挂标志旗；夜间行驶和停车休息时，应当设置并开启标志灯。

（8）道路货物运输经营者在受理法律、行政法规规定限运、凭证运输的货物时，查验并确认有关手续齐全有效后方可运输；不得运输法律、行政法规禁止运输的货物。

（9）道路货物运输经营者不得采取不正当手段招揽货物、垄断货源；不得阻碍其他货运经营者开展正常的运输经营活动；道

路货物运输经营者要采取有效措施，防止货物变质、腐烂、短少或损失。

（10）道路货物运输经营者要制订有关交通事故、自然灾害、公共卫生以及其他突发公共事件的道路运输应急预案；发生交通事故、自然灾害、公共卫生以及其他突发公共事件，道路货物运输经营者要服从县级以上人民政府或者有关部门的统一调度、指挥。

（11）道路货物运输经营者要严格遵守国家有关价格的规定，不得恶意压价竞争。

三、货运经营行为规定

（1）货运经营者不得运输法律、行政法规禁止运输的货物；法律、行政法规规定必须办理有关手续后方可运输的货物，货运经营者应当查验有关手续。

（2）国家鼓励货运经营者实行货箱封闭式运输，保证环境卫生和货物运输安全。运输货物应当采取必要措施，防止货物脱落、扬撒等；运输危险货物应当采取必要措施，防止危险货物燃烧、爆炸、辐射、泄漏等。

四、货运经营者的处罚规定

对货运经营者的处罚由县级以上道路运输管理机构负责执行。

(1) 有下列行为之一的，责令停止经营；有违法所得的，没收违法所得，处违法所得2倍以上10倍以下的罚款；没有违法所得或者违法所得不足2万元的，处3万元以上10万元以下的罚款；构成犯罪的，依法追究刑事责任。

未取得道路货物运输经营许可，擅自从事道路货物运输经营的；

使用失效、伪造、变造、被注销等无效的道路运输经营许可证件从事道路货物运输经营的；

超越许可的事项，从事道路货物运输经营的。

(2) 非法转让、出租道路运输经营许可证件的，由县级以上道路运输管理机构责令停止违法行为，收缴有关证件，处2000元以上1万元以下的罚款；有违法所得的，没收违法所得。

(3) 取得道路货物运输经营许可的道路货物运输经营者使用无道路运输证的车辆参加货物运输的，由县级以上道路运输管理机构责令改正，处3000元以上1万元以下的罚款。

(4) 不按照规定携带道路运输证的，由县级以上道路运输管理机构责令改正，处警告或者20元以上200元以下的罚款。

(5) 已不具备开业要求的有关安全条件、存在重大运输安全隐患的，限期责令改正；在规定时间内不能按要求改正且情节严重的，由原许可机关吊销道路运输经营许可证或者吊销其相应的经营范围。

(6) 有下列情形之一的，责令改正，处1000元以上3000元以下的罚款；情节严重的，由原许可机关吊销道路运输经营许可证或者注销其相应的经营范围：

①强行招揽货物的；

②未采取必要措施防止货物脱落、扬撒的。

(7) 不按规定维护和检测运输车辆的，责令改正，处1000元以上5000元以下的罚款。

(8) 擅自改装或者使用擅自改装已取得道路运输证的车辆的，责令改正，处5000元以上2万元以下的罚款。

(9) 有下列行为之一的，责令限期整改，整改不合格的，予以通报：

①没有建立货运车辆技术档案的；

②没有按照国家有关规定在货运车辆上安装行驶记录仪的；

③大型物件运输车辆不按规定悬挂、标明运输标志的；

④发生公共突发性事件，不接受当地政府统一调度安排的；

⑤因配载造成超限、超载的；

⑥运输没有限运证明物资的；

⑦未查验禁运、限运物资证明，配载禁运、限运物资的。

第二节 道路货物运输基本知识

道路货物运输基本知识，主要包括货物运输的分类及特点、甩挂运输特点及其要求、危险化学品的分类及常见危险化学品；货物运输车辆类型与技术要求、运输基本环节与运输质量要求；货运合同与保险、保价知识。

一、道路货物运输的分类与特点

道路货物运输根据货物类型和运输车辆的不同，可分为不同的运输类型。

1 道路货物运输的分类

道路货物运输经营，是指为社会提供公共服务、具有商业性质的道路货物运输活动，包括道路普通货物运输、道路货物专用运输、道路大型物件运输和道路危险货物运输。

道路普通货运是指因货物本身的性质普通，在装卸、运送、保管过程中对运输车辆没有特殊要求的货物运输方式。普通货物分为三等：一等货物，多为价值较低的堆积货物，如砂石、土渣等；二等货物，多为一般的工农业产品和加工过的矿产品，如木材、水泥、钢筋、煤等；三等货物，多为价值较高的工业制品和普通鲜活物品，如橡胶制品、医疗器具、水产品等。

道路货物专用运输，是指使用集装箱、冷藏保鲜设备、罐式容器等专用车辆进行的货物运输方式。集装箱运输，是指汽车承运载货集装箱或空载集装箱的运输。冷藏保鲜专用运输，是指使用保温、冷藏专用运输车辆，运送对温度有特别要求的货物运输，如运输新鲜蔬菜、水果、乳制品、海鲜、冻肉等物品。罐式容器专用运输，是指使用与运输货物相适应的专用容器的运输车辆，运送无包装的液体货物或颗粒状、粉末状、加压储存的货物的运输，如运输散装水泥、混凝土、液化石油气等物品。

道路大型物件运输，是指汽车运载具有超长、超高、超宽或质量超重等特点的大型物件的运输方式。大型物件按其外形尺寸和质量（含包装和支承架）分成四级，大型物件的级别按其长、宽、高及质量四个条件中级别最高的确定。

大型物件级别

级　别	标　准			
	按长度计	按宽度计	按高度计	按质量计
一级	≥14米且＜20米	≥3.5米且＜4.5米	≥3米且＜3.8米	≥20吨且＜100吨
二级	≥20米且＜30米	≥4.5米且＜5.5米	≥3.8米且＜4.4米	≥100吨且＜200吨
三级	≥30米且＜40米	≥5.5米且＜6.0米	≥4.4米且＜5米	≥200吨且＜300吨
四级	40米及以上	6米及以上	5米及以上	300吨及以上

2 道路货物运输的特点

（1）运输区域广。道路货物运输线路密集、运输区域广，是城市与城市、城市与乡村、乡村与乡村之间联系的主要货物运输形式，能服务到社会生产和生活的各个角落。

（2）运输组织多样。道路货物运输可以满足各种形式的货运需要，在运用上既可完成小批量运输任务，又能随时集结承担大批量突击性运输任务。既适合于中短途运输，也能在一定程度上满足长距离的货运需求。

（3）适应性强。道路货物运输车辆能在高速公路、山区及高原地带、严寒酷暑季节、风雪与雾中运行，受地理条件、气候、干旱等限制较小。在抢险救灾，运送紧急物资方面具有不可替代的作用。

（4）机动、灵活、便利。货运汽车多样，单车运量小，运输灵活，车辆随站点分布，线路交织成网，车辆来去方便，调度上可随机而动。此外，所承运的货物既可在加固场站、港口、码头装卸，又可以在街头巷尾、农村集镇、农贸市场等就地装卸，实行门到门运输。

（5）适合联合运输。在开展联合运输中，由于汽车的适应性和灵活性强，既可开展公路—铁路、公路—水运、公路—航空等的联合运输，又可开展铁路、公路、水运、航空运输等两端的多种运输方式的联合运输。汽车运输本身还可开展干支线连接运输、区域联运、跨省联运等。

二、甩挂运输特点及其要求

甩挂运输，是指牵引车按照预定的运行计划，在货物装卸作业点甩下所拖的挂车，换上其他挂车继续运行的运输组织方式。

1 甩挂运输特点

甩挂运输在国际上得到了广泛的推广应用，已经成为非常普遍的先进运输组织方式。甩挂运输与传统运输方式相比，有以下特点：

（1）有利于减少装卸等待时间，加速牵引车周转，提高运输效率和劳动生产率。

（2）有利于减少车辆空驶和无效运输，降低能耗和废气排放。

（3）有利于节省货物仓储设施，方便货主，减少物流成本。

（4）有利于组织水路滚装运输、铁路驼背运输等多式联运，促进综合运输建设。

2 甩挂运输的基本组织形式

（1）一线两点、两端甩挂。是指汽车列车短途往复运行于两个装卸作业站点之间，在装卸作业站点各配备一定数量的周转挂车，汽车列车在线路两端的装卸作业站点均实行甩挂作业的运输组织形式。适用于装卸作业地点固定、货运量较大的运输线路。

（2）一线多点、沿途甩挂。是指汽车列车在始发站按照卸货作业地点的先后次序，编挂汽车列车。采用这一组织形式时，在沿途有货物装卸作业站点，甩下汽车列车的挂车或挂上预先准备好的挂车直至运行到终点站。汽车列车在终点站整列卸载后，沿原始线路返回，经由原甩挂作业站点时，挂上预先准备好的挂车或甩下汽车列车上的挂车，直至运行到始发站。适用于装货地点集中、卸货地点分散或者卸货地点集中、装货地点分散，且货源比较稳定的运输线路。

（3）多线一点、轮流拖带。是指在装（卸）集中的站点配备一定数量周转挂车，在没有牵引车到达的时间内，预先装（卸）好周转挂车的货物，某线路上行驶的汽车列车到达后，先甩下挂车，然后挂走预先装（卸）好的挂车返回原卸（装）地点，进行整列卸（装）的挂车运输组织形式。适用于发货点集中、卸货点分散，或卸货点集中、装货点分散的运输线路。

（4）循环甩挂。是指在车辆循环运输的基础上，进一步组织甩挂运输，要求在闭合循环回路的各装卸作业站点配备一定数量的周转挂车，汽车列车每到达一个装卸作业站点便甩下所带挂车，装卸人员集中力量完成该挂车的装卸作业，然后牵引车挂上预先准备好的挂车继续行驶。适用于货运量较大且货流稳定的路线。

3 甩挂运输组织要求

（1）牵引车与挂车的组合不受地区、企业、号牌不同的限制，但牵引车的准牵引总质量应与挂车的总质量相匹配。

（2）牵引车与挂车之间的电缆连接器、气制动连接装置、ABS系统形式及接口应符合规定且相匹配。挂接后，检查灯光信号、制动系统工作是否正常，检查牵引车与挂车之间的匹配高度、回转间隙是否符合要求。

（3）组织甩挂运输应有周密的运行作业计划，最好绘制牵引车运行图，并加强对甩挂运输的调度工作。

（4）在运行和装卸作业中，在机件设备、驾驶操作、甩挂作业等方面都必须严格按规范操作，遵守现场的监督和指挥。

三、危险化学品的分类及常见危险化学品

依据国家标准《危险货物品名表》（GB 12268）和《危险货物分类和品名编号》（GB 6944），按危险货物具有的危险性或最主要的危险性，将危险化学品分为爆炸品、气体、易燃液体、易燃固体、氧化物质、毒性物质、放射性物质、腐蚀性物质和杂类等九类。

① 爆炸品

爆炸品是指在外界作用下(如受热、撞击等)，能发生剧烈的化学反应，瞬时产生大量的气体和热量，使周围压力急剧上升，发生爆炸，对周围的环境造成破坏的物品，如火药、炸药、起爆药、雷管、引信、弹药、烟花爆竹等。主要危险是爆炸性。

② 气体

根据气体的性质可将气体分为易燃气体、非易燃无毒气体和毒性气体三类：

（1）易燃气体，是指在常压下遇明火、高温即会发生燃烧或爆炸，燃烧时其蒸气对人畜有一定的刺激毒害作用的气体，如氢、一氧化碳、乙炔、氯甲烷等。主要危险是易燃、爆炸。

（2）非易燃无毒气体，是指温度在20℃以下，压力不低于280千帕情况下运输的气体或深冷液化气体，如液化石油气、压缩天然气、氧气等。主要危险是爆炸。

（3）毒性气体，是指其毒性或腐蚀性会危害人体健康的气体，如液氯、催泪瓦斯等。主要危险是有毒。

为了便于储运和使用，常常将气体高压压缩充装于钢瓶内，由于各种气体的性质不同，有的呈气态，有的呈液态，前者称之为压缩气体，后者称为液化气体。

③ 易燃液体

易燃液体是指在其闪点温度时，放出易燃蒸气的液体或液体混合物，或是在溶液或悬浮液中含有固体的液体，如汽油、柴油、煤油、乙醇、二氧化硫、各种涂料等。主要危险是其挥发性蒸气导致燃烧和爆炸，甚至可通过皮肤、消化道和呼吸道进入人体，产生腐蚀、中毒的后果。

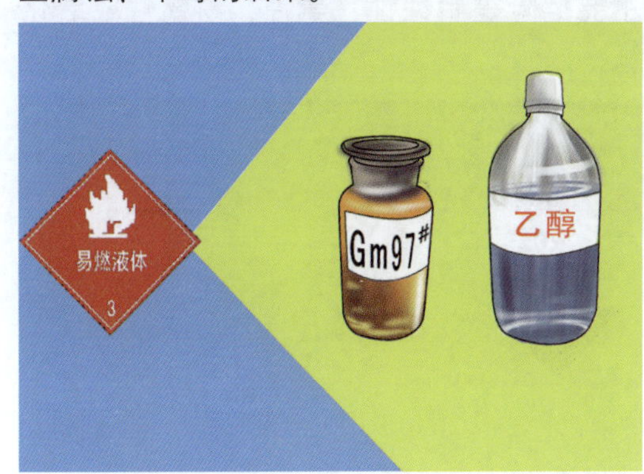

④ 易燃固体、易于自燃的物质、遇水放出易燃气体的物质

(1) 易燃固体是指燃点低，对热、撞击、摩擦敏感，易被外部火源点燃，燃烧迅速，并可能散发出有毒烟雾或有毒气体的固体物质，如硫黄、火柴等。主要危险是易燃性和爆炸性。

(2) 易于自燃的物质是指自燃点低，在空气中易于发生氧化反应，放出热量而自行燃烧的物品，如黄磷、镁、油纸等。主要危险是易燃性和爆炸性。

(3) 遇水放出易燃气体的物质是指遇水或受潮时，发生剧烈化学反应，放出大量的易燃气体和热量的物品，如电石、钠等。主要危险是易燃性、腐蚀性、毒害 性和爆炸性。

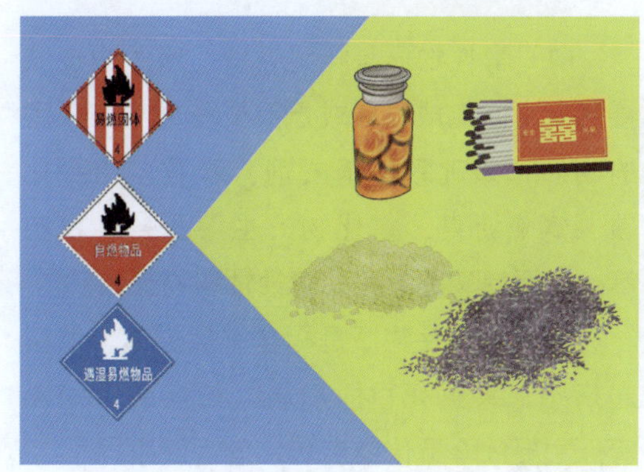

⑤ 氧化性物质和有机过氧化物

(1) 氧化性物质是指自身不一定可燃，但可以放出氧气而有助于其他物质燃烧的物质，如硝酸钾、氯酸钾等，如过氧化氢（双氧水）、过氧化钠、次氯酸钙、氯酸钾、硝酸钾等。主要危险是氧化性、助燃性、爆炸性、毒害性和腐蚀性。

(2) 有机过氧化物是指含有过氧基的有机物，其本身易燃易爆，极易分解，对热、振动或摩擦较敏感的物质，如过氧化二苯甲酰、过氧化乙基甲基酮等。主要危险是氧化性、助燃性、爆炸性、毒害性和腐蚀性。

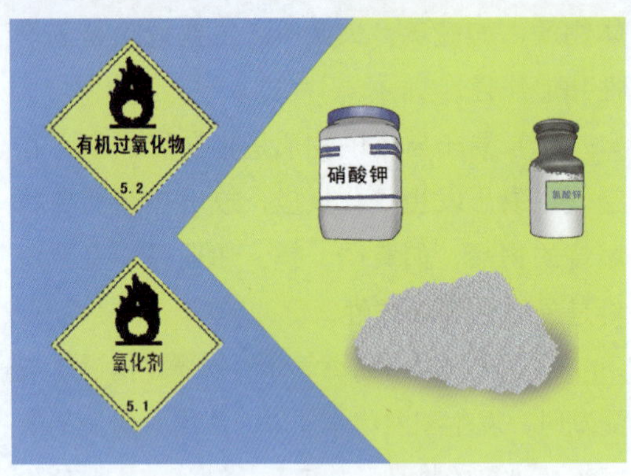

⑥ 毒性物质和感染性物质

（1）毒性物质是指经吞食、吸入或皮肤接触后可能造成死亡或严重受伤或健康损害的物质，如砒霜、杀虫剂、苯胺、四氯化碳、煤焦沥青、氰化物、生漆及各种农药等。主要危险是毒性、腐蚀性和易燃性。

（2）感染性物质是指含有病原体，能引起病态，甚至死亡的物质，如病菌、病毒等。主要危险是传染疾病，危害健康。

⑦ 放射性物质

放射性物质是指能够自发地、不断地向周围放出穿透力很强、而人的感觉器官不能察觉的射线的物质，如镭、铊、硼等。主要危险是辐射污染，最终使人员受到辐射伤害，能使人患放射性疾病，甚至死亡。

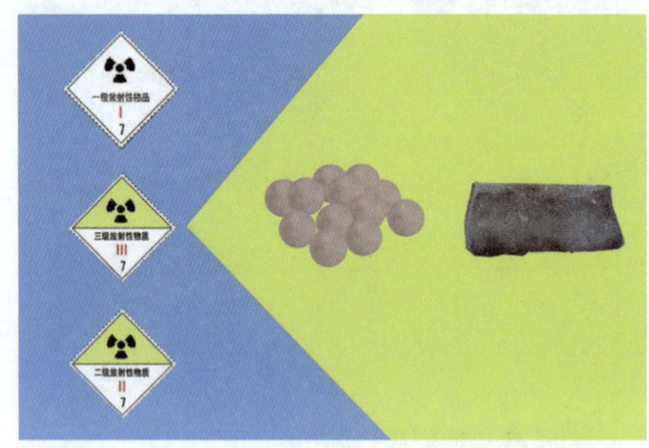

⑧ 腐蚀性物质

腐蚀性物质是指接触生物组织时通过化学作用使其严重损伤，或在渗漏时会严重损害甚至毁坏其他货物或运载工具的物质，如酸性物品（硫酸、硝酸、盐酸、冰醋酸）、碱性物品（氢氧化钠、碳酸钠）、甲醛等。主要危险是腐蚀性、毒性、易燃性或氧化性。

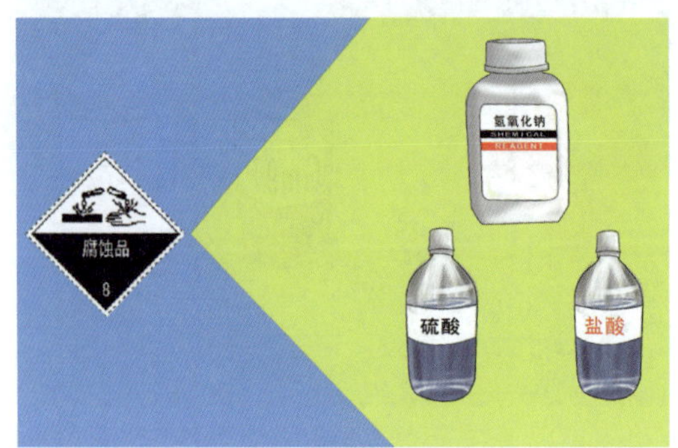

⑨ 杂项危险物质和物品

杂项危险物质和物品是指不属于上述8类危险性物质，但具有磁性、麻醉、毒害或其他类似性质，能使人情绪烦躁或不适，以致影响行车和飞行安全的物品，如永久磁铁、干冰、榴莲、大蒜油等。

四、货物运输车辆类型与技术要求

货物运输车辆是指设计和技术特性上主要用于载运货物或牵引挂车的汽车，包括以载运货物为主要目的的专用汽车。

1 货车与挂车类型

根据结构不同，常见的道路货物运输车辆包括：

（1）普通载货汽车，是指载货部位的结构为栏板的载货汽车，不包括具有自动倾卸装置的载货汽车。

（2）厢式货车，是指载货部位的结构为封闭厢体且与驾驶室各自独立的载货汽车。

（3）封闭货车，是指载货部位的结构为封闭厢体且与驾驶室联成一体，车身结构为一厢式的载货汽车。

（4）罐式货车，是指载货部位的结构为封闭罐体的载货汽车。

（5）平板货车，是指载货部位的地板为平板结构且无拦板的载货汽车。

（6）集装箱车，是指载货部位为框架结构且无地板，专门运输集装箱的载货汽车。

（7）自卸货车，是指载货部位具有自动倾卸装置的载货汽车。

（8）半挂牵引车，是指不具有载货结构、专门用于牵引半挂车的汽车。

（9）汽车列车，是指由一辆汽车与一辆或多辆挂车组成的机动车。

货车按照总质量可分为：

（1）轻型载货汽车，总质量不超过4500千克的载货车辆。

（2）中型载货汽车，总质量大于等于4500千克且小于12000千克的载货车辆。

（3）重型载货汽车，总质量大于等于12000千克的载货车辆。

挂车按照总质量可分为：

（1）轻型挂车，总质量不超过4500千克的挂车。

（2）中型挂车，总质量大于等于4500千克且小于12000千克的挂车。

（3）重型挂车，总质量大于等于12000千克的挂车。

2 货车技术要求

车辆技术性能应当符合国家标准《营运车辆综合性能要求和检验方法》（GB 18565）的要求。车辆外廓尺寸、轴荷和载质量应当符合国家标准《道路车辆外廓尺寸、轴荷及质量限值》（GB 1589）的要求。

(1）从事冷藏保鲜、罐式容器等专用运输的，具有与运输货物相适应的车辆，专用容器、设备、设施应当安装在专用车辆上。

(2）从事集装箱运输的，具有与运输集装箱相适应的车辆，车辆还应当有加固集装箱的转锁装置。

(3）从事大型物件运输经营的，具有与所运输大型物件相适应的超重型车组；超重型车组是指运输长度在14米以上或宽度在3.5米以上或高度在3米以上的货物的车辆，或者运输质量在20吨以上的单体货物或不可解体的成组（捆）货物的车辆。

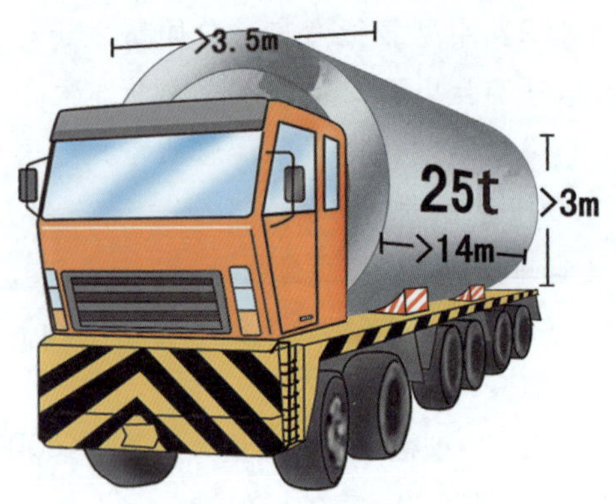

3 道路运输车辆的改装

1）已取得道路运输证车辆的改装

已获得道路运输证的车辆确需改装的，道路运输经营者事先获得有关部门的批准，交由合法改装企业实施车辆改装作业。改装完毕后，道路运输经营者到有关部门办理车辆行驶证变更手续，并经车辆综合性能检测合格后，到交通主管部门和道路运输管理机构办理道路运输证变更手续。

在不影响安全和识别号牌的情况下，道路旅客运输经营者允许自行决定对小型、微型旅客运输车辆加装前后防撞装置、增加车内装饰。

2）非法改装道路运输车辆

非法改装道路运输车辆，是指未经有关部门批准，擅自改变已获得道路运输证车辆结构、构造或者特征的车辆。

主要包括：

(1）擅自改变车辆类型或用途。指擅自将客车改为货车、货车改为客车、普通货车改为专用货车、专用货车改为普通货车、卧铺客车改为座位客车、座位客车改为卧铺客车。

(2）擅自改变车辆颜色。指擅自将驾驶室和车身改为与原车辆不同的外观颜色。

(3）擅自改变车辆主要总成部件。指擅自更换与原车型不一致的发动机、变速器、前桥、后桥或者车架；擅自更换车辆的车身或者罐车罐体；擅自改变车辆悬架形式(空气悬架、复合悬架、钢板弹簧式悬架等悬架形式之间的改变)。

(4）擅自改变车辆外廓尺寸或者承载限值。指擅自加高、加宽、加长、拆除货箱栏板或者增加车辆外廓尺寸；擅自增加或者减少轮胎数量；擅自增加或者减少车轴数量；擅自增加客车座位或者卧铺铺位。

非法改装道路运输车辆，将破坏车辆本

身的结构和性能，给车辆行驶带来安全隐患，同时会造成道路运输市场的不公平竞争，不利于道路运输市场健康协调发展，危害很大。

3）对非法改装道路运输车辆的处罚规定

《中华人民共和国道路运输条例》第七十一条第二款规定：客运经营者、货运经营者擅自改装已取得车辆营运证的车辆的，由县级以上道路运输管理机构责令改正，处5000元以上2万元以下的罚款。

五、道路货物运输基本环节

道路货物运输基本环节包括运输合同的订立、货物托运、货物受理、货物搬运装卸、货物的交接等环节。

1 合同的订立

货物运输合同采用书面形式、口头形式和其他形式订立。书面形式合同种类分为定期运输合同、一次性运输合同、道路货物运单。货物运输合同由承运人和托运人本着平等、自愿、公平、诚实、信用的原则签订。

2 货物托运

填写运单、办理准运手续。已签订定期运输合同或一次性运输合同的，由承运人填写运单，并在运单托运人签字盖章处填写合同序号。未签订定期运输合同或一次性运输合同的，由托运人填写运单。托运的货物品种不能在一张运单内逐一填写的，应填写“货物清单”。托运货物的名称、性质、件数、质量、体积、包装方式等，应与运单记载的内容相符。

小知识

运单的内容包括：

(1) 货物名称、质量、数量、体积；

(2) 货物包装；

(3) 托运人、收货人、承运人名称及其详细地址、邮政编码、电话号码；

(4) 装货地点、卸货地点；

(5) 运输日期；

(6) 运输费用和费用结算方式；

(7) 货物价值，是否保价、保险；

(8) 运输要求和特约事项。

3 货物受理

承运人受理整批或零担货物时，要核对实际货物与运单记载的货物名称、数量、包装方式等是否相符，核对无误，方可办理交接手续。发现与运单填写不符或可能危及运输安全的，不得办理交接手续。

承运人运输拼箱货物前，要核对货物名称、数量、质量、体积是否与运单填写内容相符；检查货物包装是否良好，发现不符合规定或可能危及安全运输的，不得承运；包装轻度破损，托运人坚持装箱起运的，需经承运人同意，做好记录，签字盖章后，方可承运，其后果由托运人负责。

承运人运输整箱货物前，要核对箱号，检查箱体和封志，发现箱体损坏或铅封脱落，需经交接人及封志监管单位签认或重新施封后，方可起运。

承运人受理凭证运输或需有关审批、检验证明文件的货物后，在有关文件上注明已托运货物的数量、运输日期，加盖承运章、并随货同行，以备查验。

承运人应当根据受理货物、集装箱货物、集装箱箱型和集装箱总质量的情况，合理安排运输车辆，货物装载质量以车辆额定吨位为限，轻泡货物以折算质量装卸，不得超过车辆额定吨位和有关长、宽、高的规定。

承运人应与托运人约定运输路线。起运前运输路线发生变化必须通知托运人，并按最后确定的路线运输。承运人未按约定的路线运输增加的运输费用，托运人或收货人可以拒绝支付。

运输期限由承托双方共同约定后在运单上注明。承运人应在约定的时间内将货物运达。零担货物按批准的班期时限运达，快件货物按规定的期限运达。

4 货物搬运装卸

货物搬运装卸由承运人或托运人承担，可在货物运输合同中约定。承运人或托运人承担货物搬运装卸后，委托站场经营人、搬运装卸经营者进行货物搬运装卸作业的，签订货物搬运装卸合同。

搬运装卸人员要对车厢进行清扫，发现车辆、容器、设备不适合装货要求，立即通知承运人或托运人。

对性质不相抵触的货物，可以拼装、分卸。搬运装卸过程中，发现货物包装破损，搬运装卸人员应及时通知托运人或承运人，并做好记录。

搬运装卸作业完成后，需绑扎苫盖篷布的货物，搬运装卸人员必须将篷布盖严并绑扎牢固；由承运人、托运人或委托站场经营人、搬运装卸人员编制有关清单，做好交接记录，并按有关规定施加封志和外贴有关标志。

承、托双方应履行交接手续，包装货物采取件交件收；集装箱重箱及其他施封的货物凭施封标志交接；散装货物原则上要磅交磅收或采用承托双方协商的交接方式交接。交接后，双方应在有关单证上签字。

货物在搬运装卸中，承运人要认真核对装车的货物名称、质量、件数是否与运单上记载相符，包装是否完好。包装轻度破损，托运人坚持要装车起运的，征得承运人的同意，承托双方需做好记录并签章后，方可运输，由此而产生的损失由托运人负责。

⑤ 货物的交接

货物运达承、托双方约定的地点后，收货人应凭有效单证提（收）货物，无故拒提（收）货物，应赔偿承运人因此造成的损失。

货物交付时，承运人与收货人做好交接工作，发现货损货差，由承运人与收货人共同编制货运事故记录，交接双方在货运事故记录上，签字确认。货物交接时，承托双方对货物的质量和内容有质疑，均可提出查验与复磅，查验和复磅的费用由责任方负担。

车辆装载有毒、易污染的货物卸载后，承运人应对车辆进行清洗和消毒。因货物自身的性质，应托运人要求，需对车辆进行特殊清洗和消毒的，由托运人负责。

六、道路货物运输质量要求

① 货物运输过程质量要求

出车前、行车中、停车后，均应注意车辆运行状况，对车辆进行安全检视，确保车辆技术状况良好。

运输过程中，严格遵守法律、法规和有关规定，按照安全操作规程操作，平稳驾驶，不超速行驶，遇转弯、路况较差的路面时，减速慢行，避免颠簸，以免造成货物损坏。

运输途中，经常检查货物捆扎、堆垛、偏载情况，防止货物丢失。需要饲养、照料的动物、植物，尖端精密产品、稀有珍贵物品、文物、军械弹药、有价证券、重要票证和货币等，托运人必须派人押运。大型及特型笨重物件、贵重和个人搬家物品，是否派人押运，由承运双方根据实际情况约定。托运人要求押运时，需经承运人同意。

需派人押运的货物，托运人在办理货物托运手续时，在运单上注明押运人员姓名及必要的情况。押运人员每车一人，托运人需增派押运人员，在符合安全规定的前提下，征得承运人的同意，可适当增加。押运人员须遵守运输和安全规定。押运人员在运输过程中负责货物的照料、保管和交接；如发现货物出现异常情况，及时做出处理并告知车辆驾驶人员。

② 道路货物运输效率

运输效率与运输经营者的经济效益密切相关，运输经营者要提高运输效率，保证货物按约定时限到达目的地。车辆的运输效率具体体现为车辆的时间利用、技术速度利用、行程利用、载质量利用等几个方面。

（1）时间利用。提高车辆的工作时间，减少停驶时间。积极组织货源，提高车辆工作时间，减少停车待货时间；加强驾驶员和车辆组织管理，尽可能做到“停人不停车”，最低限度缩短车辆停歇时间。

（2）技术速度利用。车辆的营运速度取决于车辆本身的技术性能。通过提高机械化装卸水平来提高效率，减少装卸作业时间，减少车辆的等待时间。

（3）行程利用。提高车辆的有载行程，减少空载行驶。加强货源组织，提高车日行程，做好回程货物的配载，避免回程空驶。

（4）载质量利用。提高实载率或拖运率，对车辆生产率的影响比较显著，运输经营者可以通过做好货物配载、开展甩挂运输等方法提高车辆载质量利用率，但不得超载超限。

七、货物运输合同

货物运输合同是承运人将货物从起运地点运输到约定地点，托运人或者收货人支付运输费用的合同。

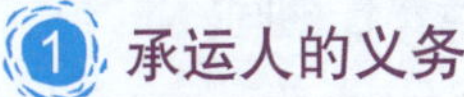

① 承运人的义务

合同生效后，承运人要按照约定的或者通常的运输路线，在约定期间或者合理期间内将货物安全运输到约定地点。货物运输到达后，承运人知道收货人联系方式的，应当及时通知收货人，收货人要及时提货。收货人逾期提货的，需要向承运人支付仓储保管费等费用。

② 收货人的义务

收货人提货时要按照约定的期限检验货物。对检验货物的期限没有约定或者约定不明确，可以在合同生效后及时补充协议；不能达成补充协议的，在合理期限内检验货物。收货人在约定的期限或者合理期限内对货物的数量、毁损等未提出异议的，视为承运人已经按照运输单证的记载交付的初步证据。收货人不明或者收货人无正当理由拒绝受领货物的，承运人可以提存货物。

③ 运费的收取

托运人或者收货人要按规定支付票款或者运输费用。承运人未按照约定路线或者通常路线运输，因此而增加票款或者运输费用的，托运人或者收货人可以拒绝支付增加部分的票款或者运输费用。货物在运输过程中因不可抗力灭失，未收取运费的，承运人不得要求支付运费；已收取运费的，托运人可以要求返还。

托运人或者收货人不支付运费、保管费以及其他运输费用的，承运人对相应的运输货物享有留置权，但当事人另有约定的除外。

④ 合同的变更和解除

在承运人未将货物交付收货人之前，托运人可以要求承运人中止运输、返还货物、变更到达地或者将货物交付给其他收货人，但要赔偿承运人因此受到的损失。凡发生下列情况之一者，允许变更和解除：

（1）由于不可抗力使运输合同无法履行。

（2）由于合同当事人一方的原因，在合同约定的期限内确实无法履行运输合同。

（3）合同当事人违约，使合同的履行成为不可能或不必要。

（4）经合同当事人双方协商同意解除或变更，但承运人提出解除运输合同的，应退还已收的运费。

⑤ 赔偿责任划分

（1）因托运人申报不实或者遗漏重要情

况，造成承运人损失的，托运人承担损害赔偿责任。

(2) 在承运人将货物交付收货人之前，托运人可以要求承运人中止运输、返还货物、变更到达地或者将货物交给其他收货人，但要赔偿承运人因此受到的损失。

(3) 承运人未遵守承托双方商定的运输条件或特约事项，由此造成托运人的损失，承运人应负赔偿责任。

(4) 由于承运人的责任，未按约定的期限将货物、集装箱或集装箱货物运达，负违约责任；因承运人责任将货物、集装箱或集装箱货物错送或错交，要将货物无偿运到指定的地点，交给指定的收货人。

(5) 货物、集装箱或集装箱货物在承运责任期间内，发生灭失、短少、变质、污染、损坏，承运人负赔偿责任。

但有下列情况之一者，承运人举证后可不负赔偿责任：

①人力不可抗拒的自然灾害；

②货物本身的自然性质变化或者货物在运送途中的自然消耗；

③包装内在缺陷，造成货物受损；

④货物包装完整无损而内装货物短损、变质；

⑤托运人违反国家有关法令或规定，致使货物被有关部门查扣、弃置或作其他处理；

⑥押运人员责任造成的货物毁损或灭失；

⑦托运人或收货人过错造成的货物毁损或灭失。

承运责任期间

承运责任期间是指承运人自接受货物起至将货物交付收货人（包括按照国家有关规定移交给有关部门）止，货物处于承运人掌管之下的全部时间。承运人与托运人就货物在装车前和卸车后对承担的责任达成的协议同时有效。

(6) 货物的毁损、灭失的赔偿额，当事人有约定的，按照其约定；没有约定或者约定不明确，可以在合同生效后及时补充协议；不能达成补充协议的，按照交付或者应当交付时货物到达地的市场价格计算。法律、行政法规对赔偿额的计算方法和赔偿限额另有规定的，依照其规定。

(7) 两个以上承运人以同一运输方式联运的，与托运人订立合同的承运人应当对全程运输承担责任。损失发生在某一运输区段的，与托运人订立合同的承运人和该区段的承运人承担连带责任。

6 定期运输合同

定期运输合同适用于承运人、托运人、货运代办人之间商定的在一定时期内的批量货物运输。一次性运输合同适用于每次货物运输。承运人、托运人和货运代办人签订定期运输合同、一次性运输合同时，运单视为货物运输合同成立的凭证。在每车次或短途每日多次货物运输中，运单视为合同。

汽车货物运输合同自双方当事人签字或盖章时成立。当事人采用信件、数据电文等形式订立合同的，可以要求签订确认书，签订确认书时合同成立。

承运人、托运人、收货人、货运代办人

承运人是指使用汽车从事货物运输并与托运人订立货物运输合同的经营者。托运人是指与承运人订立货物运输合同的单位和个人。收货人是指货物运输合同中托运人指定提取货物的单位和个人。货物运输代办人是指以自己的名义承揽货物并分别与托运人、承运人订立货物运输合同的经营者。

7 道路货物运单

道路货物运单是承运人与托运人之间，为运输货物而签订的一种运输合同凭证，是运输经营者接受货物并在运输期间负责保管和据以交付的凭证，也是记录车辆运行和作业统计的原始凭证。

货物运单既是办理道路货物运输及运输代理的最原始依据，又是划清承运人与托运人、收货人之间责任的重要依据，因此，货物在运输过程中，如果发生货运事故或运输费用计算错误时，货物运单就是确定承运人与托运人、收货人间责任的依据。

八、货物保险与货物保价运输

货物运输有货物保险和货物保价运输两种投保方式，采取自愿投保的原则，由托运人自行确定。

货物保险由托运人向保险公司投保，也可以委托承运人代办。货物保价运输是按保价货物办理承托运手续，在发生货物赔偿时，按托运人声明价格及货物损坏程度予以赔偿的货物运输。托运人一张运单托运的货物只能统一一次性选择保价或不保价。

托运人选择货物保价运输时，申报的货物价值不得超过货物本身的实际价值；保价运输为全程保价。分程运输或多个承运人承担运输，保价费由第一程承运人（货运代办人）与后程承运人协商，并在运输合同注明。承运人之间没有协议的按无保价运输办理，各自承担责任。

第三节　道路运输货物装载与固定

货物在运输过程中，由于车辆起步、制动、转弯等情况，会使运载的货物在惯性作用下产生移动，从而导致货物滑动、滑落、倾倒和遗洒等，严重时还会引发交通事故，造成人员伤亡。因此，在装载货物的同时对货物进行正确的摆放、合理的捆扎和加固，使货物装载均衡、稳定、合理地分布在货车上，且货物在各个方向的受力均衡，能够经受车辆运行中所产生各种力的作用，在运输途中不发生移动、滚动、倾覆、倒塌或坠落等情况，保证货物和货车的完整，确保安全、迅速、合理、经济地运输货物。

一、货物装载质量、顺序及拼装配载

货物装载工作通常由专业的装卸人员来完成，货物装载质量、顺序及拼装配载，直接关系到运输安全。运载过程中，及时发现和排除不科学、不正确的货物装卸存在的安全隐患，可有效避免在运输途中引发意外事故。

1 货物装载质量要求

货运车辆载物质量（包括货物包装、防护物、装载加固材料及装置）应当符合货运车辆核定的载质量，载物的长、宽、高不得违反装载要求。汽车、挂车及汽车列车的最大允许总质量不得超过各车轴最大允许轴荷之和，且不得超过规定的最大设计总质量限值。

不允许的装载方式

货车装载质量应使用计量衡器确定，不具备条件的，可按货物外包装的质量标记、件数或者按装载高度、货物密度确定。按装载高度确定质量的散堆装货物，装车时，按所装车辆的容积和货物密度，量尺画线，确定装载高度。散堆装货物装车后必须平顶。由于散装货物单位体积（通常为每立方米）的质量各不相同，在运载散装货物时，往往会低估货载的质量。

散装货物单位体积的质量

物品	每立方米的质量（吨）	物品	每立方米的质量（吨）
土	1.7	木料	0.7
沙	1.5	混凝土块	1.5
石	4.0	花岗岩石	1.3

2 货物质量分布

载货质量分布不均可能会出现部分较重物件超过最大允许轴承重的情况，造成车轴或钢板弹簧断裂、轮胎异常磨损、爆胎以及影响车辆的正常操控。比如，转向轴负载太重，会使车辆转向操作困难，而且会损坏转向轴和轮胎。如果车辆后部负重较大，转向轴相应的附着力就会变差，转向轮容易打滑。

货物载质量尽可能均匀地分布于载货平面，沿车辆纵向中心线均衡顺装，较重的物件尽量放置于货载平面的中部。若装载货物种类较杂，则应明确各物件的质量，平均分配其质量。货物装载要考虑到车辆的重心，尽量使车辆的重心位置降低。车辆重心越高意味着稳定性、安全性降低，特别是在转弯或者为躲避危险情况而急转向时，重心高的车辆更加容易翻车。

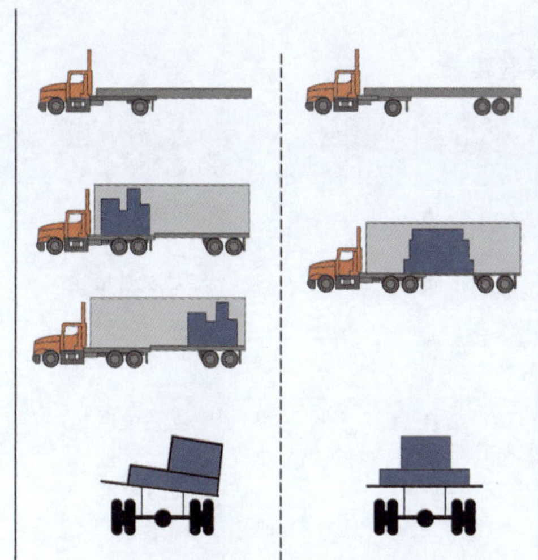

装车后，货物总重心的投影位于货车地板纵、横中心线的交叉点上。必须偏离时，横向偏离量不得超过100毫米；纵向偏离时，各车轴所承受的货物质量不得超过规定的轴荷限值，且各车轴承受质量之差不得过大。

③ 货物装载顺序

如果车载的货物需要运送至多位不同的客户，那么在装载时应将最后送达的客户的货物放置于货箱最前端的位置，第一位送达客户的货物，放置在最后端位置。如果出于安全性考虑需要以另外的顺序摆放货物，则需要相应的调整运行路线。

如果使用挂车运送货物至不同的目的地，出于行驶安全的考虑，应尽可能合理地摆放货载，以便能够首先卸载挂车上的货物。

小知识

货物装载原则

严格执行限制货物混装的有关规定，做到轻搬、轻放，先装直达、后装中转，远距离的在里、近距离的在外；重的货物放在车辆的中心，并装在轻的货物前，轻重搭配，不超载、不偏载、不偏重、不集重，质量分布均衡；重不压轻、大不压小、实不压虚、重心尽可能降低；有包装的在下、无包装的在上，标志向外、箭头向上；在空隙处加入填充物，将车厢充满；在车门处加隔离物，避免开车厢门时货物脱落。

④ 货物拼装配载

要严格遵守安全操作规程，按货物的分类和要求装载，不得违规装载。

货物拼装配载时注意下列事项：

（1）液体不与固体拼装。

（2）有不良气味的不和茶叶、香烟、大米等食品拼装。

（3）一般货物不与危险货物拼装。毒害物品不与食物拼装。

（4）车厢潮湿、防雨设备不良，不装粮食、绸布、纸张等怕湿物品。

（5）易碎物品、易磨损的袋装货物不与包装不规则的贵重物品拼装。

（6）挂车不装易碎、怕振动及贵重物品。

不同特性货物装载要求

货物特性	性能特征	代表性物质	装卸要求
耐温性差的货物	遇温度变化易变质	冰块	采取防热措施
耐湿性差的货物	受潮后成分和性能易发生变化	粮食	采取防潮措施
脆弱性货物	受撞击或重压易出现破碎或变形	玻璃、陶瓷	应小心轻放
互抵触性的货物	相互接触会产生有害作用	煤炭	严禁混装
易腐性货物	一般温度下易变质、腐坏	鲜鱼	采取防腐措施

⑤ 罐式车装载

灌装液体货物在行驶途中，罐内的液体会前后左右晃动，车辆通过弯道，液体会自然地向弯道外侧堆积，加剧离心力的作用，增加车辆侧翻的风险。紧急制动，液体会自然地向前堆积，使后轴承重减轻，后轮附着力降低，增加车辆侧滑的风险。

灌装液体货物时不能过满，必须预留一定的空间，因为当温度升高时，液体会产生膨胀。不同液体的膨胀量大小不同，在灌装前要知道这类液体的膨胀量。被隔板分割成若干个小的独立罐体的罐车，装载或者卸载时，要特别注意质量的均匀分布，不要在车辆的前部或者后部小独立罐体中放置质量过多。

二、常用货物固定方法

常用货物加固方法有捆绑加固、拉牵加固、挡木或钢挡加固、围挡加固、掩挡加固、腰箍下压式加固、串联捆绑等。

1 货物捆绑固定方法

根据货物装载情况，绳索可采用横向下压捆绑，纵向下压捆绑、端部交叉捆绑和货件整体捆绑等形式。

(1) 横（纵）向下压捆绑方法。通过施加额外的下压力来增加接触表面的摩擦力，从而起到保护货物的作用。绳索捆绑角度会对作用力的大小产生影响。捆绑角度越大，货物受到的作用力会越大。最佳的捆绑角度是90°，即垂直下压，当操作有困难时，也可采用横向扇形下压捆绑。能够承受压力且不会压缩变形的单件货物或者堆码整齐且无空隙的货物，适合使用横（纵）向下压捆绑方法。

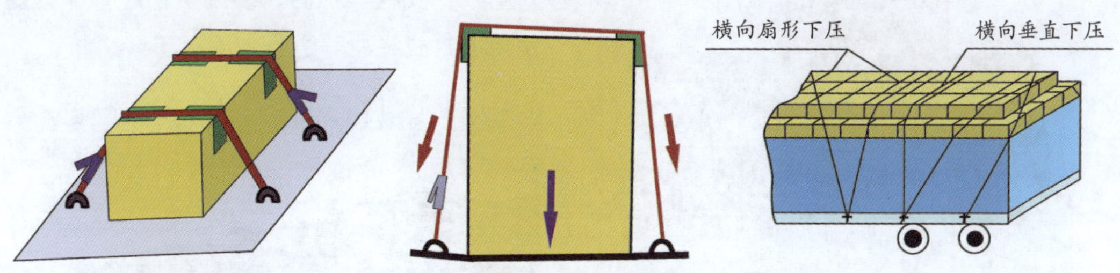

(2) 端部交叉捆绑方法。超出车辆端侧板装载的成件包装货物可采用端部交叉捆绑方法，也可采用端部双交叉捆绑方法，端部交叉捆绑绳索，每道允许有一个接头。

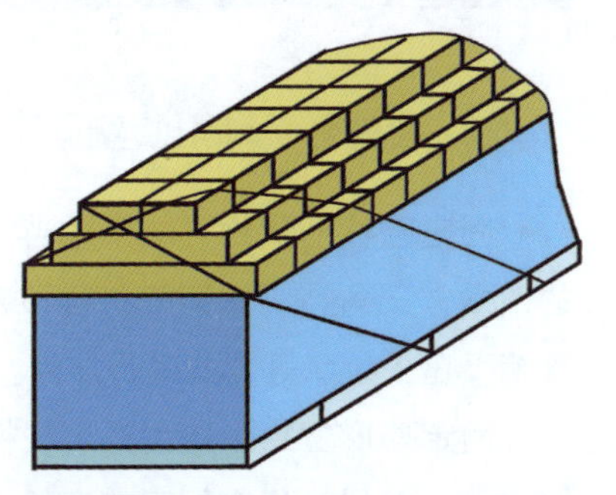

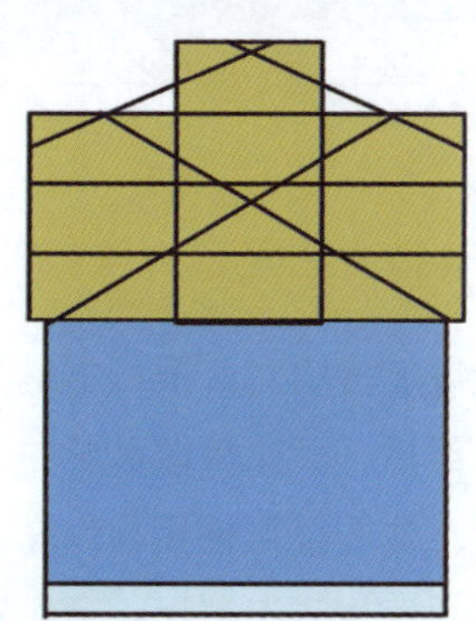

（3）货物整体捆绑方法。运输原木、钢板等长条、成垛堆码货物时，可使用钢丝绳或其他专用捆绑加固器材对每垛起脊部分做整体捆绑加固。

② 货物拉牵固定方法

拉牵加固可采用八字形、倒八字形、交叉、叉字形或反叉字形等方式，通常用于对大件货物的加固。与横向下压捆绑方法不同，拉牵加固的工具具有直接保护货物的作用。拉牵加固在货物的前后或左右两个方向成对使用，加固工具成对角作用于货物上。

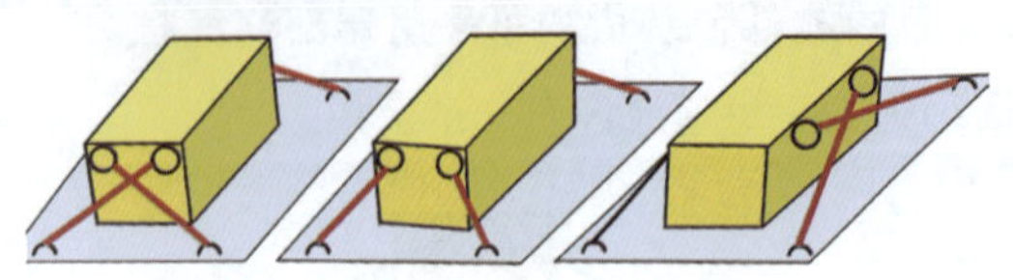

③ 散装货物固定方法

装运散装货物时，要根据需要选择运输车辆，如西瓜、蔬菜等散装货物可使用敞车装运，土、沙石等可使用自卸车装运，散装水泥可使用专用罐车装运。装载散装货物，特别是容易飘洒的货物要用毡布等覆盖严密，对一些抗振动能力差的货物要用稻草等填充空隙。

④ 成件包装货物固定方法

运载较大件货物时，可利用合适的隔板将载货平面分割成若干段。装载成件包装货物，要排列紧密、整齐。当装载高度或宽度超出货车端侧板时，要层层压缝，梯形码放，四周货物倾向中间，两侧超出侧板的宽度应一致。

袋装货物袋（扎）口要朝向车内。对超出货车端侧板高度的成件包装货物，用绳网或绳索串联一起捆绑牢固，也可用挡板（壁）、支柱等加固。袋装货物起脊部分要使用上封式绳网等进行加固。

⑤ 圆柱形、球形货物固定方法

固定圆柱形货物可选用适当规格和材质的凹木、三角挡、座架等材料和装置，采取腰箍下压、拉牵等方式进行加固。

固定球形货物要选用适当规格、具有足够强度、能保证货物稳定的座架，货物底部

不得与车地板接触。对无拴结点、固定较为困难的球形货物，可在球体上部采用套圈，套圈四处拉牵牢固的固定方法。

对于超限、超长货物装车后，应用白色或红色油漆标划易于判定货物是否移动的检查线。

三、货物包装储运

货物运输包装是指使用适当的材料或容器并采用一定的技术，对货物在流通过程中加以保护的方法或手段，使货物在一般外力作用或自然条件下，避免破坏、变质、损失，保证安全、完整、迅速地将货物运至目的地，具有保障货物运输安全、便于装卸储运、加速交接点验等功能。

1 包装技术要求

根据《一般货物运输包装通用技术条件》（GB/T 9174）的规定，货物运输包装按包装容器可分为箱装、桶装、袋装、框篓装、瓶装、捆包、集合包装等。货物运输包装材料、辅助材料和容器均应符合有关标准的规定，运输包装盛装货物后，其封口应严密牢固。

根据货物的特性及搬运、装卸、运输、仓储等流通环境条件，选用带有防护装置的包装。如防振、防盗、防雨、防潮、防锈、防霉、防尘等防护包装。货物运输包装要完整、成型，内装货物应均布装载、压缩体积、排摆整齐、衬垫适宜、内货加固、重心位置尽量居中靠下。

质量在140千克以下的包装件应便于人力作业；质量在140~1500千克的箱装货物应便于叉车作业，并在包装上标出货物重心位置；质量在1500千克以上的箱装货物，应便于吊车作业，并标出货物重心位置和起吊位置。

2 承运包装货物技术要求

用木箱类作包装箱，不能用破损、有裂缝或腐烂的木板，箱板上钉的钉子必须紧密牢固，不能露在外面。机器类或铁制品，对其脆弱易碎部分，须垫以防护木板，用绳索扎紧。成件捆扎运送的货物，须用绳索、铁丝或铁皮等材料捆扎结实。

用陶瓷、玻璃等容器运送液体货物时，

容器本身不应有裂缝或渗漏痕迹，装入栅箱或箩筐的容器，须用稻草、泡沫、海绵等材料充实，使容器不易晃动。液体桶装货物，要检查桶盖是否严密，桶体渗漏与否。

易碎货物要装于木箱或其他适用材料的硬包装内，并衬以干草或泡沫、海绵等材料。装货过程中如有可疑，要摇动货箱，细听有无破碎声。

装车时发现包装外部有湿痕或污迹，表明该件货物可能已经受到潮湿或污损，必要时请发货人拆包检查。凡货物包装不适宜运输，或应该包装而未包装的，均应向托运人耐心解释，建议改进包装后再承运。对包装不良，但不影响装卸和行车安全的货物，在承运或装车时，由托运人在货物托运单上注明货物包装的不良状态，以明确责任。

3 货物包装储运标志

货物包装储运标志又称货物运输包装标志，根据内装货物易碎、怕晒、怕雨淋等性质，及其对装卸、储运和保管等流通环节的安全操作要求，按《包装储运图示标志》（GB/T 191）规定的17类标志图形、文字，由生产单位在货物出厂前于货物外包装明显的部位标印，提醒操作人员引起注意并规范操作。

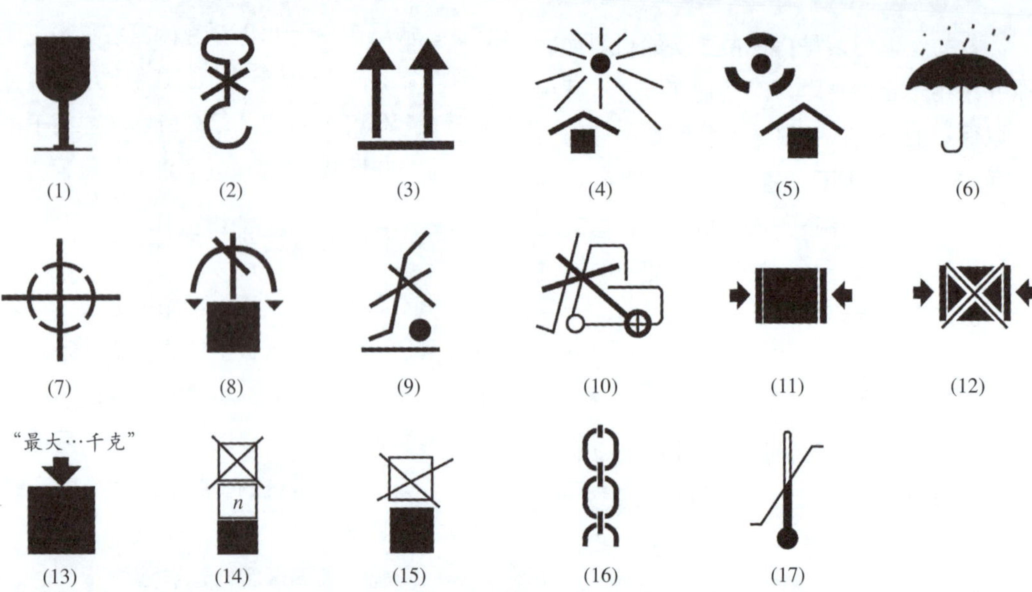

（1）易碎物品标志 —— 表明运输包装件内装易碎品，搬运时应小心轻放。

（2）禁用手钩标志 —— 表明搬运运输包装件时禁用手钩。

（3）向上标志 —— 表明运输包装件的正确位置是竖直向上。

（4）怕晒标志 —— 表明运输包装件不能在阳光下直接照晒。

（5）怕辐射标志 —— 表明包装物品一旦受辐射便会完全变质或损坏。

（6）怕雨标志 —— 表明包装件怕雨淋。

（7）重心标志 —— 表明该包装件的重心位置，便于起吊。

（8）禁止翻滚标志 —— 表明不能翻滚运输包装。

（9）此面禁用手推车标志 —— 表明搬运货物时此面禁止放在手推车上。

（10）禁用叉车标志 —— 表明不能用升降叉车搬运的包装件。

（11）由此夹起标志 —— 表明装运货物时可用夹持的面。

（12）此处不能卡夹标志 —— 表明装卸货物时此处不能用作夹持面。

（13）堆码质量极限标志 —— 表明该运输包装件所能承受的最大质量极限。

（14）堆码层数极限标志 —— 表明相同包装的最大堆码层数，n表示层数极限。

（15）禁止堆码标志 —— 表明该包装件只能单层放置。

（16）由此吊起标志 —— 表明起吊货物时挂绳索的位置。

（17）温度极限标志 —— 表明运输包装件应该保持的温度范围。

包装标志在各种包装件上的粘贴位置为：箱类包装标志位于包装端面或侧面，袋类包装标志位于包装明显处，桶类包装标志位于桶身或桶盖，集装单元货物包装标志位于四个侧面。包装标志应正确、清晰、齐全、牢固，内装货物与标志一致。标志一般应印刷或标打，也允许拴挂或粘贴，标志在整个流通过程中应不褪色、不脱落，旧标志应抹除。

四、货物运输中的装载检查

货物在运输途中，时间较长，由于颠簸和振动，会出现固定松动、脱落的现象。在途中要经常进行装载检查，可以避免货损货差，保证货物完好无损地运达目的地。

① 运行前的安全检查

驾驶员运行前，在做好车辆技术状况检查的同时，要进一步检查货物的装载和固定情况，确保货物装载符合规定要求，质量分布均衡、平稳牢固。

② 运输途中的检查

行车中，随时通过后视镜观察货物的情况，当发现覆盖物随风飘扬时，及时停车检查，采取补救措施。车辆行驶50公里后，停车检查货物的装载情况，并根据需要进行必要的调整和紧固。每行驶3小时或者150公里后，再次停车检查货物的装载情况。途中晚上休息前，将车辆停在正规的停车场内。敞篷货车要检查确认油布捆扎牢固，厢式货车要确认关好车厢门，集装箱货车要检查铅封是否完好。

③ 卸货前的检查

途经站点卸货前，先检查货物捆绑是否有变化或异常，如敞篷货车油布的捆扎情况、厢式货车车厢门的关闭情况及车厢内有无货损情况，集装箱的铅封是否完好，确认有无货差、货损情况后再卸货物。

第四节　道路普通货物运输

普通货物运输，被运送的货物本身性质普通，在装卸、运送、保管过程中没有特殊要求。普通货物运输形式主要有整车货物运输、零担货物运输两种。

① 整车货物运输

凡托运人一次托运货物3吨以上或不足3吨，但其性质、体积、形状需要1辆3吨以上车辆运输的，称为整车货物运输。应托运人要求和道路、装卸条件限制，使用1～3吨车辆一次托运货物，或虽不属于上述条件限制，由承运人安排3吨以下车辆一次托运货物的，也视为整车运输。

1）整车运输的特点

适宜批量较大、品种繁杂的普通货物"门到门"运输，其生产方式简单、灵活，投入少，见效快，是道路货物运输中较为普遍的一种直达运输方式。

2）整车货物运输的受理

整车货物托运受理，是运输合同订立和履行的开始，随着运输市场的开放，受理方法也灵活多样，其主要方法有：

（1）订立道路货物运输合同，根据承运人与托运人双方的运输合同办理运输事宜。运输合同可采用书面形式、口头形式和其他形式。

(2) 上门受理：到货主所在地上门办理道路货物托运受理。

(3) 现场受理：在货物集散地设立临时托运受理处，现场办理受理业务。

(4) 驻点受理：在商业繁华区、大型厂矿企业、货物集散地(车站、码头、港口)，大型建筑工地等设点受理。

(5) 信件和数字电文受理：承运人对本地或外地货主单位采用邮件、信函、电报、电传、传真、电子数据交换和电子托运，代填运单。

2 零担货物运输

托运人一次托运质量不足3吨货物的运输称为零担货物运输，装运零担货物的车辆称为零担车。

1) 零担货物运输的特点

(1) 零担货物运输运量零星、流向分散、批量较多、品种杂，加之零担货物性能比较复杂，件包装类货物居多，包装质量也各不相同，有时几批甚至几十批货物才能配装成一辆零担车装运，因此，零担货运是一项比较细致和复杂的运输。

(2) 零担货运具有安全、快速、方便、价廉、服务周到、运送方法多样的特点，但其计划性较差、组货渠道杂、单位运输成本比较高。

2) 零担货物运输的要求

(1) 一般不予办理零担货物运输的货物有：国家明令规定的禁运、限运的货物，如危险货物、易破损、易污染、易腐烂及鲜活物品等。

(2) 按件托运的零担货物，单件体积一般不小于0.01立方米，不大于1.5立方米；单件质量一般不超过200千克，货物的长、宽、高度分别不超过3.5米、1.5米和1.3米。

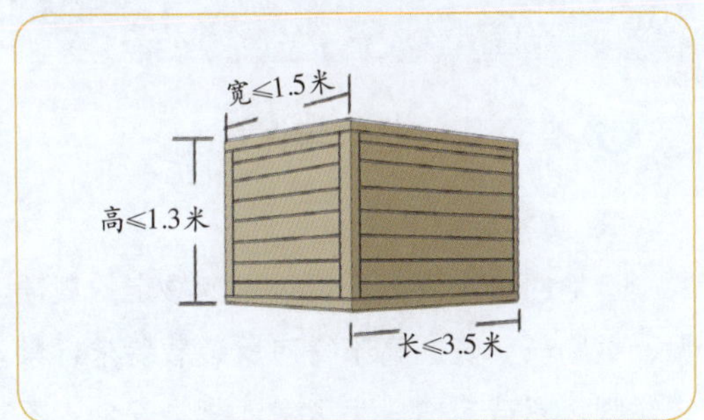

3) 零担货物运输的组织

(1) 直达零担班车运输是将起运站各个托运人所托运的货物运送到同一站，且性质适宜配装的各种零担货物，同车装运至到达站的运输形式。其特点是：送达速度快，避免了中转换装作业，减少了中转费用和换装破损，尤其适用于季节性商品和贵重商品的运输。

(2) 沿途零担班车运输是在同一线路沿线收发零担货物的运输，其特点是货运量零星、流向分散，但服务面广、适应性强，常用于城乡之间的零担货物运输。

(3) 零担货物配载应充分利用车厢空间和装载负荷巧配满载，并严格执行有关货物混装限制的规定；做到配载货物的品名、件数及到站与随车同行的零担货物运单和交接清单内容一致，货物实际质量不超过承运车辆的核定吨位。

3 普通货物装载与保管

1）货物装载

运输的货物要符合货运车辆核定的载质量，载物长、宽、高不得违反装载要求；禁止超限、超载运输；为了保证货物安全，不得野蛮装卸，要按国家标准规定的操作规程作业。

（1）装车时，货物要重不压轻，有包装的在下，无包装的在上，远距离的在里，近距离的在外，要将车厢充满，在空隙处加入填充物；在车门处要加隔离物，防止开门时货物脱落。

（2）车辆装载长度、宽度不得超出车厢；重型、中型载货车辆、半挂车载货高度从地面起不得超过4米，载运集装箱不得超过4.2米，其他机动车不得超过2.5米。

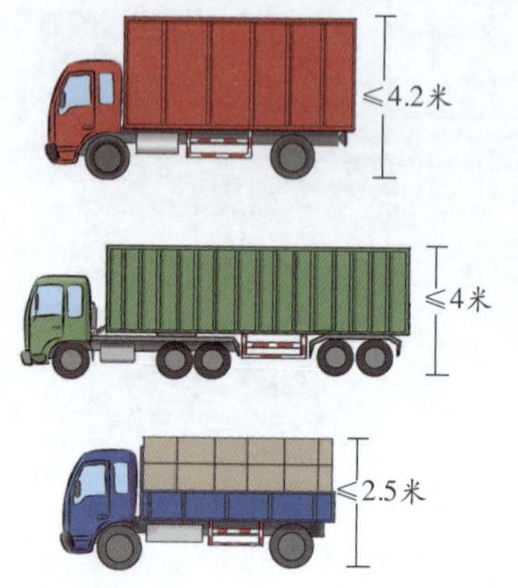

（3）敞篷车辆运输货物时，要捆扎牢固，防止脱落；厢式货车、集装箱运输车要把车门、箱门关好；运输集装箱时，要用转锁将集装箱锁牢；采用罐装车辆运输时，要检查有关设备是否齐全，运行正常，关好阀门。

(4) 道路货物运输经营者需运输超限货物时，要按照国家有关规定办理超限手续后，按指定的路线进行超限运输；没按规定办理超限手续的，不允许车辆运输。

(5) 货物在摆放时应当使重心保持得尽可能低，重的货物应当摆放在车辆的中心，并放置在轻的货物前面；货物叠放时应当将重的货物放在底部。

2) 货物保管

(1) 货物保管应按照货主提供的货物性质、状况及保管要求进行分类存放，也可以约定保管场所或保管方法，除紧急情况或为了寄存人的利益以外，不得擅自改变保管场所或保管方法。

(2) 货物存放分为按照货物的性质分类存放、按照货物的流向存放、按照重不压轻的原则存放、按照货物的存放要求（如有标注存放位置的，不应倾斜、倒置的，易受潮货物，要有防潮措施）存放等。

(3) 验收入库后，发生仓储物的品种、数量、质量不符合约定的或因保管不善造成仓储货物毁损、灭失的，承担损害赔偿责任。

小知识

限运、禁运、凭证运输货物

限运、凭证运输的货物是指根据国家有关法律法规的规定，必须向有关部门办理准运手续后方可运输的货物，如枪支、烟草、麻醉药品、剧毒化学品、木材、野生动植物、致病微生物、血液制品、核材料、食盐等。在受理法律法规规定限运、凭证运输的货物时，应当查验有关运输手续是否齐全、有效，如品名、数量是否一致，是否在有效期内，是否有指定线路等。

禁止运输的货物一般是非法生产的违禁物品，如毒品、伪劣药品以及伪造、变造、非法印刷的人民币。货运经营者不得运输法律、行政法规禁止运输的货物。法律、行政法规规定必须办理有关手续后方可运输的货物，货运经营者应当查验有关手续。

第五节　道路货物专用运输

道路货物专用运输包括集装箱、冷藏保鲜货物、罐式容器运输。不同运输类型的特点、装卸和运输的基本要求不同。

一、集装箱运输

集装箱运输是将需运输的货物在出发地就组成具有一定标准体积和质量的集装单元，保证货物在整个运输过程中不致损失，便于机械化装卸、搬运的一种货物运输形式。

集装箱运输节省货物包装，减少货损货差，便于机械化装卸，具有显著的技术经济效果。特别是“门对门”的运输更可以达到高速、高效、安全、优质、经济的目的。

1 集装单元

（1）集装单元，就是将散装或一般的箱装、袋装、捆扎等集装程度较低的货物，按照一定的标准质量或体积，整齐地汇集成一个便于装卸储运的单元。

（2）集装单元的形式一般有集装箱、托盘、集装袋和集装网四大类。集装箱是一种能反复使用，具有标准化规格，能直接中转换装和便于机械化装卸，具有一定刚度和强度，容积在1立方米以上的便于货物装满和卸空的大型容器和运载工具，是最常用的一种集装单元。

2 集装箱运输的特点

集装箱运输，具有高速、高效、安全、经济的特点，特别对件货、杂货运输最为适宜，与其他的运输方式相比具有明显的优点：

（1）减少物资途耗。采用集装箱运输可以实现“门对门”运输，发货方可事先将货物装箱或货物不落地即可装箱，直送收货人仓库，连箱送达或开箱收货。运输过程中如需中转，可连箱带货一起中转，避免了货物中转的搬倒次数，从而减少了货物由于中转而产生的损害所造成的损耗。

（2）节约包装材料及费用。采用集装箱可以简化甚至取消包装，节约包装材料，减少包装费用。

（3）提高装卸效率，加速车辆周转。实行集装箱运输，全部装卸可实行机械化，装卸时间短，从而加快了车辆周转。

（4）简化运输交接手续。实行集装箱运输可以简化挂贴票签、按件交接手续，一箱一件凭铅封交付，手续简便，避免了差错。

(5) 节约仓库投资。集装箱本身就是一个流动的仓库，可以露天存放，且运输和装卸不受天气限制。集装箱还可以重叠堆码，占地少，流动方便。

(6) 货物运输安全。使用集装箱在货物仓储和运输进程中可以避免失窃、丢失、擦损等，减少了货差货损。

(7) 便于联合运输。集装箱的规格是标准统一的，可以在道路、铁路、航运和航海通用，这就使得联运得以实现，同时减少了联运的中间环节。

3 集装箱的货运方式

(1) 根据收、发货人以及货流的构成情况，集装箱的货运方式可以分为整箱货运(FCL)和拼箱货运(LCL)两大类。

(2) 整箱货运方式类似普通货运中的整车运输，它的交接地点一般在发货人或收货人的仓库内，交接检收凭箱口的铅封，不点件计收。

(3) 整装集装箱运输一般适用于货流大，且货流集中，中途不停靠站点，直达目的地点整装整卸的场合。

(4) 拼装集装箱货运类似普通货运中的零担货运，其交接货物地点呈多个站点，在其站点需拆箱装卸货物，按站点交给收货人。通常适用于货源分散，托运人单件托运量小，运送目的地各不相同的情况。

小知识

集装箱的目测检查

(1) 外部检查。集装箱外表有无损伤、变形、破口。

(2) 内部检查。集装箱内侧六面是否有漏水、漏光、水迹、油迹、残留物、锈蚀。

(3) 箱门检查。箱门、搭扣件、密封条有无变形、缺损，箱门能否开启180°。

二、冷藏保鲜货物运输

冷藏保鲜货物运输，是指在运输过程中保持一定的温度或者恒温，确保货物保鲜和防腐烂。保鲜货物按其热状态分为冻结货物、冷却货物和恒温货物。

1 鲜活货物运输

鲜活货物是指在运输过程中，需采取保鲜活措施，并按要求在限定运输期限内运抵的货物，分为易腐货物和活动物两大类。鲜活货物运输需有人随车押运照料。如运输兽、畜、鱼、虾以及鱼苗等活动物，需有人在运输途中添加饲料、上水、换水、注氧气等。鲜活货物可用敞式货车或符合改装技术要求的专用车、高栏板车等运输。

装载鲜活货物要根据不同活口动物，选择合适的装载方式，避免因挤压造成运输途中动物受伤和死亡。如牛、马需用绳索拴牢在高栏板内，禽、兽及其他小动物需用集装笼单层或多层装载，活鱼、虾等水产品要使用木箱、鱼篓、帆布桶等专用容器盛装，使用帆布槽盛装，要备有坚固的金属支架。装载蜜蜂，蜂箱之间要留通风空隙，分层压缝，堆码稳固，高出车厢部分，用绳索捆绑牢固，以防蜂箱坠落。

② 冷冻货物运输

冷冻货物一般都储存在冷库，运输途中需要保持低温。海鲜水产受自然条件不同和气候变化影响大，运输过程需要低温保鲜。冷冻货物运输可以满足不同区域的市场需求，冷冻货物要用冷藏车进行长途运输。

装载冷冻货物，要采取紧密堆码，不留空隙，以减少货物与外界的热量传递，保持冷冻效果，但某些易碎的冷冻货物（如鱼、虾），应防止过分紧压，以免损伤货物，影响品质。

③ 易腐货物运输

易腐货物是指必须保持一定温度，以防止腐坏、变质的货物。新鲜货物季节性强，货流波动幅度大。不同类型的新鲜货物对温度要求不同，肉类产品的温度要低，蛋类、水果、蔬菜或鲜花均要求温度适中。运输对温度要求高的货物，可采用加盖保温材料或使用冷藏车、保温车运输。

装载蛋类、水果、蔬菜或鲜花等易腐货物，各货件之间要留有一定的间隙，使空气能在货件之间充分流动；车厢底板最好有底格，装货时应使货件与车壁和车厢底板间留有适当的空隙，以便使经由车壁和底板传入车厢内的热量，可以由流动的空气带走，而不致直接影响货物品质。

小知识

贵重货物运输

贵重货物是指在运输过程中承运人需要承担较大经济责任的货物。贵重货物本身价值昂贵，如黄金、白金等稀贵金属及其制品，各类宝石、玉器、钻石、珍珠及其制品，贵重文物及其制品，现钞、有价证券、旅行支票、股票等。

受理托运贵重货物时，托运人应按货物实际价值，选择保险或保价的一种，在运单上准确填写投保货物的声明价格。贵重货物包装必须完好、牢固；一张运单托运的货物件数，凡不具备同品名、同规格、同包装的，应提交物品的清单。

对国家或地方政府规定禁运、限运以及需办理准运证明的，托运人应随同运单提交相关部门的文件或证明，方能受理。

为确保贵重货物运输安全，托运人应对物品属性、运输、装卸、保管注意事项以及运抵时间等提出特约要求，以利承运人重视。整批量大的贵重货物，原则上受理后实行整车运输，使用适宜货物载运的、性能良好的货车或专用车辆直达运输；小批量零星贵重货物拼装零担运输的，应在运单上盖有“贵重货物”戳记，便于承运前、到达后的车站稳妥装卸和保管。

运送贵重货物时，尽可能实行快运，超长距离运输应配备两名驾驶员；途中应尽量保持平稳、避免紧急制动，定时停车检查车厢和油布的捆扎情况。

三、罐式容器专用运输

罐式容器专门车是用来装运散装的液状、粉状、粒状、气体等具有一定流动性的货物。如水泥、粮食、液体化学品等。

1 运输特点

（1）装卸运输效率高。罐式容器是一个特殊的集装容器，便于机械化装卸，装卸时间短，提高了车辆周转。

（2）保证货运品质。罐式容器是一个密闭的容器，密封在罐内的货物几乎不受外界影响，在运输过程中能受到较好的保护，不易变质、污染、漏失。

(3) 利于运输安全。由于罐体密封，在装运易燃、易爆、有害或腐蚀性货物时，可以大大减少意外事故，保证安全运输和装卸。

(4) 改善装卸条件，减轻劳动强度。罐式容器装卸货物大多采用机械化输送设备，装卸效率高，同时减轻了工人的劳动强度，特别是减轻了粉尘、毒害物品的污染，保证了工人的健康。

(5) 节约包装材料，降低运输成本。罐式容器专用运输装运的大多数是散装货物，省去了货物部分包装，提高了装载质量，节省了大量包装材料，降低了运输成本。

2 装卸和运输要求

罐式容器专用车辆装载前，要检查有关设备是否齐全，运行正常。灌装时必须留有足够的膨胀余量，以便能经受住在正常运输条件下产生的内部压力。罐装密度大的液体时，液体质量可能会超过该车型车辆规定的总质量限值。装卸被隔板分割成若干个小的独立罐体的罐车时，要特别注意质量的均匀分布，不要在车辆的前部或者后部独立小罐体中放置质量过多。装载完毕后，及时关好阀门。

驾驶罐式容器专用车辆，需要具有预见性，避免颠簸，尤其是运载液体货物时，要控制车速，平缓制动，缓慢通过弯道。

第六节 道路大型物件运输

大型物件运输是指长、宽、高、载质量都超出一定标准的货物运输，包括单体货物、不可解体组合件、捆扎货物。大型物件的装卸和运输都有特殊的要求。

一、大型物件的特点与运输车辆

1 大型物件的特点

大型物件是指单件长度在14米以上，宽度在3.5米以上，高度在3米以上，质量在20吨以上的货物。大型物件运输具有超长、超高、超宽、笨重等特点。

2 大型物件运输车辆

超长货物通常是钢材、竹、木材或其他制品，比如钢管、钢板、原木、水泥电杆等，可使用加长、大型货车或半挂货车等车辆运输。

超高、超宽和超重货物通常是钢铁制

品，如车床、变压器、桥梁、工程设备构件等，宜使用大型平板汽车列车运输。

笨重货物常见的有建筑和施工机械，如推土机、挖掘机等，以及大型金属铸件和机器设备等，可使用半挂货车或大型平板汽车列车运输。

二、大型物件载运要求

1 大型物件装卸要求

（1）大型物件运输的装卸作业，由承运人负责的，根据托运人的要求、货物的特点和装卸操作规程进行作业；由托运人负责的，承运人应按约定的时间将车开到装卸地点，并监装、监卸。

（2）承运人要了解货物的尺寸，货物的实际质量及形状，货物的质心位置，装运中有何特殊要求，可否卧倒装运等。

（3）装卸货物前，要察看装卸场地附近是否有电缆、水管、电话线、煤气管道、沟管及其他地下建筑物，车辆能否进入装卸场地，现场是否适合机械装卸。

（4）货物装车后，必须用垫木、铁丝或钢丝缆绳固定牢固，以防滑动；货物长度超过车身时，应在后栏板用坚固方木垫高或前低后高状；对于圆柱体及易于滚动的货物，必须使用座架或凹木加固。

（5）在货物的装卸过程中，由于操作不当或违反操作规程，造成车货损失或第三者损失的，由承担装卸的一方负责赔偿。

2 大型物件运输要求

（1）承运人应根据大型物件的外形尺寸和车货质量，在起运前会同托运人勘察作业现场和运行路线，了解沿途道路线形和桥涵通过能力，并制订运输组织方案和应急措施。涉及其他部门的事先向有关部门申报并征得同意，方可起运。要随时勘察运行路线是否能通过。

（2）跨省（自治区、直辖市）行政区域进行超限运输的，由途径公路沿线省级公路管理机构分别负责审批。跨地（市）行政区域进行超限运输的，由省级公路管理机构负责审批。

（3）运输大型物件，要遵守有关部门核定的路线行车；运送货物之前，对承运路线的道路和桥梁的宽度、弯道半径、承载能力以及其他车辆的流通情况，进行充分的调查研究，并请公路及有关部门在沿途和现场作技术指导，必要时还要对桥梁加固，以确保运行安全。

（4）对于超高、长大、笨重货物，为确保安全通行，运输时需由托运人配备电工，携带应用材料、工具随车护送，必要时还需请有关部门协同在前引道开路，以便排除障碍，顺利通行和提示过往车辆注意。因运输大型物件发生的道路改造、桥涵加固、清障、护送、装卸等费用，一般由托运人负担。

（5）运输中要悬挂明显的标志，以引起其他车辆和行人的注意；标志要悬挂在货物超限的末端，白天行车时，悬挂标志旗；夜晚行车和停车休息时悬挂、装设标志灯。

（6）驾驶员要集中精力，谨慎驾驶，密切注意运行情况，利用灯光、喇叭、广播等配合运输。

小知识

标志旗和标志灯式样

标志旗是底长150毫米、腰长300毫米的等腰三角形旗帜，旗帜中间印有“大件”字样。标志旗的底色和中间字体的颜色，应与运输大型物件自身颜色有明显区别。

标志灯采用运输车辆自身电源和与电源功率相匹配的红色灯泡连接而成。

第七节　超限运输货物装载相关规定

超限运输是被运输的设备、构件或货物，其外形尺寸、高度、长度、质量超过了公路建筑规定的长度、宽度、高度的限界或总负载超过公路、公路构造物的限载标准。

一、超限运输车辆

超限运输车辆按《超限运输车辆行驶公路管理规定》：是指在公路上行驶的、有下列情形之一的运输车辆：

（1）车货总高度从地面算起4米以上

（运输集装箱汽车的车货总高度从地面算起4.2米以上）。

（2）车货总长18米以上。

（3）车货总宽度2.5米以上。

（4）单车、半挂列车、全挂列车车货总质量40000千克以上；集装箱半挂列车车货总质量46000千克以上。

（5）车辆轴载质量在下列规定值以上：

单轴（每侧单轮胎）载质量6000千克；

单轴（每侧双轮胎）载质量10000千克；

双联轴（每侧单轮胎）载质量10000千克；

双联轴（每侧各一单轮胎、双轮胎）载质量14000千克；

双联轴（每侧双轮胎）载质量 18000千克；

三联轴（每侧单轮胎）载质量12000千克；

三联轴（每侧双轮胎）载质量22000千克。

二、超限运输的影响因素

1 超限运输对公路的影响

大量超过公路、桥梁限载标准的运输车辆在公路上行驶，致使公路严重损坏，大大缩短了公路的使用年限。当车辆轴载质量超过标准轴载质量一倍时，车辆行驶在沥青路面一次相当于标准车辆行驶256次；车辆行驶在水泥路面相当于标准车辆行驶65536次，超限运输车辆对路面的损坏是呈几何级数增加的。研究的结果和实践也表明，轴重的超限会使水泥路面的使用年限缩短40%左右，沥青路面缩短20%～30%。

2 超限运输对桥梁的影响

超限运输对桥梁的安全构成了重大威胁。车辆严重超限，即使设计标准较高的水泥混凝土桥梁也会造成桥梁挠度增大、水泥混凝土过早开裂，逐步引起钢筋锈蚀，在桥梁的薄弱环节如伸缩缝接口的钢材焊口开焊破坏，桥头填土下沉产生桥头跳车，缩短桥梁使用寿命，甚至还可能由于车辆荷载超过桥梁设计极限使桥梁损毁崩塌。

3 对道路交通安全的影响

车辆严重超限，使车辆的技术状况大大降低，车辆的行驶稳定性、制动性能、悬架承荷能力、转向可靠度变差，轮胎爆胎可能性增大，极易引发交通安全事故。由于超限车的车体大，影响车流正常通行，常常造成交通阻塞，使道路的使用效率大大降低。另外超限汽车长时间超负荷工作，磨损加剧，车辆使用寿命大大缩短，安全运行系数降低。同时，超限车辆由于载荷大，在起步、爬坡时冒黑烟，造成路面和环境污染。

三、超限运输的有关规定

1 超限运输的申请与审批

车辆载运不可解体物品，车货总体的外

廓尺寸或者总质量超过公路、公路桥梁、公路隧道的限载、限高、限宽、限长标准，确需在公路、公路桥梁、公路隧道行驶时，从事运输的单位和个人应提前向公路管理机构申请公路超限运输许可。申请公路超限运输许可按照下列规定办理：

（1）跨省、自治区、直辖市进行超限运输的，向公路沿线各省、自治区、直辖市公路管理机构提出申请，由起运地省、自治区、直辖市公路管理机构统一受理，并协调公路沿线各省、自治区、直辖市公路管理机构对超限运输申请进行审批，必要时可以由国务院交通运输主管部门统一协调处理。

（2）在省、自治区范围内跨设区的市进行超限运输，或者在直辖市范围内跨区、县进行超限运输的，向省、自治区、直辖市公路管理机构提出申请，由省、自治区、直辖市公路管理机构受理并审批。

（3）在设区的市范围内跨区、县进行超限运输的，向设区的市公路管理机构提出申请，由设区的市公路管理机构受理并审批。

（4）在区、县范围内进行超限运输的，向区、县公路管理机构提出申请，由区、县公路管理机构受理并审批。

运输不可解体物品需要改装车辆的，由具有相应资质的车辆生产企业按照规定的车型和技术参数进行改装。

2 超限运输车辆通行管理

经批准进行超限运输的车辆，随车携带超限运输车辆通行证，按照指定的时间、路线和速度行驶，并悬挂明显标志。禁止租借、转让超限运输车辆通行证。禁止使用伪造、变造的超限运输车辆通行证。

超限运输应有专车开路引导

超过公路、公路桥梁、公路隧道限载、限高、限宽、限长标准的车辆，不得在公路、公路桥梁或者公路隧道行驶。超过汽车渡船限载、限高、限宽、限长标准的车辆，不得使用汽车渡船。

车辆要按照超限检测指示标志或者公路管理机构监督检查人员的指挥接受超限检测，不得故意堵塞固定超限检测站点通行车道、强行通过固定超限检测站点或者以其他方式扰乱超限检测秩序，不得采取短途驳载等方式逃避超限检测。

四、超限运输处罚

违反《公路安全保护条例》的规定，在公路上行驶的车辆，车货总体的外廓尺寸、轴荷或者总质量超过公路、公路桥梁、公路隧道、汽车渡船限定标准的，由公路管理机构责令改正，可以处3万元以下的罚款。

经批准进行超限运输的车辆，未按照指定时间、路线和速度行驶的，由公路管理机构或者公安机关交通管理部门责令改正；拒不改正的，公路管理机构或者公安机关交通管理部门可以扣留车辆。

未随车携带超限运输车辆通行证的，由公路管理机构扣留车辆，责令车辆驾驶员提供超限运输车辆通行证或者相应的证明。

租借、转让超限运输车辆通行证的，由公路管理机构没收超限运输车辆通行证，处1000元以上5000元以下的罚款。使用伪造、变造的超限运输车辆通行证的，由公路管理机构没收伪造、变造的超限运输车辆通行证，处3万元以下的罚款。

对1年内违法超限运输超过3次的货运车辆，由道路运输管理机构吊销其车辆营运证；对1年内违法超限运输超过3次的货运车辆驾驶员，由道路运输管理机构责令其停止从事营业性运输；道路运输企业1年内违法超限运输的货运车辆超过本单位货运车辆总数10%的，由道路运输管理机构责令道路运输企业停业整顿；情节严重的，吊销其道路运输经营许可证，并向社会公告。

采取故意堵塞固定超限检测站点通行车道、强行通过固定超限检测站点等方式扰乱超限检测秩序的,或者采取短途驳载等方式逃避超限检测的,由公路管理机构强制拖离或者扣留车辆，处3万元以下的罚款。

车辆装载物触地拖行、掉落、遗洒或者飘散，造成公路路面损坏、污染的，由公路管理机构责令改正，处5000元以下的罚款。

造成公路、公路附属设施损坏的单位和个人要立即报告公路管理机构，接受公路管理机构的现场调查处理；危及交通安全的，还要设置警示标志或者采取其他安全防护措施，并迅速报告公安机关交通管理部门。

本章学习要点

1. 货运经营的有关规定及内涵。
2. 货物运输的分类与特点。
3. 甩挂运输特点及其要求。
4. 危险化学品的分类及常见危险化学品。
5. 货物运输车辆类型与技术要求。
6. 道路运输基本环节与运输质量要求。
7. 货运合同与保险、保价知识。
8. 货物装载质量、顺序及拼装配载要求。
9. 常见货物固定方法及货物包装储运图示标志。
10. 货物运输途中的装载检查方法。
11. 普通货物运输组织形式、特点及要求。
12. 零担货物运输与整车货物运输要求。
13. 集装箱、冷藏保鲜货物、罐式容器运输的特点及要求。
14. 道路大型物件运输特点及要求。
15. 道路超限运输相关知识。

第七章

应用能力

第一节 车辆安全检视

一、出车前检查

出车前首先要对车辆外观、发动机舱、驾驶室、客舱（客车）进行检视，然后起动发动机，对各仪表、报警装置、发动机运转情况进行检视，发现问题或者故障，及时解决和排除。

二、行车中、收车后检查

行车中、收车后要根据不同的车型对车辆外部进行检视，检视的顺序从车辆左中后部、后部、右中后部、前部，发现问题或者故障，及时解决和排除。

车辆安全检视内容一览表

项目 / 部位	检视内容	要求和标准	大型客运车辆	普通货运车辆	汽车列车
车辆外观	风窗玻璃	完好、无裂纹、无破损	●	●	●
	漆面	完好、脱漆总面积不超过10%	●		
	车灯	齐全完好、无破损、无裂纹	●	●	●
驾驶室内部	安全带	完好、有效	●	●	●
	喇叭、仪表	齐全、有效、指示准确	●	●	●
	内后视镜	完好、清析	●	●	●
	刮水器	完好、有效	●	●	●
	门锁	齐全、灵活、可靠	●	●	●
	转向盘	最大自由转动量不大于20°	●	●	●
	制动踏板	自由行程为120～150毫米	●	●	●
	离合器踏板	自由行程为30～40毫米	●	●	●
	驻车制动器操纵杆	移动量为3～5齿	●	●	●
	发动机运转情况	运转平稳、无异响	●	●	●

续上表

项目 部位	检视内容	要求和标准	大型客运车辆	普通货运车辆	汽车列车
左中后部	油箱及油箱盖	完好、油量充足、无渗漏	●	●	●
	轮胎	气压标准、无夹石、无破裂	●	●	●
	轮胎螺栓	齐全、无松动（用手锤敲击检查无松动）	●	●	●
	半轴螺栓	齐全、无松动（用手锤敲击检查无松动）	●	●	●
	制动鼓及轮毂	温度正常，无变形	●	●	●
	制动管路	无漏气、无漏油	●	●	●
	储气筒	完好、无漏气	●	●	●
	钢板弹簧	无断裂、无错位、挠度正常	●	●	●
	U形螺栓	齐全、无松动（用手锤敲击检查无松动）	●	●	●
	传动轴螺栓	齐全、无松动（用手锤敲击检查无松动）	●	●	●
	侧栏板	完好	●		
后部	车辆号牌	完好、有效、清晰	●	●	●
	备胎	齐全、固定无松动	●	●	●
	驱动桥壳	温度正常、无漏油	●	●	
	后栏板	完好、挂钩牢靠	●	●	
右中后部	轮胎	气压标准、无夹石、无破裂	●	●	●
	轮胎螺栓	齐全、无松动（用手锤敲击检查无松动）	●	●	●
	半轴螺栓	齐全、无松动（用手锤敲击检查无松动）	●	●	●
	制动鼓及轮毂	温度正常、无裂纹、无变形	●	●	●
	制动管路	无漏气、无漏油	●	●	●
	储气筒	完好、无漏气	●	●	●
	钢板弹簧	无断裂、无错位、挠度正常	●	●	●
	U形螺栓	齐全、无松动（用手锤敲击检查无松动）	●	●	●
	传动轴螺栓	齐全、无松动（用手锤敲击检查无松动）	●	●	●
	驱动桥壳	无漏油、温度正常		●	
	侧栏板	完好	●		
左前部、右前部	横直拉杆及球头	不碰擦、不松脱	●	●	●
	轮胎	气压标准、无夹石、无破裂	●	●	●
	轮胎螺栓	齐全、无松动（用手锤敲击检查无松动）	●	●	●
	制动鼓及轮毂	温度正常	●	●	●
	制动管路	无漏油、无漏气	●	●	●
	储气筒	完好、无漏气	●	●	●

续上表

部位＼项目	检视内容	要求和标准	大型客运车辆	普通货运车辆	汽车列车
左前部、右前部	钢板弹簧	无断裂、无错位、挠度正常	●	●	●
	U形螺栓	齐全、无松动（用手锤敲击检查无松动）	●	●	●
前部	车辆号牌	完好、有效、清晰	●	●	●
	后视镜	完好、调整得当	●	●	●
客车车厢	灭火器	齐全、有效	●		
	应急反光牌	齐全、有效	●		
	车门、应急出口	完好、开启灵活、有效	●		
	栏杆及扶手	完好、有效	●		
	车内灯	齐全、有效	●		
发动机舱	散热器	冷却液量充足、无泄漏	●	●	●
	风扇传动带	无起皮、无破损	●	●	●
	润滑油	添加量正常、色清、无杂质	●	●	●
	制动液	充足	●	●	●
	点火高压线	无松脱、不漏电	●	●	●
	蓄电池	外观清洁、连接牢靠、无漏液	●	●	●

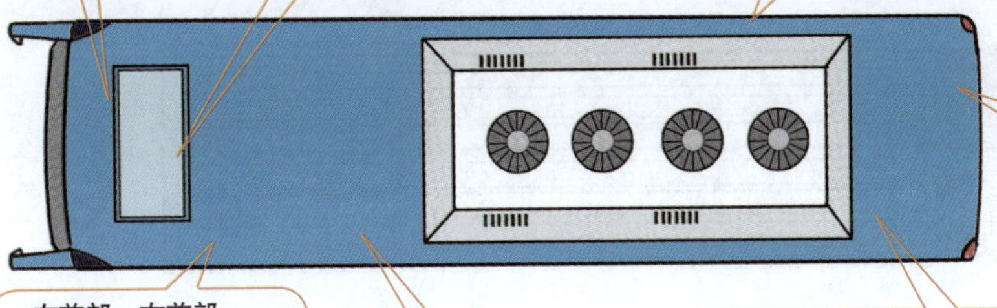

大型客运车辆安全检视示意图

普通货运车辆安全检视示意图

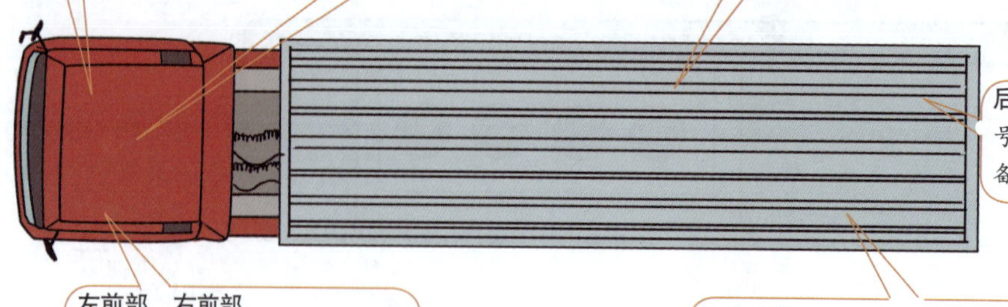

汽车列车安全检视示意图

第二节 旅客急救

一、心肺复苏抢救法

对伤员协调进行口对口吹气、胸外心脏按压，是对心脏、呼吸骤停伤员的有效抢救方法。

(1) 第一步：将伤员放置于心肺复苏体位，救护人跪于病人的一侧。

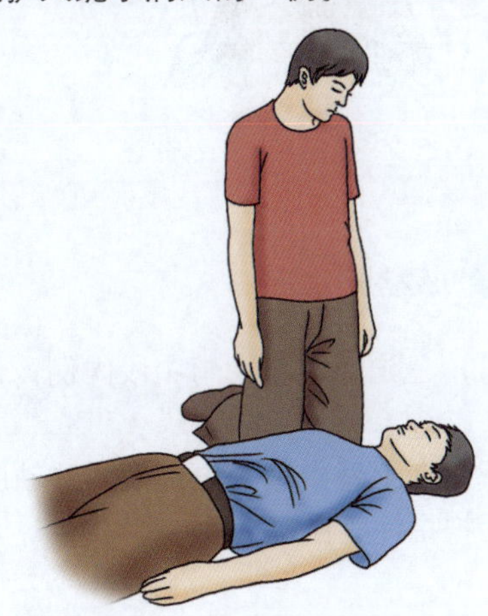

(2) 第二步：采用仰头举颏，打开气道，判断呼吸，用5秒钟时间，看、听、感觉检查伤员的呼吸。

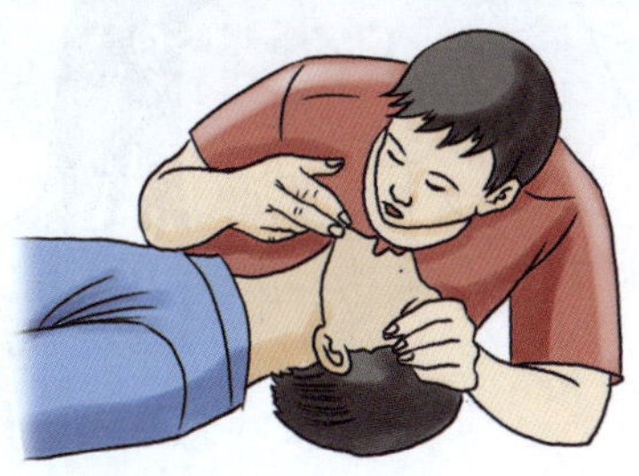

(3) 第三步：进行口对口人工呼吸，捏紧鼻翼，包严嘴唇，连续吹气2次，每次2秒，同时观察胸部起伏。

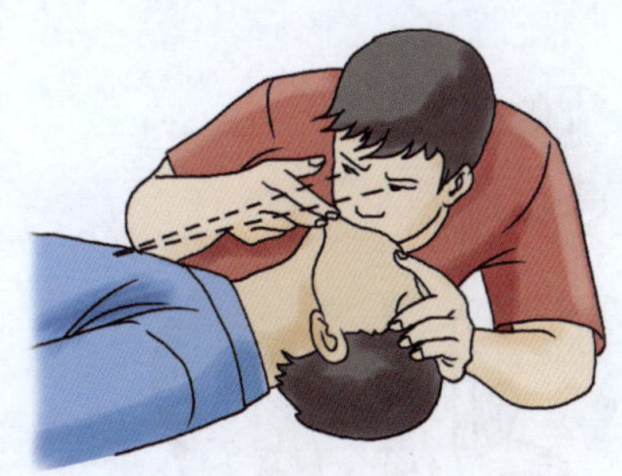

(4) 第四步：判断循环，触摸颈动脉，观察有无咳嗽和其他运动，用5～10秒判断有无心跳。

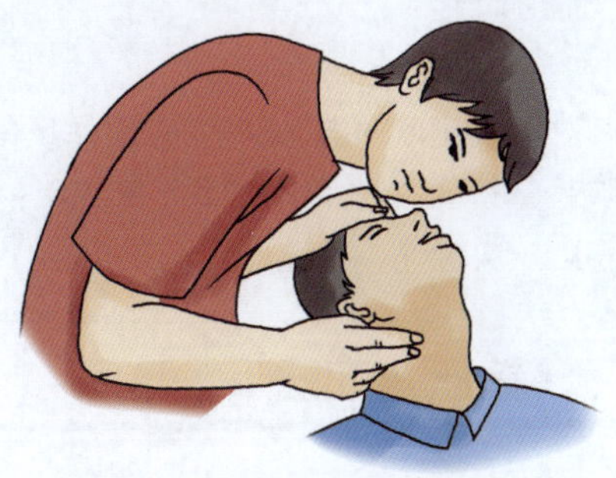

(5) 第五步：心脏按压定位，救护人一手食指、中指并拢，沿伤员一侧肋弓向上滑行至两侧肋弓交界处，另一手掌根紧靠食指放好，按压部位在胸骨下1/2处。

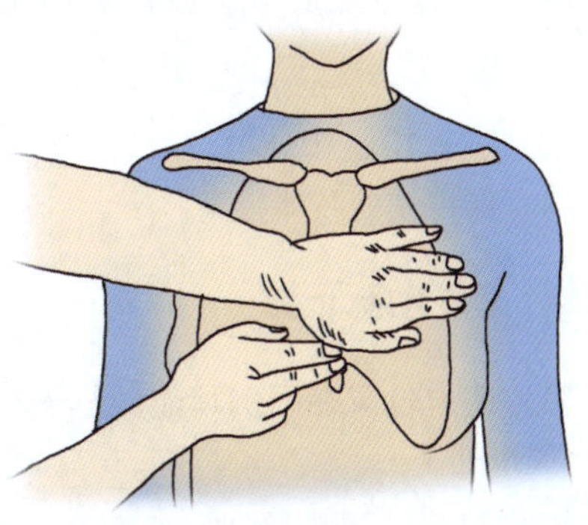

（6）第六步：定位准确，双手掌根垂直向下用力，下压深度4～5厘米，连续15次胸外挤压，频率为100次/分钟。

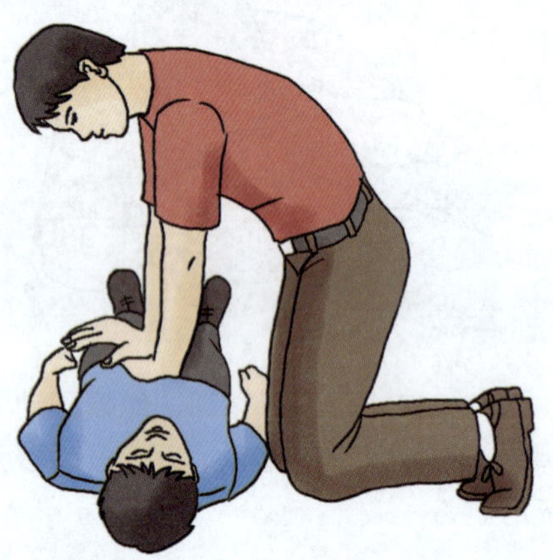

口对口人工吹气与胸外按压操作反复进行，吹起、挤压之比为2：15，每约3～4分钟，停止一次操作，检查呼吸与循环。

二、指压止血法

用手指压迫伤口近心端的动脉，阻断动脉血流，有效地达到快速止血的目的。指压止血法用于出血多的伤口。

操作要求：

（1）指压动脉压迫点准确。

（2）压迫力度适中，以伤口不出血为准。

（3）压迫10～15分钟。

（4）保持伤处肢体抬高。

1 颞浅动脉止血

（1）压迫位置在同侧耳前，位于耳屏上方1.5厘米处。

（2）用拇指压迫颞浅动脉止血。

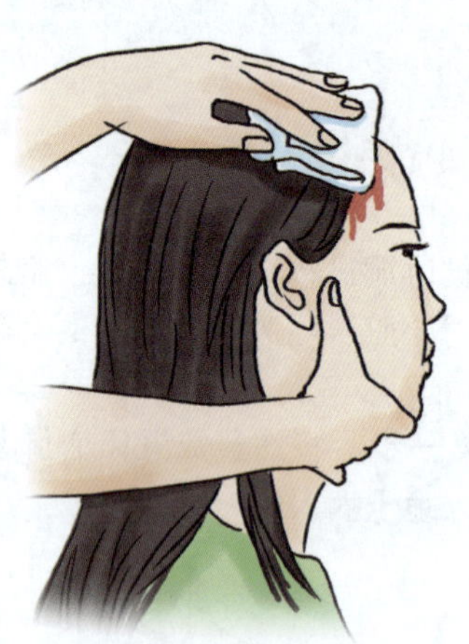

2 肱动脉止血

（1）压迫点位于上臂中段内侧，位置较深。

（2）在上臂中段的内侧摸到肱动脉搏动后，用拇指按压止血。

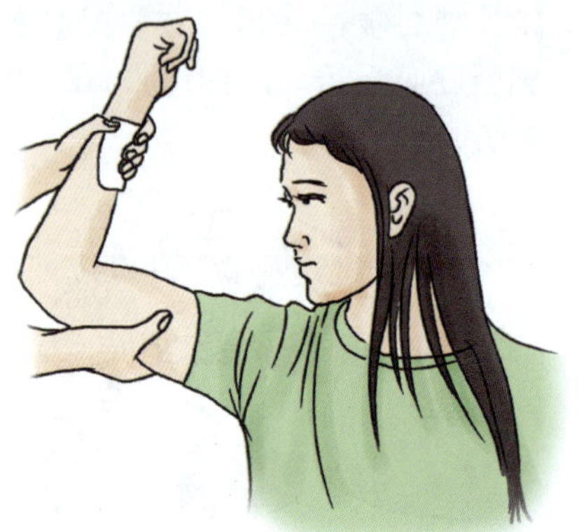

3 股动脉止血

（1）压迫点在腹沟韧带中点偏内侧下方，能摸到股动脉强大搏动。

(2) 用拇指或掌根向外上压迫，用于下肢大出血时止血。

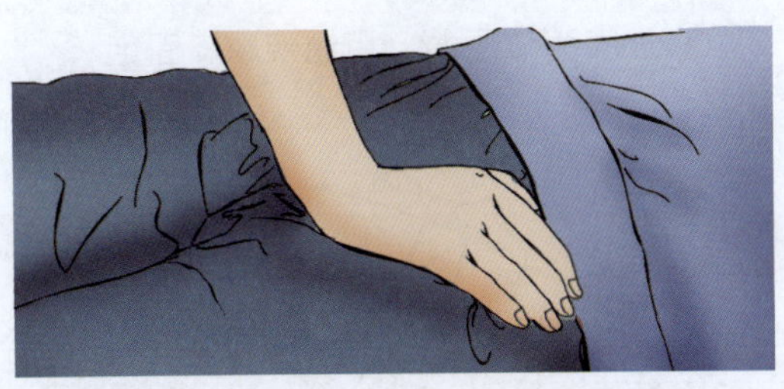

4 桡、尺动脉止血

(1) 压迫点在腕部掌面两侧。

(2) 同时按压桡、尺两条动脉止血。

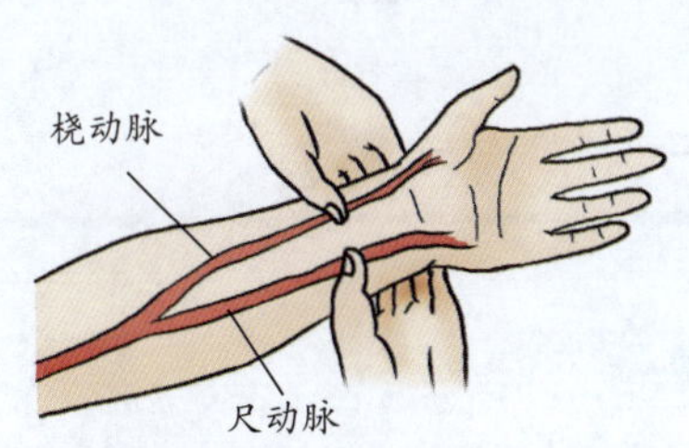

三、加压包扎止血法

用敷料或者其他洁净的毛巾、手绢、三角巾等覆盖伤口，通过加压包扎压迫出血部位进行止血。

操作要点：

(1) 让伤员卧位，抬高上肢，检查伤口有无异物。

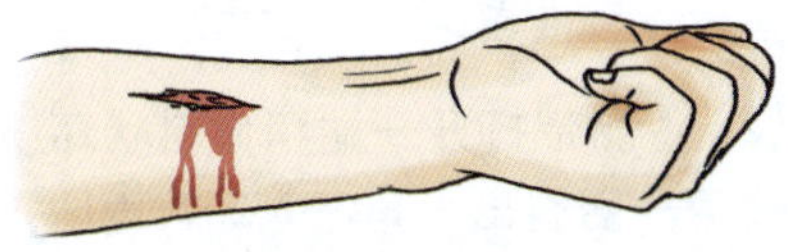

(2) 用敷料覆盖伤口，辅料要超过伤口至少3厘米。

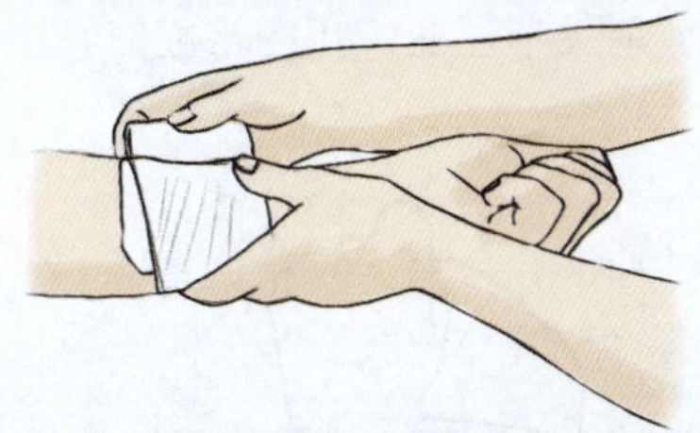

(3) 用手施加压力直接压迫,用绷带、三角巾等包扎。

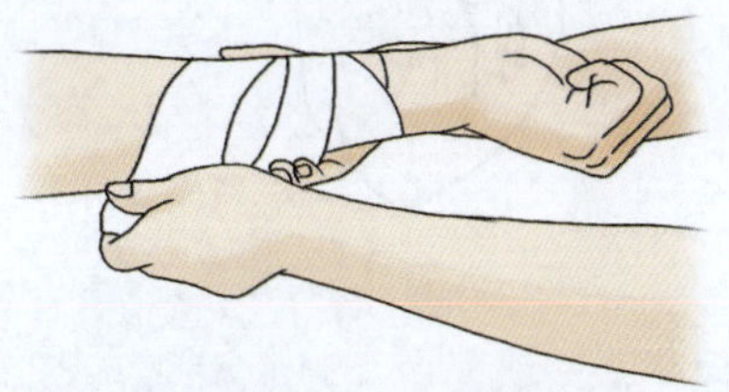

(4) 检查包扎后的血液循环情况。

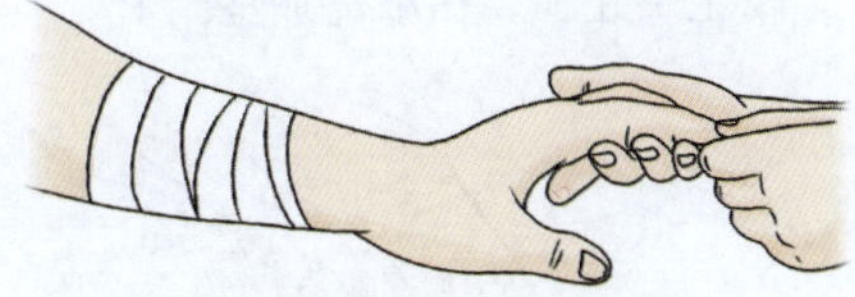

四、加垫屈肢止血

1 上肢前臂加垫屈肢止血

(1) 在肘窝处放置纱布或毛巾、衣物等物。

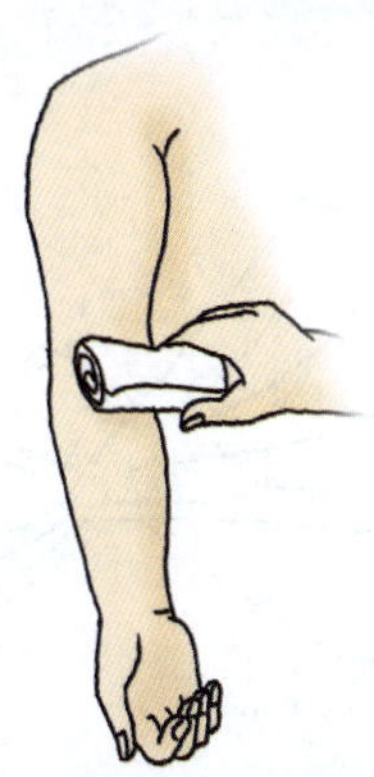

（2）肘关节屈曲，用绷带或三角巾屈肘固定。

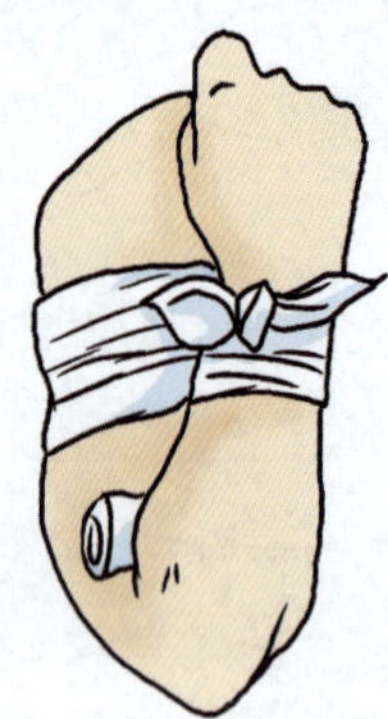

2 上肢上臂加垫屈肢止血

（1）上臂止血，在腋窝加垫。

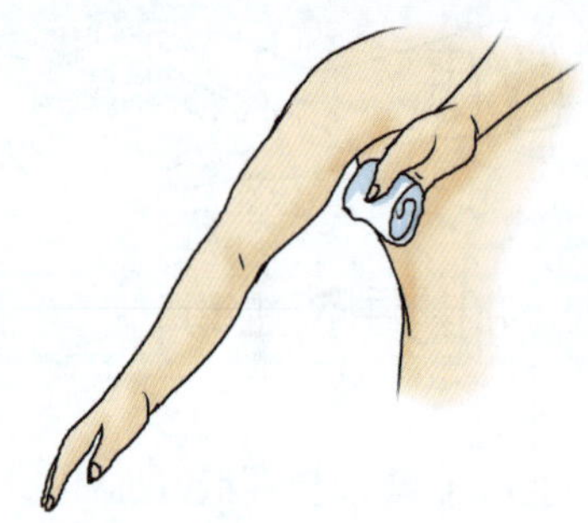

（2）将前臂屈曲于胸前，用绷带或三角巾将上臂固定在胸前。

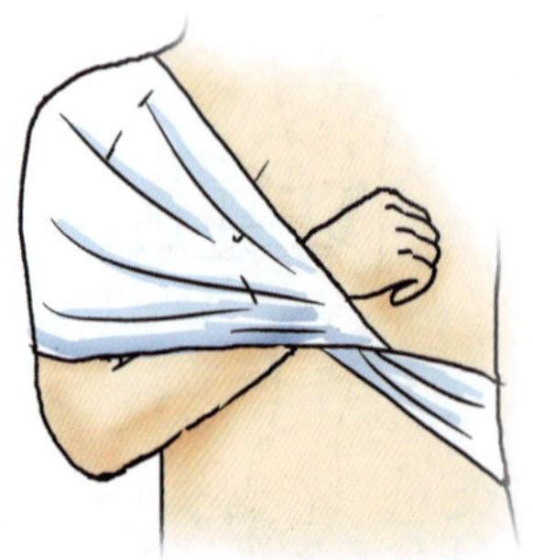

3 下肢小腿加垫屈肢止血

（1）在腘窝处加垫。

（2）膝关节屈曲，用绷带屈膝固定。

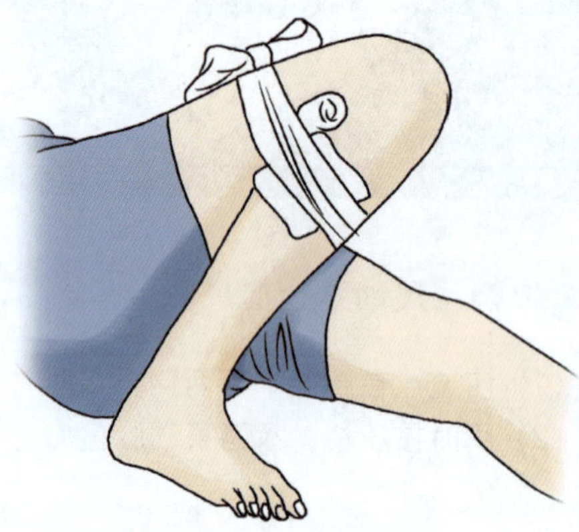

五、绷带包扎法

1 环形法

（1）将伤口用无菌敷料覆盖，用左手将绷带固定在敷料上，右手持绷带卷绕肢体紧密缠绕。

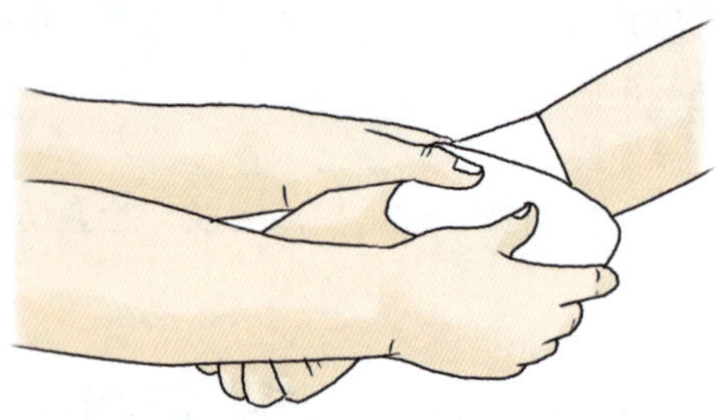

（2）将绷带打开一端稍作斜状环绕第一圈，将第一圈斜出一角压入环行圈内，环绕第二圈；环形缠绕4～5层，每圈盖住前一圈，绷带缠绕范围要超出敷料边缘。

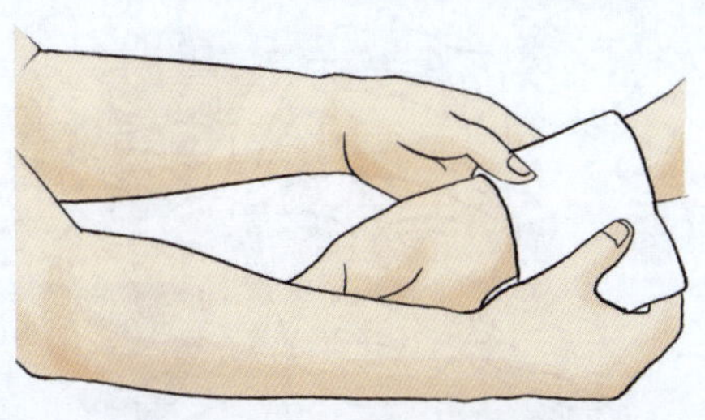

（3）最后用胶布粘贴固定，或将绷带尾部从中间纵向剪开形成两个布条，两布条先打一结，然后将两布条绕体打结固定。

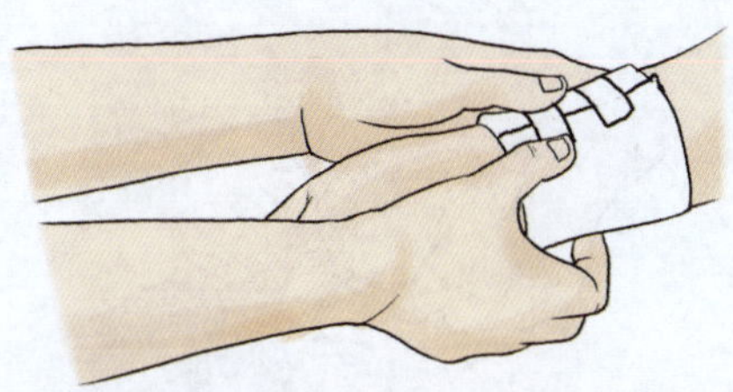

2 手掌“8”字包扎

（1）用无菌敷料覆盖伤口。

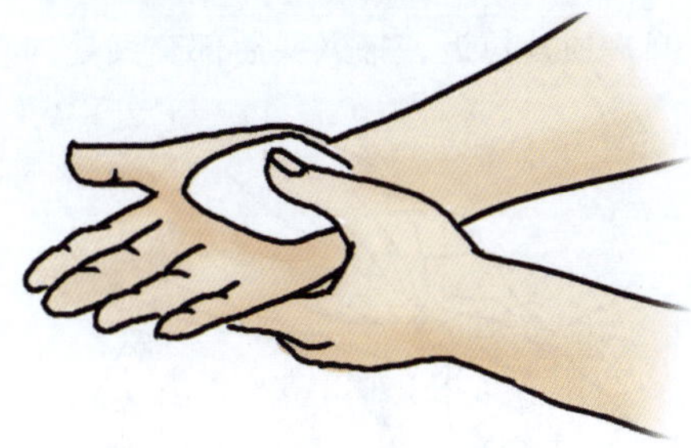

（2）从手腕部开始包扎，先环形缠绕两圈。

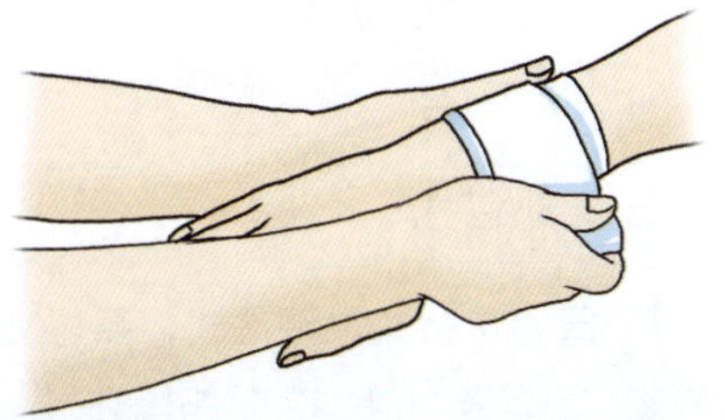

（3）经手和腕进行“8”字形缠绕。

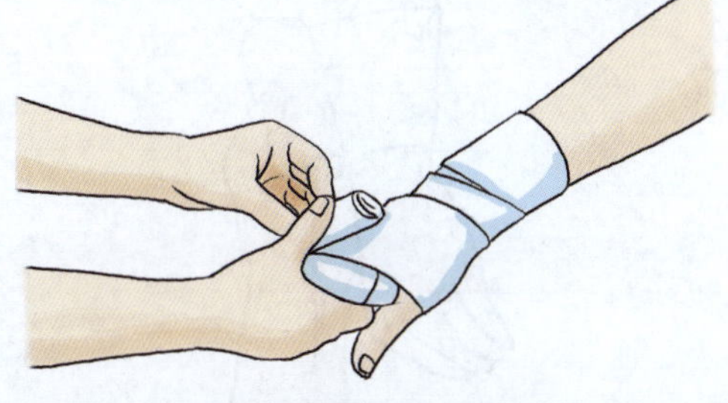

（4）将绷带尾端固定在腕部。

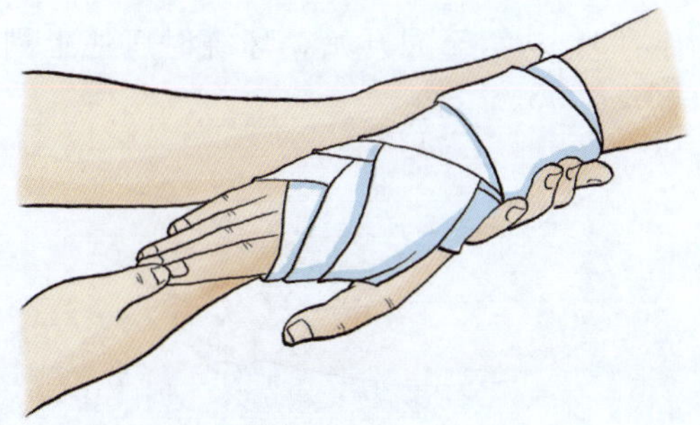

3 螺旋包扎

（1）用无菌敷料覆盖伤口。

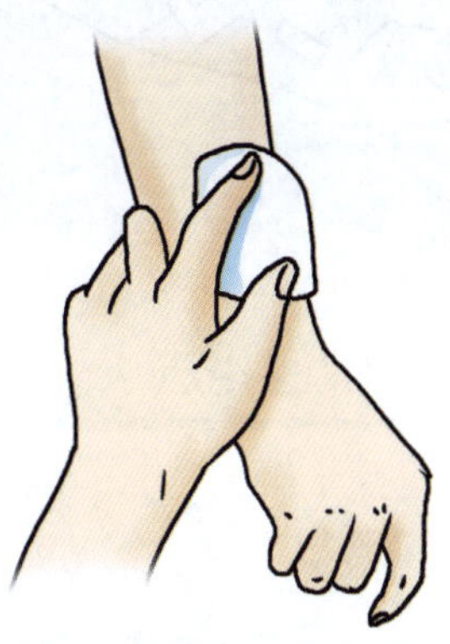

（2）先环形缠绕两圈。

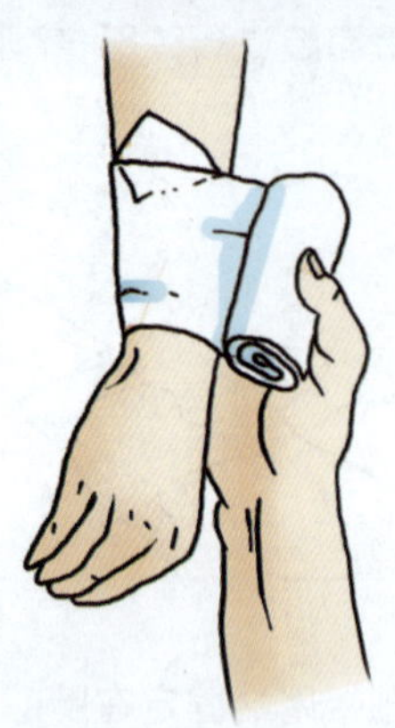

（3）从第三圈开始，环绕时压住上圈的1/2或1/3。

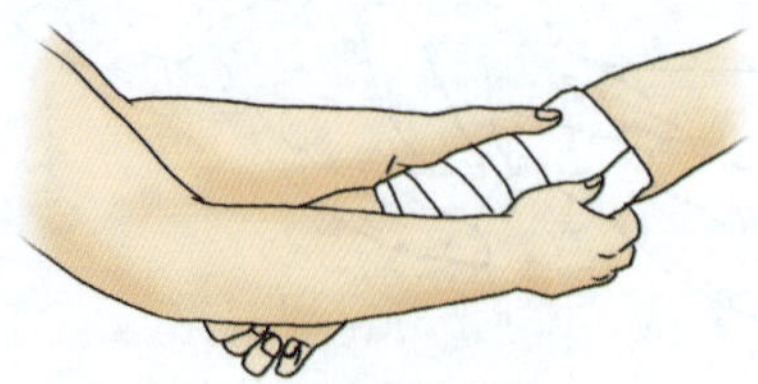

（4）用胶布粘贴固定。

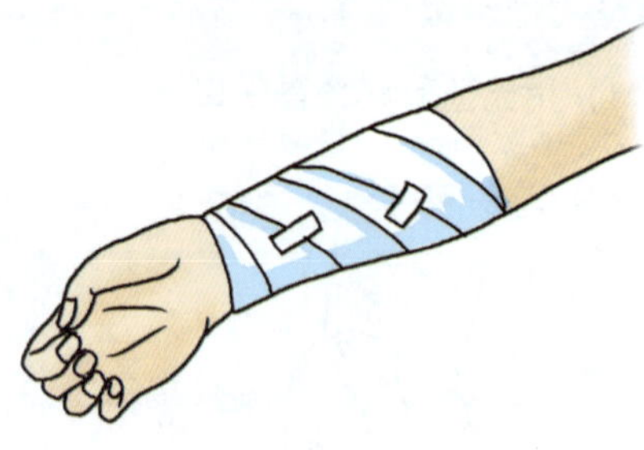

六、三角巾包扎法

1 头顶帽式包扎

（1）将三角巾的底边叠成约两横指宽，边缘置于伤员前额齐眉，顶角向后位于脑后。

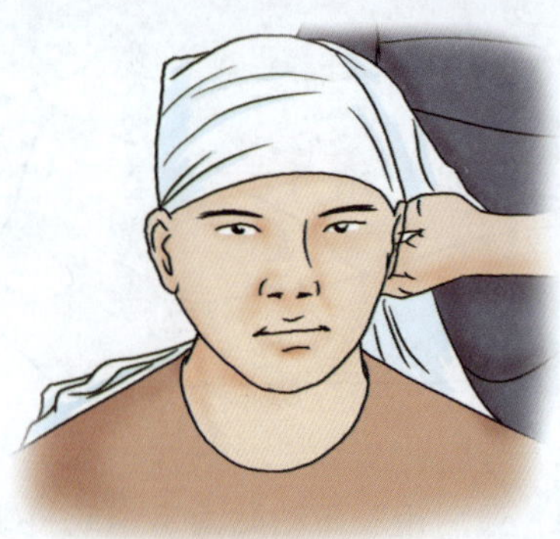

（2）三角巾的两底角经两耳上方拉向头后部交叉并压住顶角，再绕回前额相遇打结。

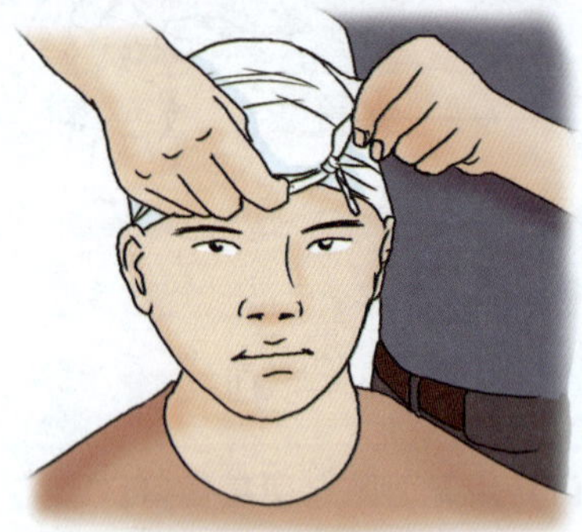

（3）顶角拉近，掖入头后部交叉处内。

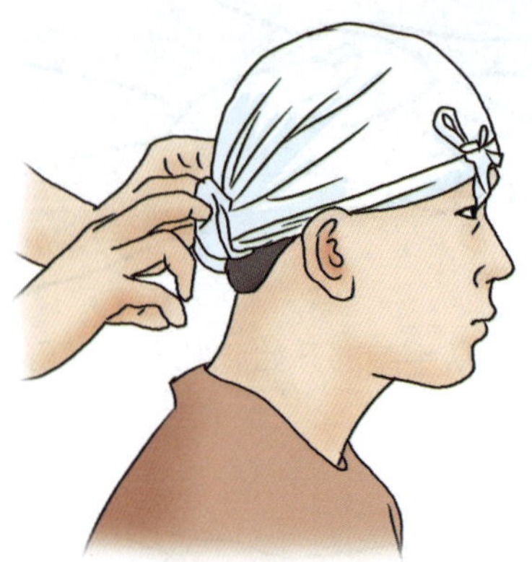

2 肩部包扎

（1）三角巾折叠成燕尾式，燕尾夹角约

90°，大片在后压小片，放于肩上。

（2）燕尾夹角对准侧颈部。

（3）燕尾底边两角包绕上肩上部并打结。

（4）拉紧两燕尾角，分别经胸、背部至对侧腋下打结。

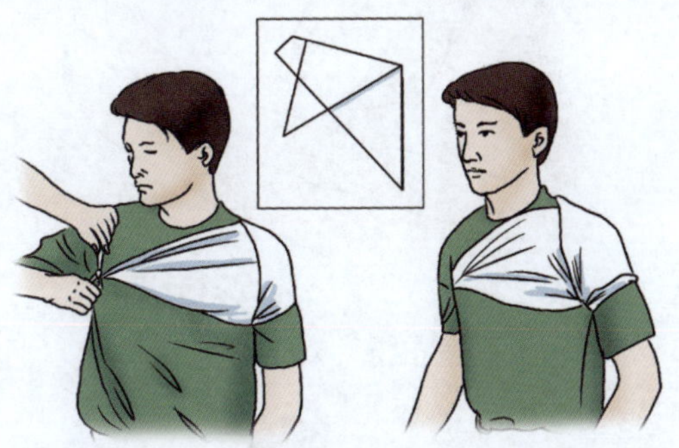

3 胸部包扎

（1）三角巾折叠成燕尾式，燕尾夹角约100°，置于胸前，夹角对准胸骨上凹。

（2）两燕尾角过肩于背后，将燕尾顶角系带，围胸在背后打结。

（3）将一燕尾角系带拉紧绕横带后上提，再与另一燕尾角打结。

（4）背部包扎时，把燕尾巾调到背部即可。

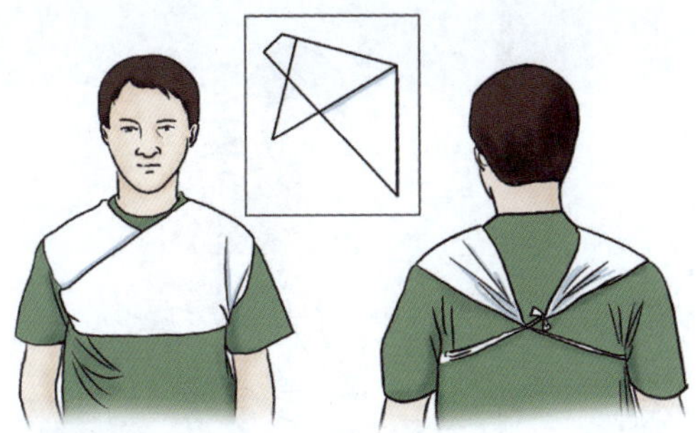

4 腹部包扎

（1）三角巾底边向上，顶角向下横放在腹部。

（2）两底角围绕到腰部后打结。

（3）顶角由两腿间拉向后面与两底角连接处打结。

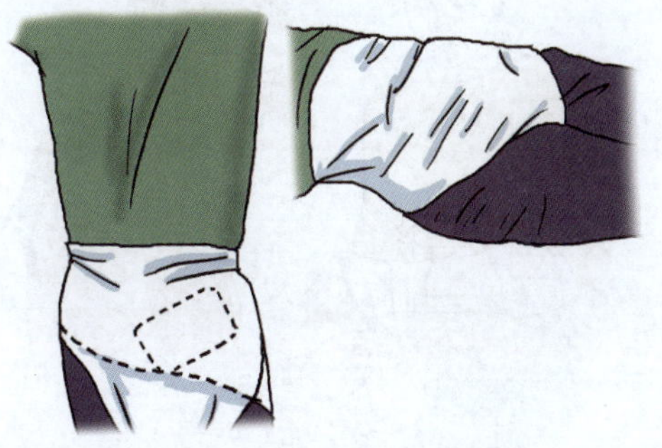

七、骨折固定法

1 前部骨折固定

（1）将上肢轻放于功能位。

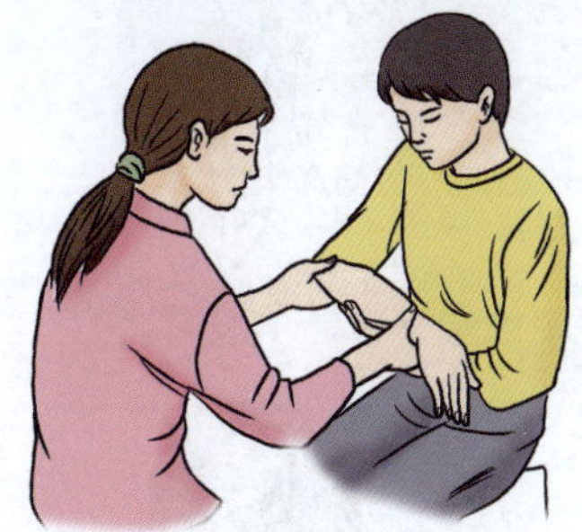

（2）置夹板超过肘腕关节，并在骨凸出处加垫。

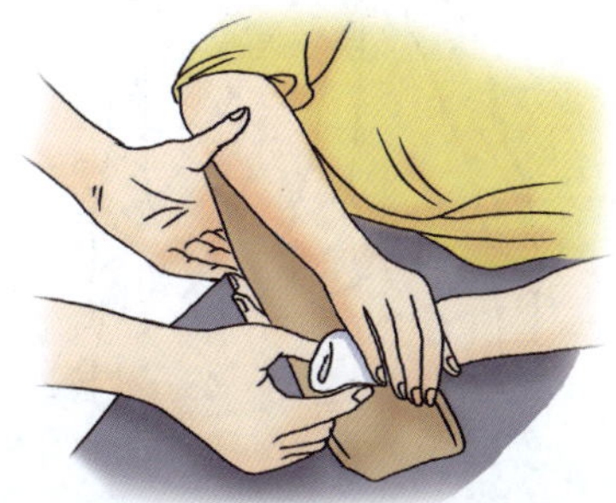

（3）先固定骨折部位上端，再固定骨折下端。

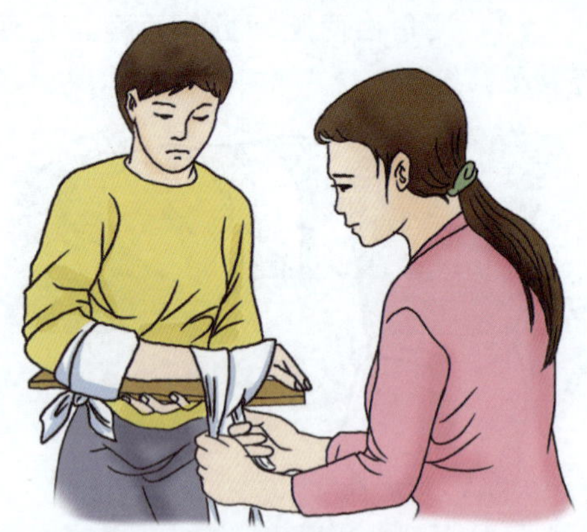

（4）检查末梢血液循环情况。

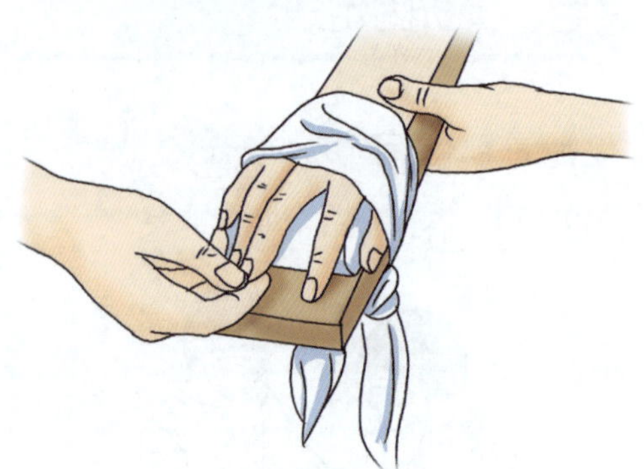

（5）用大悬臂带悬吊前臂。

② 下肢骨折固定

（1）轻轻抬起伤肢与健康肢并拢。

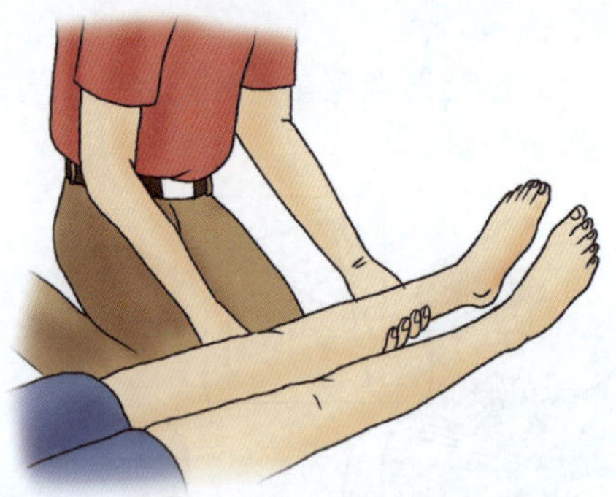

（2）放好宽布带，双下肢间加厚垫。

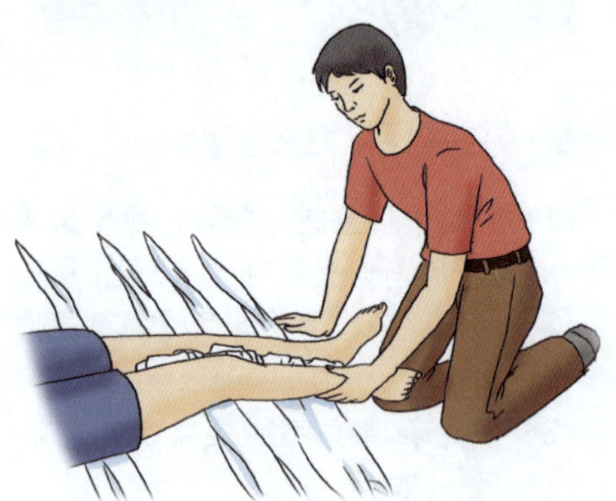

（3）自上而下打结固定。

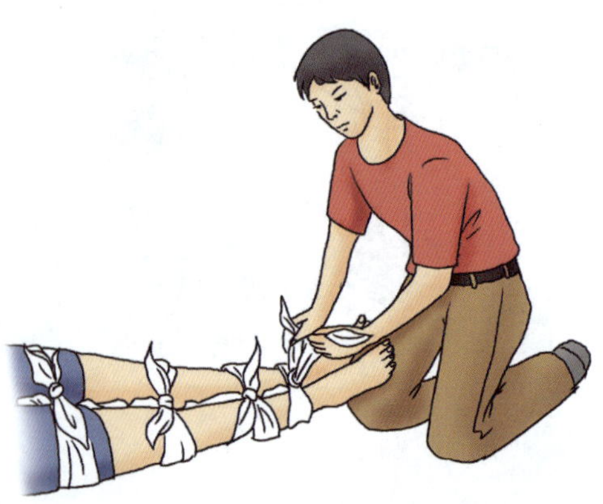

(4) 检查肢体末端血液循环。

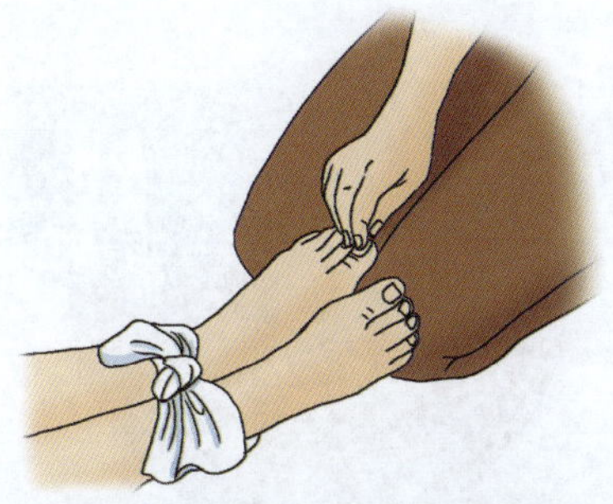

(5) 双踝关节“8” 字形固定。

第三节 轮胎更换

一、轮胎更换的步骤

(1) 第一步：用气压表检查后轮外侧轮胎气压。

(2) 第二步：在其余前后轮下加止动块。

(3) 第三步：拆卸备胎。

(4) 第四步：按顺序旋松后轮胎螺母。

（5）第五步：用千斤顶顶起后轮。

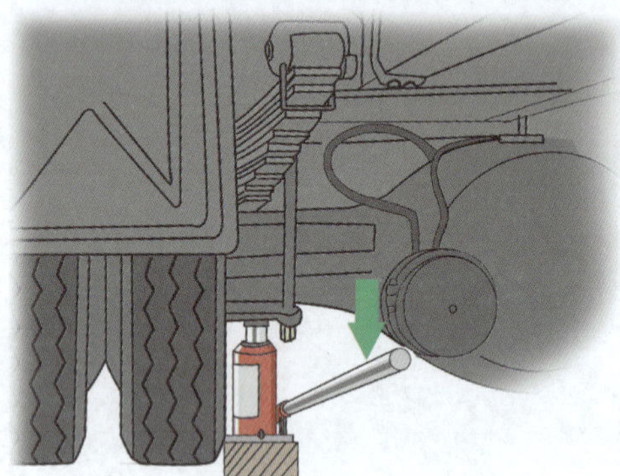

（6）第六步：旋下螺母，卸下轮胎。

（7）第七步：安装备胎。

（8）第八步：按螺母紧固顺序预紧固轮胎螺母。

（9）第九步：放下千斤顶，紧固所有螺母至规定扭矩。

（10）第十步：将替换下的损坏轮胎固定到备胎架上。

二、轮胎更换的要求

（1）用气压表检查后轮外侧轮胎气压后，读出气压值。

（2）在其余前后轮下加止动块。

（3）使用专用工具卸下备胎，用气压表检查备胎气压后，读出气压值。

（4）旋松后轮胎螺母。

（5）用千斤顶顶在后桥规定的位置将后轮支起。

（6）按顺序将轮胎螺母松掉后，卸下轮胎（操作时可用撬棒上抬轮胎进行辅助操作）。

（7）安装备胎，两轮轮辋通风口应对准，两胎气门嘴应对称排列，按180° 分开。

（8）旋上后轮胎螺母，按对角顺序预紧固轮胎螺母，使螺母的锥形端面与螺栓孔的锥形端面紧密配合。

（9）放下千斤顶后，逐一将轮胎螺母再紧固一遍，使旋紧力矩达到规定数值，增加紧固力度。

（10）将换下的轮胎安装到备胎支架上，将工具放回原位。

第四节　危险源辨识与防御性驾驶方法

一、交叉路口危险源辨识与防御性驾驶方法

交叉路口车辆和行人交织在一起，是危险因素最多的地方，也是交通阻塞和交通事故多发地段。交叉路口的车辆和行人通行量大，路口的交织点多，像一张网覆盖在路口上。

由于一些车辆和行人在路口违法通行，常常会发生车辆和车辆之间、车辆和非机动车或行人之间的碰撞。交叉路口一旦发生事故或者拥堵，加塞、抢行的车辆就会增多，使本来就秩序混乱的路口雪上加霜。不仅破坏了交叉路口的交通秩序，使路口交通阻滞，甚至会导致重大恶性交通事故的发生，严重威胁他人和自己的生命财产安全。

危险源	防御性驾驶方法
有交通信号灯的路口	在有信号灯的路口前，减速慢行，注意信号灯的变化，服从信号灯或交通警察的指挥。红灯亮时要停在停止线外，黄灯亮没有进入路口时要在停止线外停车等待，绿灯亮时要迅速通过路口
无交通信号灯的路口	在无交通信号灯控制的路口，要减速慢行，注意避让车辆和行人。转弯时让直行车辆先行，直行时让右侧直行车辆先行。直行通过路口，要随时观察左、右方交通情况，右转弯车辆要注意礼让行人，左转弯车辆不要占用直行车道
铁路道口	通过铁路道口前减速降挡，用低速挡安全通过道口；进入道口后中途不能变换挡位。通过无人看守的铁路道口时，做到“一停、二看、三通过”

续上表

危险源	防御性驾驶方法
环岛路口	进入环岛，不用开启转向灯，要注意避让环岛内行驶的车辆，沿右侧驶入环岛。驶出环岛前，开启右转向灯，逐渐向外侧变更车道，遇有其他车辆不让行时，要减速或停车等待，不得影响环岛内行驶的车辆
横穿的行人	在路口发现有人横穿时，迅速减速或停车避让，不得加速从行人前、后方绕过或与行人抢行，更不能鸣喇叭催促其让道。尤其要注意避让横穿路口的老年人和儿童
穿行的自行车	在路口缓行或者依次等候，看到自行车从车流间穿行时，要主动减速或停车避让，随时预防其突然摔倒，不得连续鸣喇叭警告或与自行车抢行
异常转弯车辆	遇到从左侧绕行的右转车辆或者从右侧左转的车辆，要注意观察其转向角度和行驶路线，做好避让准备。等前面车辆转弯后，再起步通过路口，不要赌气抢行或故意不让
路口拥堵	遇前方路口拥堵车辆停车排队等候或者缓慢行驶时，要依次排队停在路口以外等候，不要从前方车辆两侧穿插或者超越行驶，不得在人行横道、网状线区域内停车等候。路口前方道路堵塞时，不要进入路口
掉头车辆	路口掉头的车辆阻碍正常行驶时，注意减速或者停车避让。对违法掉头的车辆，要提防其突然制动或改变行驶路线，不要连续鸣喇叭催促或抢行
加塞抢行车辆	在拥堵的交叉路口遇有加塞抢行的车辆时，要保持平和的心态，注意避让，不要斗气、故意不让或采取危险的挤、别动作，以免发生刮碰和追尾事故
闯红灯的车辆	路口绿灯亮后，发现左右两侧有抢黄灯或闯红灯直行的车辆、右侧路口车辆抢黄灯或者闯红灯左转弯时，不要急于起步，更不要加速通过路口，一定要保持较大的距离安全避让
交通事故	遇到路口发生交通事故时，不要进入路口或从事故现场穿过。有交警在场时要服从交警指挥，没有交警在场时要选择远离事故现场的路线通过

二、桥梁、隧道危险源辨识与防御性驾驶方法

道路上的桥梁、隧道种类很多，穿山的隧道、跨过江河的桥梁，还有一些单行桥、窄桥、简易桥等条件差的桥梁，存在很多行车安全隐患和事故陷阱，往往会被驾驶员所忽视。桥梁、隧道两端大都设有限制速度、限制高度、限制载质量、注意横向风等标志，提示前方存在危险因素。

危险源	防御性驾驶方法
跨江、跨河大桥	通过跨江、跨河大桥前，注意观察标志、标线，提前选定行驶路线，严格按标志限定的速度和标线行驶。行经江面、河口路段时握牢转向盘，预防横向风，避免车辆偏离行驶路线或翻车。雨雪雾天过桥，要减速行驶
窄桥、简易桥、单行桥	通过窄桥、简易桥、单行桥等条件差的桥梁前，注意桥头限制标志，停车观察桥面状况和桥对面交通情况，确认安全后，低挡匀速过桥，中途尽量避免停车或紧急制动，不能与其他车辆和行人抢行。雨雪雾天过桥，要做好防滑措施
漫水桥	通过漫水桥首先实地察明水深、流速快慢，结合所驾车辆涉水能力，决定是否通过。涉水前让乘车人下车步行过桥，下水后要稳住转向盘，不要加速猛冲。离开水面后低速行驶一段时间，并低速制动车辆多次，排出制动器内的水分，再转入正常速度行驶
单向隧道	距隧道入口前50米左右，开启近光灯，按标志上规定速度行驶。严禁在隧道内变更车道、超车和停车。到达出口时握稳转向盘，以防横向风引起车辆偏离行驶路线，驶出隧道后，在眼睛没有适应前，一定要减速慢行
双向隧道	进入隧道前注意通行信号，开启近光灯，严格遵守速度、高度、宽度限制。在隧道内沿中心线右侧通行，不要随意变更车道、超车和停车。驶出隧道后，待眼睛适应后再转入正常速度行驶

三、山区道路危险源辨识与防御性驾驶方法

山区道路依山傍崖，环山修建，道路条件相对较差，情况复杂，险象环生。在山村道路上通行的车辆和行人，法制观念淡薄，安全意识差，危险因素多。雨天道路、冰雪路面、雾天道路行车更加艰难，危险丛生，有时甚至惊心动魄。在山区道路驾驶车辆，要充分考虑自然环境、道路条件、人的因素对行车安全的影响。根据各种道路和环境条件，控制好行车路线和行驶速度，对可能出现的危险要有充分的思想准备，提前考虑应对措施。

危险源	防御性驾驶方法
上坡路段	上坡路段提前判断坡度大小，可减挡保持足够的动力爬坡。跟车行驶要保持较大的距离，严禁超车。到达坡顶时，注意预防对面的视线盲区突然出现车辆而措手不及
下坡路段	下坡路段使用发动机的牵阻或缓速器控制车速，不要长时间使用行车制动，防止制动器温度升高造成制动失效而发生危险。下较陡的坡道，可选用低速挡。跟车行驶要与前车保持充足的安全距离，不得超车

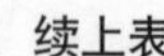
续上表

危险源	防御性驾驶方法
狭窄路段、傍山险路	在傍山险路、窄路、窄弯等狭窄路段，要靠右侧低速行驶。右侧是深沟、险崖或峡谷时，留出足够的安全路面，不要往山下看，以免影响操作或引发危险。必要时，可请人在车下引导通过
限速路段	在有限速标志和强制减速警示标志的路段，严格按限速规定低速行驶，注意观察路面情况，发现异常情况及时减速或停车
危险路段会车	会车地点在弯道、悬崖或溪水旁等地势比较危险的路段时，要停车观察路基情况，确认安全后保持最小安全间距缓慢会车。在靠山一侧会车，尽量靠近崖壁，给对方来车留出足够的路面，做到“礼让三先”，安全会车
事故多发路段	在设有事故易发路段标志和多次发生死亡事故警示标志的路段，前方由于某种原因曾多次引发重大交通事故，要注意观察前方道路情况，减速行驶，谨慎驾驶，及时发现险情，遇到事故现场提前减速或停车
横向风路段	在隧道出口、凿开的山谷口、江面河口处，经常会遇到横向风。看到横向风标志或经过容易出现横向风的路段，要握稳转向盘，减速行驶。感到转向盘突然失控时，微量进行调整，不得紧急制动或迅速向逆风或顺风方向转动转向盘
施工、事故路段	遇前方路段上道路施工占道或因事故堵塞时，及时减速或停车观察，按照交通标志或警示牌上的提示通行，注意给施工和救险车辆留出通道
急转弯道	在地势险峻的窄道急弯路段，要集中精力，注意交通标志，低速行驶，尽量选择道路中间或靠山一侧安全行驶，勤鸣喇叭，密切注视弯道情况，随时预防对面来车。做到“减速、鸣号、靠右行”
落石路段	在有注意落石标志和经常发生塌方、泥石流的地段，要谨慎驾驶，注意观察山体一侧，尽量远离靠山一侧迅速通过，避免停车。一旦发现异常现象及时停车，不要盲目通过
易滑路段	在有易滑标志的路段，严格按限速规定行驶，不得超速行驶。遇到需要减速的情况要留有较大的提前量，一定要避免临近易滑路段时紧急制动
畜力车或牲畜	遇畜力车或牲畜，要在较远处鸣喇叭，并提前减速，不得急加速绕过或临近时鸣喇叭。发现牲畜抢道时，主动减速或停车避让，不可采取连续鸣喇叭的方式进行驱赶或加速绕过
雨天、雪天、雾天、结冰道路	雨天、雪天、雾天、结冰路面行车，最高时速不能超过30公里/小时，会车、跟车行驶尽可能保留较大的行车间距。暴雨、大雪、浓雾天气，不要进山区道路行驶

四、城乡结合部危险源的辨识与防御性驾驶

城乡结合部是交通管理最薄弱的地方，不遵守规定的车辆、行人较多，危险情况因素复杂且没有规律，属于事故多发地带。驾驶车辆从拥堵繁忙的市区进入城乡结合部，会感到不适应，驾驶员往往因急于赶路，加速行驶，忽视对行人和非机动车的观察，对行车安全十分不利，发生事故的概率较高。

危险源	防御性驾驶方法
行人、非机动车	遇到行人、非机动车不靠路边通行时，要减速并与行人和非机动车保持较大的距离，也可适当鸣喇叭提示。发现行人或非机动车突然横穿道路，要及时减速或停车避让，不得绕行通过
路边摊位	行驶到路边的摊位附近，要减速行驶，重点观察围在摊位周边的人群，尤其要注意玩耍的儿童和老年人。发现摊位边有人转身回头或招手时，要预防其突然横穿道路，同时注意道路对面情况
路上晒的粮食	在晒粮占道的路段，尽量在没有粮食的路面行驶。对面有来车或者晒粮人留出的路面不足，骑轧粮食通过时要保持低速。一侧车轮碾压粮食行驶时，要握紧转向盘，避免侧滑。另外，遇晒粮人设置的路面障碍物，要绕行通过
农用运输车、三轮车	发现超载、违法载人、稳定性差的农用运输车辆和三轮车不遵守法规、随意占道行驶、频繁变道、见空就钻时，要及时采取避让措施。跟车行驶要保持车距，随时预防农用运输车辆和三轮车突然转弯、掉头或停车
遇超载、超限车辆	交会、尾随超载、超限的大型货车，要注意观察其动态，保持较大的距离，预防货物突然掉落、爆胎偏驶、制动失灵、翻车等故障或事故。尤其要注意后视镜被货物遮挡的大型货车，不要随便超车
公交车	超越停在路边的公共汽车时，要减速慢行，与公交车保持较大的安全间距，注意避让超越公共汽车的非机动车或行人。接近公交车时，做好随时停车准备，预防行人和非机动车从公交车前突然横穿道路

五、高速公路危险源辨识与防御性驾驶方法

高速公路上车速较快，路面状态、车辆动态、环境条件等都在不断变化，潜藏着各种各样的危险因素。驾驶车辆时，要仔细观察道路上的各种动态和路面情况，分析高速公路可能出现的危险情景，提前进行预测，做出正确判断，随时准备应对突发情况。

危险源	防御性驾驶方法
立交桥	行至立交桥，根据指路标志确认行驶路线。需要变道时距立交桥500米开始逐渐降速，平顺驶入预定车道。距出口50～100米时，减速慢行，开启右转向灯，进入匝道
下长坡路段	在下长坡路段行驶，要遵守限速标志，利用发动机牵阻控制车速，避免过多使用行车制动。跟车行驶，要与前车保持充分的安全距离。下长而大的坡道，要防止因车速太快无法控制而发生危险
弯道、匝道	在弯道和匝道行驶，要遵守限速标志规定的行驶速度，根据弯度握好转向盘，不得变更车道。匝道前方有车辆行驶时，要保持足够的安全间距，不得超车
加速车道	进入加速车道后，开启左转向灯，迅速将车速提高到60公里/小时以上，及时选择驶入行车道的时机。避免在加速车道上超车、减速或停车
减速车道	驶入减速车道后，注意观察车速表，并逐渐减速，使车速在进入匝道前减至40公里/小时或标志规定的速度以内。不得未经减速车道减速，直接从主车道驶入匝道
跟车距离	在高速公路跟车行驶，要严格遵守跟车距离规定，车速超过100公里/小时保持100米距离，低于100公里/小时不得少于50米距离，可利用安全距离确认路段进行判断
变更车道	在高速公路变更车道前，要注意观察后视镜，在变道一侧没有车辆通行的前提下，开启转向灯，逐渐变更车道。变道时要继续注意变道一侧的后视镜，预防高速行驶的车辆突然驶近
限速路段、易滑路段	在有易滑、限速标志和强制减速警示标志的路段，严格按限速规定行驶，不得超速行驶。特殊天气行车要遵守高速公路指示牌的限制速度提示
施工、事故路段	遇前方道路施工占道、因事故车道堵塞，或因自然灾害造成前方路段损坏正在维修时，按照交通标志或警示牌上的要求和提示减速行驶
事故多发路段	在设有事故易发路段标志和多次发生死亡事故警示标志的路段，前方由于某种原因曾多次引发重大交通事故，要减速行驶，谨慎驾驶，预防事故
违法占道的车辆	遇到长时间跨车道、在内侧路段低速行驶的车辆，要保持良好的心态，减速行驶，不要从两侧超越，更不能赌气采取非常手段
超速行驶、违法变道车辆	发现左侧超车道或右侧应急车道、路肩有超速行驶的车辆，要握稳转向盘及时减速，一旦右侧车辆突然向左或者左侧车辆突然向右变道，迅速采取制动减速措施，严禁向两侧车道转向躲避，做到：有理让无理，让速还让路

续上表

危险源	防御性驾驶方法
停在紧急停车带、路肩、行车道的车辆	遇到不明原因停在紧急停车带或者路肩的车辆，随时都要预防其突然起步向右转驶向行车道。遇到因故障或事故停在路边或行车道内的车辆，要及时减速，根据现场情况停车或绕行
行人、非机动车及横穿的动物	遇到违法进入高速公路的行人、非机动车和穿越的牲畜，要及时采取制动减速避让措施，不得急转转向盘躲避或者绕行，谨防车辆倾翻
破碎轮胎、路中货物、事故现场	突然遇到路面障碍、从车上掉下货物或遇到事故时，第一措施就是制动减速，尽量将车速降到最低，严禁急转转向盘躲避或者绕行
雨天、雪天、雾天、结冰路面	雨天、雪天、雾天及结冰路面行车，要严格按规定低速行驶，雨天防“水滑”，雪天防“侧滑”，雾天防“追尾”。行车中遇暴雨、大雪、浓雾天气，不要继续勉强行驶，应尽快设法到服务区停车或驶离高速公路

第五节 节能驾驶

一、起步操作

 一次起动发动机

将变速器操纵杆至于空挡位置，踏下离合器踏板，打开点火开关，一次成功起动发动机。发动机起动后，缓抬离合器踏板，使其平稳结合，使发动机保持低中速运转。

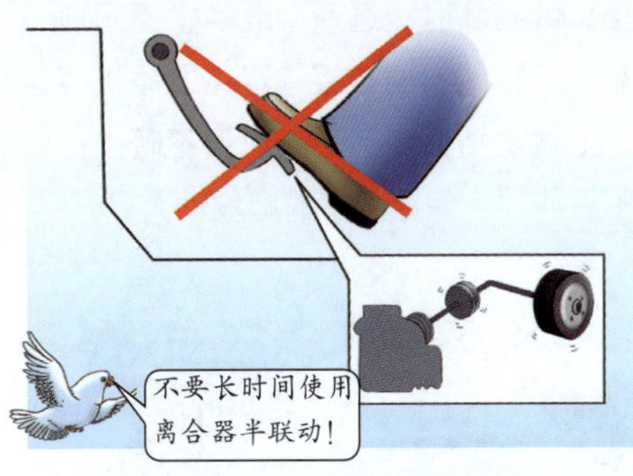

 平顺起步

发动机起动后1分钟之内起步，低速行驶1～2公里，冬天适当延长到3～4公里，待冷却液温度升高后再转入正常速度行驶。起步时，左脚将离合器踏板完全踏

下，将变速器操纵杆置于起步挡（小型车选用一挡，大型车可选用二挡）位置，左手握转向盘，左脚松抬离合器踏板至半联动的同时，右手松放驻车制动器操纵杆，右脚适量轻踏加速踏板，左脚继续缓慢松抬离合器踏板，使车辆平稳起步。注意不得熄火或者踏下加速踏板过早、过晚。

二、车速控制

① 尽快加速、加挡

车辆起步后，在道路和交通允许情况下，尽快从低挡换到高挡，动作干净、利索，无失误。尽快加速、加挡，避免抵挡高速行驶。要选择在发动机接近经济转速情况下加挡，做到及时、迅速、准确，不超前、不滞后，不猛踏加速踏板、避免发动机高速空转。上坡换挡要做到“高速挡不硬撑，低速挡不硬冲”，保持足够的爬坡动力。

② 保持经济车速

车型不同、挡位不同，行驶中的经济车速也不同，挡位越高的经济车速行驶时油耗越低。换挡时要注意控制各个挡位的经济速度，轻踏加速踏板 (缓加速)提速，及时加挡，尽量使用最高挡行驶，要将车速控制在60～90 公里/小时经济车速以内，避免低挡高速或拖挡行驶。上坡时不要把加速踏板踏到底，以踏下1/3～2/3行程为宜。

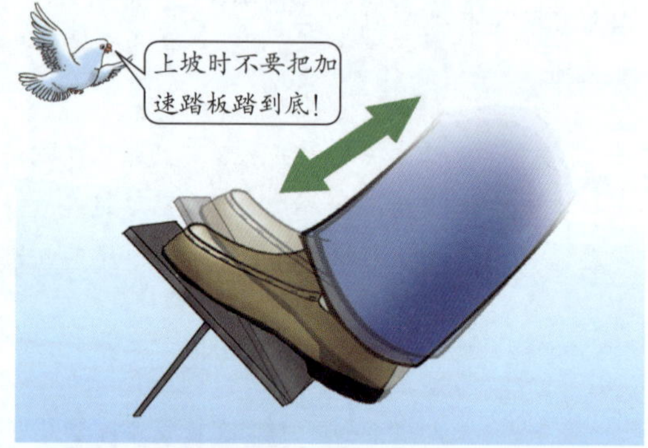

③ 合理滑行

车辆行驶中，发现前方有障碍、路口、人行横道、需转弯、会车、红灯等情况不能保持常速通行的路段，尽量少用或不用制动，提前松抬加速踏板，采用带挡滑行代替制动的方式，充分利用车辆的惯性和发动机的制动作用，实现减速通过或缓慢停车。

三、制动、停车熄火

 制动减速

行车中，在保证安全的前提下，尽可能不用或少用制动器，相对减少制动和停车次数。减速时，轻踏制动器踏板缓慢减速，遇紧急情况应采用踩制动踏板“先急后松”的减速方法，即第一次先急速踩下制动踏板，接着松开制动踏板缓冲，第二次再踩下制动踏板，然后慢慢松开制动踏板。

2 停车熄火

停车时，要根据停车位置的距离，提前抬起加速踏板，让车辆依靠行驶阻力滑行减速，即将停车前轻轻踩下制动踏板，缓慢将车准确停到预定位置。停车超过1分钟时，在不影响车辆正常通行的情况下，将发动机熄火。高速或爬长坡行驶后，发动机最好怠速运转30秒左右后再熄火。

本章学习要点

1. 道路货物运输驾驶员

（1）货车外观、发动机舱、驾驶室及发动机起动后的安全检视内容和方法。

（2）货车行车中、收车后的车辆安全检视内容和方法。

（3）车辆后轮外侧轮胎的拆卸、安装及千斤顶的使用方法。

（4）驾驶货车在一般天气、雨天、雪天、雾天等条件下通过高速公路、山区道路、桥梁、隧道等典型道路及交叉路口、城乡结合部等路段时的危险源辨识与防御性驾驶方法。

（5）货车运行过程中的节能驾驶要领。

2. 道路旅客运输驾驶员

（1）客车车辆外观、发动机舱、驾驶室、客舱及发动机起动后的安全检视内容和方法。

（2）客车行车中、收车后的车辆安全检视内容和方法。

（3）对伤员心肺复苏抢救法。

（4）对伤员指压止血法、加压包扎止血法、加垫屈肢止血法、绷带包扎法、三角巾包扎法、骨折固定法的操作方法。

（5）驾驶客车在一般天气、雨天、雪天、雾天等条件下通过高速公路、山区道路、桥梁、隧道等典型道路及交叉路口、城乡结合部等路段时的危险源辨识与防御性驾驶方法。

（6）客车运行过程中的节能驾驶要领。

附件：道路客货运输驾驶员考试评分标准

1. 理论考试评分标准

（1）判断题、单项选择题，每错一题扣1分；

（2）多项选择题，每错一题扣2分。

2. 车辆安全检视评分标准

（1）有故障和安全隐患未能发现的扣10分；

（2）每漏检一项内容扣2分；

（3）对检查到的内容未进行判断分析的扣2分。

3. 轮胎更换评分标准

（1）未能正确使用千斤顶的扣5分；

（2）轮胎未紧固牢靠的扣5分。

4. 旅客急救评分标准

（1）出现严重操作错误的扣10分；

（2）出现操作顺序错误的扣5分；

（3）每漏掉一个操作环节的扣5分；

（4）未能正确选择、使用急救用品的扣2分。

5. 危险源辨识与防御性驾驶评分标准

（1）每漏掉一处危险源扣2分；

（2）危险源综合判断错误扣1分。

6. 节能驾驶评分标准

（1）判断错误一项扣2分；

（2）每漏掉一项扣2分。